1페이지로
시작하는
세계사
수업

일러두기

1. 맞춤법과 외래어 표기는 국립국어원의 용례를 따랐습니다. 다만 국내에서 이미 굳어진 인명과 지명, 용어의 경우에는 익숙한 표기를 썼습니다.
2. 중국어 표기는 국립국어원의 용례를 따랐으나, 신해혁명(1911)을 기준으로 그 이전은 한자음 표기, 그 이후는 중국어 발음 표기를 원칙으로 했습니다.

10대를 위한
빅피시 인문학

1페이지로 시작하는

세계사

*World history
Class*

수업

심용환 지음

빅피시
BIG FISH

6천 년 역사의 흐름이 이해되는 세계사 대표 키워드 200

《1페이지로 시작하는 세계사 수업》은 세계사와 관련된 주제를 읽으며, 역사의 흐름을 쉽고 재미있게 이해할 수 있는 책입니다. 주제는 총 일곱 가지로, 월요일부터 일요일까지 매일 한 장씩 읽어봐도 좋습니다. 학교에서 배우는 내용뿐 아니라 꽤 높은 수준의 세계사 공부까지 할 수 있어, 마지막 페이지를 덮는 순간 흐름이 자연스럽게 이해될 거예요.

　이 책은 세계사를 공부하는 청소년들을 위해 쓰인 책입니다. 하지만 세계사를 공부하지 않더라도 쓸모는 다양합니다. 우선 세계사 공부를 통해 한국사를 좀 더 객관적이고 다채롭게 이해할 수 있고, 무엇보다 논술을 비롯한 창의적인 공부에 유익한 도움이 될 테니까요.

동양사	중국·일본 그리고 인도와 동남아시아의 역사
인물	세계사에 큰 영향을 미친 인물들의 역사
서양사	고대 그리스·로마부터 중세에서 근대로 이어지는 유럽의 역사
예술사	미술·조각, 시와 산수화 등 동서양 문화예술의 역사
문명사	선사 시대, 고대 문명, 이슬람 문명 그 밖에 근현대사의 주요 사건
빅히스토리	인류의 삶을 바꾼 중요한 역사 이야기
도시사·기술사	역사적으로 중요한 장소와 공간, 기술에 관한 이야기

《1페이지로 시작하는 세계사 수업》 읽는 법

❶ 주제와 관련된 카테고리
❷ 주제
❸ 주제에 대한 한 줄 요약
❹ 주제와 관련된 이미지 자료
❺ 주제에 대한 설명

재미있는 주제를 읽다가 더 알아보고 싶으면 다른 관련 도서를 읽거나, 인터넷을 활용하여 지식을 확장해 보세요. 더 유익한 공부가 될 것입니다. 모든 지식과 공부의 출발점이나 친절한 안내서로 이 책을 활용하세요.

세계사를 알 때 비로소 모든 역사가 이해된다

이 책은 성인 단행본으로 출간했던 《1페이지 세계사 365》의 청소년 버전이다. 또 역사학자로서 청소년을 대상으로 쓴 두 번째 책이기도 하다.

나는 꽤 오랫동안 청소년들의 역사 공부에 참여하기를 주저했다. 암기 위주의 교육 방식에 대한 염증이 심각했기 때문이다. 그렇다고 현실을 무작정 외면할 수는 없는 법. 좀 더 좋은 공부 거리를 나누자는 생각에 《1페이지로 시작하는 한국사 수업》과 함께 《1페이지로 시작하는 세계사 수업》도 같이 만들었다.

우리나라에서는 한국사에 비해 세계사 교육이 매우 미약하다. 수능시험과 한국사능력검정시험을 염두에 둘 때 세계사 공부가 다소 불필요하다고 느껴질 수도 있다. 그렇지 않다. 한국사는 세계사의 한 부분이다. 조선 시대까지는 중국을 비롯한 동아시아 역사에 큰 영향을 받았고, 근현대사는 일본과 미국을 중심으로 한 세계사의 흐름과 함께하고 있다. 세계사를 이해할 때 비로소 제대로 된 한국사 공부가 가능하다는 의미다.

어찌 됐건 세계사를 공부하는 청소년들에게 이 책은 무척이나 유용하다. 학교 공부를 하거나 세계사 관련 도서를 읽을 때 이 책의 목차에서 내용을 찾아 확인하면 훨씬 효과적으로 학습을 할 수 있기 때문이다.

그렇다고 이 책이 무작정 세계사 교과서를 보충만 하는 것은 아니다. 다른 세계사 책에서 보기 어려운 주제인, 예술사와 도시 그리고 기술의 역사에 대해 상세하게 설명하고 있다. 또 빅히스토리라는 이름으로 인류 전체에 큰 영향을 미친 사건들을 집중적으로 소개한다.

무엇보다 《1페이지로 시작하는 세계사 수업》은 논술을 비롯하여 소위 창의력을 검증하는 입시 준비와 관련해 극히 유용하다. 잘 외우고 시험만 잘 본다고 좋은 대학을 가는 시대는 끝난 지 오래다. 요즘 시대는 단순히 암기를 잘하고, 남보다 많은 정보를 아는 사람을 필요로 하지 않는다. 그 정도는 유튜브를 찾거나 AI의 도움을 받는 것으로 충분하다. 21세기를 살아가는 청소년들에게 필요한 덕목은 '스스로 생각하는 능력'이 아닐까? 기계와 과학이 따라올 수 없는 것이 바로 인간의 창조성이다. 그런데 이 창조성은 하늘에서 뚝 떨어지지 않는다. 기존에 있는 중요한 정보를 좀 더 꼼꼼히 살펴보고 충분히 숙지하는 가운데 고민거리가 생기고, 그러한 내면의 질문을 해결하기 위해 노력하는 과정에서 창의적인 태도가 자연스럽게 길러지기 때문이다.

우선은 책을 꼼꼼히 읽어보자. 학교 수업을 들으면서 이해되지 않거나 좀 더 깊이 살펴보고 싶은 부분은 목차를 활용해 그때그때 찾아보자. 해외 여행을 가게 된다면 미리 이 책의 내용을 읽고 떠나자. 여행지에서 돌아온 후에 추억을 되새기며 읽는 것도 좋다.

세계사에 대한 더 큰 흥미가 생겼다면 이 책을 넘어《1페이지로 시작하는 한국사 수업》이나《1페이지 세계사 365》를 읽어보시라. 학창 시절에 반드시 갖추어야 할 능력이 더욱 강력해질 테니 말이다.

사설이 길었다. 어서 즐겁고 재미있게 동시에 의미 있고 깊이 있게 세계사 수업을 시작해보자!

Contents

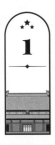

동양사
중국 · 일본 그리고 인도와 동남아시아의 역사

인물
세계사에 큰 영향을 미친 인물들의 역사

3 서양사
고대 그리스 · 로마부터 중세에서 근대로 이어지는 유럽의 역사

예술사

미술 · 조각, 시와 산수화 등 동서양 문화예술의 역사

문명사

선사 시대, 고대 문명, 이슬람 문명 그 밖에 근현대사의 주요 사건

6 빅히스토리
인류의 삶을 바꾼 중요한 역사 이야기

7 도시사·기술사
역사적으로 중요한 장소와 공간, 기술에 관한 이야기

동양사

중국 · 일본 그리고
인도와 동남아시아의 역사

춘추 전국 시대
군현제와 관료제가 탄생한 고대 중국의 혼란기

기원전 770년, 견융의 침략을 받은 주나라가 수도 호경을 버리고 낙읍으로 천도한다. 수도가 서쪽에서 동쪽으로 옮겨 갔기 때문에 '동주 시대'라고도 한다. 이때부터 진시황이 천하를 통일할 때까지 주 왕실의 권위가 추락하고, 지역별로 제후들이 할거하며 자웅을 겨뤘기 때문에 '춘추 전국 시대'라고 부른다.

춘추 시대에는 주나라 왕실을 보호한다는 명분으로 제후국(諸侯國)이 패자(霸者, 제후국 간의 경쟁에서 주도권을 확보한 제후)의 자리에 올랐고, 전국 시대에는 제후국 간의 정복 전쟁이 노골적으로 이뤄졌다. 기원전 656년에 제나라 환공이 초나라를 토벌한 후 최초의 패자가 됐고, 기원전 632년에는 진나라 문공이, 기원전 597년에는 초나라 장왕이 패자가 되는 등 시기에 따라 여러 나라가 주도권을 행사했기 때문에 춘추 5패, 전국 7웅이라는 말도 생겼다.

외견상으로는 혼란기였지만, 중국 역사에서 어떤 시대보다 역동적인 시기였다. 각국은 경쟁에서 승리하기 위해 앞다투어 부국강병책을 추진했다. 제나라 환공은 관중을 재상으로 등용해 패자에 오를 수 있었고, 한나라는 신불해를 등용해 중앙 집권제를 강화했다. 상앙은 변방에 있던 진나라를 강력한 국가로 성장시켰고, 초나라 오기는 귀족의 특권을 빼앗고 관료 중심의 행정 체계를 마련했다. 위나라의 이회는 농업 생산력 향상에 만전을 기했고, 이를 위한 법과 제도를 정비했다.

군현제와 관료제도 이때 만들어진다. 전국을 군과 현으로 나누고 제후의 명령을 받드는 관료가 파견돼 강력한 행정력을 발휘하는 시스템이다. 또 이 시기에는 부국강병을 위해 각종 인재를 등용하려 했다. 유가, 묵가, 법가 등 제자백가의 등장이 이를 배경으로 한다. 청동 화폐가 등장하고 상업이 발전했으며, 철제 농기구, 철제 무기를 통해 생산력과 군사력이 동시에 발전했다.

제후국 경쟁은 병법에도 변화를 일으켰다. 기존의 전차병에서 보병, 기병으로 전문화됐으며 전투 방식도 고도화됐다. 외교술도 발달했는데, 합종연횡책이 유명하다. 뛰어난 외교관이던 소진은 연·조·위·한·제·초 여섯 나라가 연합해야 한다는 합종책을 제안했고, 6국 연합을 이끌며 진나라의 발호를 막았다. 하지만 장의가 진나라 편이 돼 6국 연합을 무너뜨렸다. 나라 간의 이해관계를 파고들어 분열을 유도한 것이다.

에도 막부
일본의 전통문화가 완성된 시대

도쿠가와 이에야스가 세운 막부. 에도 막부는 오늘날 도쿄 일대에 들어섰고, '막번 체제'로 운영됐다. 쇼군이 이끄는 막부가 있고, 쇼군에게 충성을 맹세한 무사 영주인 다이묘들이 각지에 '번'이라는 영토를 분할 통치한 것이다. 에도 막부는 이전의 그 어떤 막부보다 강력한 통치 체제를 구축했다. 전 국토의 핵심 지역은 물론 전체의 4분의 1에 달하는 지역을 직접 관할했다. 다이묘는 크게 도자마(外樣) 다이묘, 후다이(譜代) 다이묘로 나뉘는데, 기준은 충성도였다. 세키가하라 전투 이전부터 도쿠가와 이에야스에게 충성한 가문은 도자마 다이묘, 이후에 충성을 맹세한 가문을 후다이 다이묘라 불렀고, 당연히 도자마 다이묘들에게 요충지와 기름진 땅을 나눠 줬다.

가톨릭 신앙은 철저하게 박해했고, 쇄국 정책을 펼치면서 조선 통신사, 극소수의 네덜란드인들과만 관계를 맺었다. 나가사키 근처에 조그마한 인공 섬 데지마를 만들어 네덜란드인들과의 교류를 유지했는데, 이를 통해 난학이라는 학문이 발전했다. 스기타 겐파쿠는 네덜란드인들과의 교류를 통해 동양 최초의 해부학서인 《해체신서》를 발간했다.

에도 막부는 조카마치(영주의 성을 중심으로 형성된 도시)를 중심으로 발전하는데, 각 지역마다 행정 중심지에 다이묘가 사는 성이, 성안에는 무사가, 성 근처에는 상인이, 성 바깥에는 농민이 살아가는 분업 구조가 만들어졌다. 소비와 유통과 생산이 분화, 발전한 것이다.

에도 막부는 산킨코타이 제도를 통해 다이묘를 통제했다. 일종의 인질 제도로, 다이묘와 아들들을 해마다 돌아가면서 에도에 머물게 했다. 적게는 수십, 많게는 수백의 인원이 이들을 수행했는데, 해마다 엄청난 인원이 전국에서 에도로, 에도에서 전국으로 이동했다. 조카마치와 산킨코타이 제도는 에도 막부의 유통 경제를 활성화시키고, 상업 발전에 큰 영향을 미쳤다.

에도 막부에서는 '조닌'이라 불리는 상인 계급이 크게 성장하는데, 상업 경제 발전 덕분이다. 한편 막부가 수립될 당시 나눠 받은 토지 외에 별다른 수입원이 없던 무사 계급은 시간이 흐를수록 곤궁한 처지에 내몰린다.

중국의 왕조
하상주-춘추전국-진한-위진남북조-수당-송원명청

선사 시대와 황허 문명을 거쳐 중국에는 고대 왕조가 들어선다. 하나라, 상나라, 주나라가 그것이다. 특히 주나라의 등장을 통해 중국은 독자적인 역사상을 갖춰가기 시작한다. 주나라는 봉건제 국가로, 천명사상과 덕치주의 같은 관념이 등장했다. 왕이 제후들에게 영토를 나눠 줬고, 하늘의 뜻에 따라 백성들을 선하게 통치해야 한다는 생각이 발전한 것이다. 주나라 후기를 통상 춘추 전국 시대라고 부른다.

춘추 전국 시대라는 혼란기를 통일한 인물이 진시황이다. 진시황은 화폐, 도량형(길이, 부피, 무게 따위의 단위를 재는 법), 문자를 통일했으며, 전국을 군현제로 다스렸다. 진나라는 오래가지 못했고, 결국 유방이 세운 한나라가 400여 년간 번성하며 중화 문명의 전통을 만들었다. 유학 사상이 국교로 채택되고, 실크 로드의 발견, 종이의 발명 같은 중요한 업적이 이뤄졌다.

한나라 말기 중국은 위·촉·오 삼국으로 분리된다. 이후 북방에서 흉노, 선비 등 5개의 부족이 밀고 내려오면서 화북 지방은 혼란에 빠진다. 결국 화북 일대는 선비족이 세운 북위에 의해 통일되고, 남쪽으로 내려온 기존의 한족들 역시 왕조를 이어갔다. 이때를 위진 남북조 시대라고 한다. 350년이 넘는 긴 시간 동안 분열됐던 중국은 수나라에 의해 잠시 통일된 이후 당나라가 뒤를 잇는다.

당나라는 한나라와 더불어 중화 문명 역사에서 가장 중요한 나라다. 통일 제국은 다시 한번 번성했고, 수도 장안(오늘날 시안)은 인구 100만이 넘는 세계적인 도시로 발전했다. 당나라의 율령 제도, 유교-불교 문화, 한자 문화는 한반도, 일본, 베트남 등 주변 지역에 지대한 영향을 줬다. 동아시아 문화권이 만들어진 것이다.

당나라 멸망 이후 송나라가 등장한다. 수도 개봉(오늘날 카이펑)을 비롯한 수만 개의 도시와 시장이 번성했고, 세계 최초의 지폐가 발행됐으며, 인쇄술, 나침반, 화약 등이 발명됐다. 하지만 거란이 세운 요나라, 여진이 세운 금나라 등에 밀렸고 몽골에 의해 멸망한다. 몽골인들은 중국에 원나라를 세웠으나 100여 년 만에 한족의 반란으로 쫓겨난다. 한족 지도자 주원장이 세운 명나라는 한나라, 당나라, 송나라를 잇는 전형적인 중국 왕조였다. 하지만 만주족이 흥기해 청나라를 세우고 명나라를 점령하면서 300여 년간 번성했다. 청나라는 한족의 전통을 존중했고, 몽골부터 티베트 일대까지 주변 유목 민족들의 세계를 중화 문명에 통합했다.

태국과 아세안
불교 국가 태국과 동남아시아 연합

인도차이나반도 내륙에 위치하는 태국은 현대사에서 주변 국가와 다른 행보를 보였다. 베트남을 중심으로 라오스, 캄보디아가 중국의 지원을 받고 공산 국가가 됐다면, 태국은 미국의 지원을 받았기 때문이다.

태국은 제국주의 시대에도 식민 지배를 받지 않았다. 인도와 미얀마, 말레이시아를 장악한 영국과 베트남, 라오스, 캄보디아를 점령한 프랑스 사이에 위치했기 때문에 완충 지대 역할을 하면서 독립을 유지했다.

태국 현대사에는 쁠랙 피분송크람과 사릿 타나랏이라는 두 인물이 큰 영향력을 미쳤다. 피분송크람은 1932년 입헌 혁명을 주도했고, 1947년 군사 쿠데타를 통해 권력을 장악했다. 또 미국, 영국을 끌어들였고, 태국에 살던 화교들을 적극적으로 탄압했다. 1957년에는 타나랏이 군사 쿠데타에 성공하는데, 그 역시 공산주의와의 대결을 천명하고 좌익 단체를 탄압했다. 국가경제개발청(NEDB), 투자위원회(BOI)를 만들어 적극적인 산업 발전을 도모했고, 베트남 전쟁과 맞물려 경제 성장에 성공했다.

1967년 8월 8일 태국 방콕에서 말레이시아, 싱가포르, 인도네시아, 필리핀의 외무 장관이 모였다. 동남아시아 국가 연합(ASEAN)이 결성된 것이다. 초창기 아세안은 반공 국가 연합 정도였다. 베트남 전쟁을 비롯해 점증하는 공산주의의 발흥을 막으며, 미국, 영국 등 자유 세계와의 동맹을 통해 경제적 번영을 추구한 것이다. 1975년 베트남 전쟁에서 미국의 패배는 아세안에 큰 충격이었다. 필리핀의 독재자 마르코스 대통령은 직접 중국에 방문해 국교를 수립했고, 아세안의 모든 국가가 뒤를 이었다. 이 시기 태국은 자국에 주둔하던 2만 6,000명의 미군 철군을 요구해 관철시킨다. 필리핀 역시 미국인에게만 주던 경제적 특권을 폐지했다.

1980년대 들어 태국을 비롯한 아세안 국가들은 일본과 긴밀한 관계를 맺는다. 일본은 엔고 현상, 후발 산업 국가와의 수출 경쟁으로 인해 아세안으로 관심을 돌린다. 낮은 임금과 공업화의 부재가 매력적이었기 때문이다. 일본의 대대적인 투자는 태국, 말레이시아, 인도네시아의 산업 부흥에 밑거름이 됐다. 냉전 붕괴 이후 대부분의 동남아시아 국가가 아세안에 참여했고, 아세안 경제 공동체(AEC)로 발전했다.

베트남
중국과 오랫동안 싸우며 발전한 나라

베트남은 인도차이나반도 동남 해안에 길게 위치한 나라다. 북부에서 발전해 현재의 모습에 이르렀다. 베트남 역사의 시작은 양쯔강 하류부터 중국 남부, 북베트남 일대를 무대로 한다. 락롱꾸언이 어우꺼와 결혼하고 어우꺼가 100명의 아들을 낳으면서 나라를 이끌었는데, 이 나라의 이름이 반랑국이다. 락롱꾸언은 중국 신화에 나오는 신농씨의 후손이라고 하는데, 일찍부터 중국 문화와 양쯔강 이남 지역의 신화적인 이야기들이 어우러진 것을 알 수 있다. 반랑국은 청동기 국가로, 기원전 3세기까지 번성했다. 이 시기 가장 중요한 유물은 청동북인 동고다. 북 표면에 태양 문양을 비롯한 상징적인 그림이 정교하게 새겨져 있다. 베트남뿐 아니라 중국 남부부터 동남아시아 일대에서 널리 발견되는데, 중국이나 인도에서는 발견되지 않는다. 동남아시아 일대에 독자적인 청동기 문화가 존재했음을 알 수 있다.

이후 안즈엉브엉이란 인물이 외부 세력을 이끌고 반랑국을 정복한 후 어울락 왕국을 세웠으나 단명했고, 찌에우다에 의해 남비엣이 세워진다(비엣[Việt]은 베트남을 의미한다). 찌에우다는 진시황이 파견한 조타라는 인물로, 광동 지역 관리였으나 진나라가 무너지고 한나라가 등장하는 시기에 자신을 황제로 칭하고 북베트남 지역을 점령했다. 하지만 한무제가 기원전 111년 이곳을 공략해 남비엣을 멸망시키고 7개의 군을 설치해 직접 지배한다.

이때부터 리 왕조(1009~1225)가 들어서기까지 베트남은 약 1,000년간 중국 영토였다. 쯩짝·쯩니 자매 반란 등으로 여러 독립 세력이 할거했지만, 독립 국가로 성장하지 못했다. 이후 리꽁우언이 리 왕조를 세웠고, 송나라의 침략을 두 차례 막았다. 리 왕조는 중국식 과거 제도와 관료 제도를 도입해 국가 체제를 정비했다. 리 왕조의 뒤를 이어 쩐 왕조가 등장했고, 이들은 세 차례에 걸쳐 몽골의 침입을 격파했다. 이 시기 베트남에서는 자신들의 역사를 정리한《대월사기》라는 책이 편찬됐고, 쯔놈 문자라는 베트남 문자도 발명된다.

잠시 명나라의 지배를 받았지만 레러이의 주도로 명나라를 몰아내고 레 왕조(1428~1788)를 세운다. 1471년에는 레타인똥이 이끄는 25만 대병력이 남부로 진출해 참파와 결전을 벌이기도 한다. 이를 계기로 베트남은 남부 지역으로 영토를 확장했다. 레 왕조 이후 떠이선, 응우옌 등 여러 왕조가 명멸을 거듭했다.

대장정
마오쩌둥과 중국 공산당이 겪은 고난의 행군

1934년 10월부터 1935년 11월까지 중국 공산당이 국민당의 공세를 피해 창사에서 옌안까지 1만 5,000㎞를 가로지른 대행군. 이를 통해 마오쩌둥이 중국 공산당의 지도자가 됐고, 중국 공산당은 기사회생한다. 10만이 넘는 인원이 대장정에 참여했으나, 옌안에 도착했을 때는 8,000명이 안 됐다. 대장정에 성공을 거두며 마오쩌둥은 국민당의 장제스 총통에 버금가는 지도자로 주목받았고 '불사조'라는 별명을 얻는다.

중국 국민당과 공산당의 갈등은 1926년 북벌 당시로 거슬러 올라간다. 장제스의 군대가 상하이의 공산당을 공격했고, 당시 공산당 서기장 천두슈는 장제스와 국민당의 공세에 제대로 대응하지 못했다.

저우언라이, 주더 등 당시 공산당 내 아웃사이더였던 이들이 주축이 돼 난창에서 봉기를 일으킨다. 하지만 국민당의 반격에 밀려 광저우로 남하해 코뮌을 결성했지만 이 또한 처참하게 실패한다. 당시 마오쩌둥은 후난성과 장시성 사이의 뤄샤오산맥으로 숨어들어 이곳에서 소비에트를 결성했다. 농민을 규합하고 농촌에서 공산주의 운동의 근거지를 마련한 것인데, 통상 도시에서 공장 노동자를 조직화해 싸우던 전통적인 투쟁 방식에 비춰보면 파격적인 선택이라고 할 수 있다. 하지만 마오쩌둥의 지도력은 확고하지 않았다. 소련에서 파견된 고문단과 여러 공산주의 지도자가 그를 배격했기 때문이다. 한편에서 북벌을 성공적으로 마무리한 장제스는 도시에서 공산당의 도전을 분쇄했고, 군대를 몰고 징강산 일대를 포위하며 공산주의 박멸에 나선다. 1934년 무려 다섯 차례에 걸친 국민당군의 공세에 궤멸 직전에 다다른 공산당은 목적지를 정하지 못한 채 대장정에 나선다.

중국의 변방 지역을 돌고 돌았는데 소수 민족, 수천 미터에 달하는 높은 산, 먹을 것 하나 없는 초원 지대 등을 관통하며 수차례 국민당의 공세를 막아냈다. 대장정 당시 구이저우성에서 진행된 쭌이 회의에서 마오쩌둥의 지도권이 확립됐고, 펑더화이, 린뱌오 등 걸출한 인재들이 합류해 중국 공산당은 새로운 지도부를 만든다.

조몬 토기
독특한 일본의 신석기 문화

조몬 토기와 여성 모양의 토우

이자나기와 이자나미는 남매이자 부부였다. 이자나기의 창끝에서 떨어진 바닷물이 일본 열도를 만들었고, 이자나기의 왼쪽 눈에서 아마테라스 오미카미가 태어났으니 그는 태양의 여신이었다. 오른쪽 눈에서는 달의 여신 쓰쿠요미, 코에서 바다의 신 스사노오가 생겼다. 이후 아마테라스의 손자 니니기가 옥, 거울, 검을 가지고 지상에 내려왔고, 그의 증손자가 진무 천황이 됐다. 일본 역사의 기원을 설명하는 신화이지만 사실이라고 보기는 어렵다.

고고학을 통해 일본 역사가 기원전 1만 년경 조몬 시대, 기원전 300년경 야요이 시대로 발전했다는 것을 알 수 있다. 불꽃 모양의 토기를 비롯한 다양한 조몬 토기가 유명한데, 조몬 시대는 일본의 신석기 시대다. 조문 문화는 주로 일본 열도의 동북부 일대에서 집중적으로 발굴된다. 매장 유골을 분석해보면 이를 뽑는 풍속이 있었음을 알 수 있다. 대량의 토우가 발굴된 것도 특이한데, 항상 깨져서 발견되기에 어떠한 의식이 있었다고 추정할 수 있다.

기원전 300년경 야요이 시대는 일본의 첫 번째 격변기라고 할 수 있다. 본격적으로 농경이 시작됐고, 금속기 사용이 활발해지는데 이주민에 의한 것이다. 주로 한반도 남부에서 많은 이주민이 건너가 일본 남쪽의 섬 규슈에 정착해서 이후 야요이 문화가 동북쪽으로 전파됐음을 파악할 수 있다. 동탁, 동검 등 각양의 청동기가 제작됐는데, 기록에 따르면 몸에 문신하거나 경면(얼굴에 문신하는 것)을 했다고 한다. 이미 엄격한 신분제가 등장했고, 일부다처제가 퍼져 있었다.

북방 민족의 역사
흉노-선비-돌궐-거란-여진-몽골

북방 민족은 흉노, 선비, 유연, 거란, 여진 등을 일컫는 말이다. 북방 민족이라는 말은 지극히 중국적인 관점이다. 중국은 황허를 중심으로 역사를 발전시켰으며, 실크 로드 일대로 나아가거나 양쯔강 이남 지대로 세력을 확대하는 경향을 보여왔다. 동시에 오랜 기간 만리장성 등을 쌓아 북방의 유목 민족 혹은 요동이나 만주 일대 수렵 민족의 발흥을 경계해왔다.

최초로 중국을 위협한 민족은 흉노족이다. 이들은 기원전 3세기 말부터 크게 성장해 전국 시대 중국을 위협했으며, 진시황, 한고조, 한무제 등 통일 제국에 위협적인 세력이 됐다. 진시황은 이들을 막기 위해 만리장성을 지었고, 한고조는 천하를 통일한 후 군대를 끌고 흉노를 공격했다가 큰 낭패를 당했다. 한무제 때 흉노 토벌에 큰 성공을 거뒀으나 그로 인해 국가 재정에 큰 어려움을 겪었다.

3세기부터 6세기 위진 남북조 시대에는 선비족이 크게 흥기하는데, 중국의 화북 일대를 통일해 북위라는 나라를 세웠다. 최초로 북방 민족이 남하해 중국 북부를 통일하고 나라를 세운 것이다. 7세기 이후 수나라, 당나라 때는 특히 돌궐이 크게 흥기했다. 하지만 돌궐은 선비처럼 중원을 점령하지 못했고, 당태종이 돌궐을 좌지우지하는 등 중국은 북방 민족에 대한 우위를 회복한다. 돌궐 전후로 유연, 위구르 등이 등장했지만 이들 또한 중국 역사에는 크게 영향을 미치지 못했다.

하지만 11세기 이후 동아시아의 정세가 크게 요동친다. 거란이 세운 요나라, 아골타가 세운 금나라, 칭기즈 칸의 몽골 제국이 등장하면서 중국 대륙을 비롯한 동아시아 역사가 북방 민족에 의해 좌우됐기 때문이다. 거란은 연운 16주라는 만리장성 이남의 일부 지역을 장악하는 데 그쳤지만, 송나라와 '전연의 맹약'을 맺고 매년 비단 20만 필, 은 10만 냥을 받는 등 동아시아의 패자로 부상했다. 곧이어 등장한 금나라는 요나라를 멸망시키고 만리장성을 넘어 중국 화북 지역을 장악한다. 만주에서 화북까지 이르는 대제국을 세운 것이다. 이 시기 유목 민족과 농경 민족에 대한 이원적 지배 체제가 등장했다. 또 서하, 토번, 대리, 대월 등 서쪽에서도 여러 이민족의 나라가 들어서서 중국을 위협했다. 칭기즈 칸이 이끄는 몽골이 등장하면서 역사는 또 한 번 요동친다. 몽골은 파죽지세로 중앙아시아와 인도 북부를 점령하고 금나라를 멸망시켰다. 쿠빌라이 칸 때가 되면 남송을 정복한다.

불교
인도에서 시작하여 동아시아에 큰 영향을 미친 종교

붓다에 의해 인도에서 창시된 불교는 동아시아 문명 발전에 막대한 영향을 미쳤다. 초기 불교는 곧장 상좌부 불교와 대승 불교로 분화, 발전한다. 상좌부 불교가 개인의 수양과 깨달음을 강조했다면, 대승 불교는 수행과 중생 구제를 강조했다. 대승 불교는 상좌부 불교를 '소승', 즉 소극적이고 개인적인 열반만을 중시하는 작은 불교라며 비판했다.

인도의 경우, 마우리아 왕조 때는 소승 불교가, 쿠샨 왕조 때는 대승 불교가 크게 발전했으나 이후 힌두교와 이슬람교가 등장하면서 교세가 쇠퇴한다. 소승 불교는 주로 동남아시아에 전파됐고, 대승 불교는 동북아시아에서 성장했다. 대승 불교의 대표 경전은 《반야경》, 《화엄경》 등인데 붓다를 신격화하며, 보살을 숭배하는 정토 신앙을 추구했다. 애초에 붓다는 수행과 깨달음을 강조했지만 그러한 방식으로 중생을 교도하기는 어렵다고 판단해, 평신도들에게는 해탈이 필요 없는 극락왕생을 가르친 것이다.

한편 선종의 등장은 '중국화된 불교'의 시작을 의미한다. 선종의 가르침은 '염화미소'라는 고사에 응축돼 있다. 붓다가 연꽃 한 송이를 제자들에게 보였는데 오직 마하가섭만이 뜻을 깨닫고 미소 지었다는 이야기다. 진리는 마음에서 마음으로 전해지며, 책이나 글을 통한 가르침을 뛰어넘는 수도와 참선의 영역이 있다는 것이다. 이 이야기는 인도 경전에서는 찾아볼 수 없는 내용이다.

선종은 위진 남북조 시대 때 중앙아시아 출신 승려 달마가 창시했으며, 당나라 때 혜능에 의해 크게 발전했다. 이때부터 기존의 대승 불교를 교종이라 부르며 선종과 구분했다. 그의 가르침은 《육조단경》에 담겨 있는데, 중국과 고려, 무로마치 막부 등에서 크게 번성했다. 고려에서는 신라의 고승 원효의 가르침과 선종 사상의 강력한 영향력 가운데 교종과 선종의 통합을 추구하는 불교가 발전했는데, 오늘날의 조계종이 대표적이다.

한편 힌두교에 영향받은 밀교 역시 일부 티베트와 일본 헤이안 시대 때 유행했다. 주술을 숭배하고, 현세를 긍정적으로 바라보며, 만다라 같은 불화를 그렸다. 일본은 토속 신앙인 신도와 불교가 융합되면서 하나의 종교 체계를 이뤘는데, 사실상 두 종파는 구분하기 어려울 정도로 뒤엉켜버렸다.

위진 남북조 시대
한나라 멸망 이후 중국의 거대한 혼란기

한나라가 멸망하고 수나라가 세워지는 250여 년간의 중국 분열기. 한나라 말기, 황건적의 난을 계기로 중국은 혼란에 빠진다. 동탁, 원소, 원술, 공손찬, 손권, 유비 등 각지에서 군웅들이 등장했고, 격렬한 경쟁을 통해 위나라, 촉나라, 오나라로 분할된다. 결국 조조의 아들 조비에 의해 한나라가 멸망하지만, 사마의의 자녀들이 위나라의 권력을 찬탈한 후 진나라를 건국했고, 이후 촉나라와 오나라를 병합해 사마염 때 통일 제국이 된다.

하지만 통일 제국은 오래가지 못했다. 북방 민족의 남하가 본격화됐기 때문이다. 흉노족, 선비족, 갈족, 저족, 강족 등 5호 세력이 밀고 내려와 화북 일대에 16개의 나라를 세우는 대혼란이 일어난다. 황허 문명부터 시작된 한족의 무대가 이민족의 수중에 들어간 것이다. 따라서 기존의 한족 지배층은 양쯔강 이남으로 남하하는데, 이때부터 강남 지역이 본격적으로 발전한다. 북쪽에서는 북방 민족이 세운 여러 나라가 흥망성쇠를 거듭하고, 남쪽에서는 한족 왕조가 거듭 교체되는 기간이 길었기 때문에 이 시기를 북조와 남조의 대립 기간, 즉 남북조 시대라고 한다. 여기에 위·촉·오가 자웅을 겨루고 잠시 진나라가 통일하는 기간을 합쳐 위진 남북조 시대라는 말을 사용한다. 하지만 명분론을 강조하며 성리학의 영향력이 강화되던 송나라 때는 촉한 정통론이 등장하기도 했다. 위나라는 한나라의 제위를 찬탈했기 때문에 정통성이 없고, 한나라의 부흥을 표방한 촉나라를 정통으로 본 것이다. 하지만 위나라의 영토, 국력 등이 모든 면에서 압도적이었기 때문에 이런 주장은 오래가지 못했다.

오랜 혼란기였기 때문에 황제권이 쇠퇴하고 농민의 삶도 평탄할 수 없었다. 지역의 세력가들은 엄청난 토지와 농민 지배를 바탕으로 대농장을 운영하면서 문벌 귀족이 됐다. 북조에서는 불교가 유행했고, 둔황, 윈강, 룽먼 같은 석굴 사원이 만들어졌다. 남조에서는 벼농사가 발전했고, 현학이라는 추상적이면서 현실 도피적인 사상이 유행했다. 죽림칠현이 등장해 유학 사상과 기존 지배 질서를 조롱하기도 했고, 시인 도연명, 서예가 왕희지, 화가 고개지 등 탁월한 예술가들도 등장했다. 구마라습 같은 인도와 중앙아시아의 승려들이 불교 전파를 위해 들어왔고, 도교가 교단을 정비하며 크게 약진했다. 유교 중심의 전통 사회가 큰 변화를 맞이한 것이다.

메이지 유신
1868년 근대화에 성공한 일본

일본의 근대화 과정. 메이지 유신을 통해 일본은 무사가 지배하는 봉건 제도를 철폐하고, 근대적인 중앙 집권 국가로 탈바꿈한다. 1853년 미국의 페리 제독에 의해 에도 막부가 개항된다. 미일 화친 조약, 미일 수호 통상 조약 등 불평등 조약을 체결했으나 남북 전쟁이 터지면서 미국은 일본에 관한 관심을 유지하지 못했다.

당시 일본의 서남 지역인 조슈 번(오늘날 야마구치현), 사쓰마 번(오늘날 가고시마현)을 중심으로 히젠 번, 도사 번 등이 개혁을 시도하며 대안 세력으로 등장한다.

이들은 '존왕양이'를 외치며 천황 중심으로의 개혁을 주장했고, 초기에는 보수적인 태도로 서양 열강을 대했다. 하지만 서양 열강의 강성함을 경험한 후 서구식 근대 국가를 목표로 삼았다. 시모노세키 해협을 통과하던 서양 선박을 공격했다가 영국, 프랑스, 미국, 네덜란드 4개국 연합군의 포격을 받으며 대패한 조슈 번의 경험이 대표적이다.

에도 막부도 프랑스의 지원을 받는 등 근대화를 위한 여러 개혁을 시도했으며, 반막부 세력을 타도하기 위해 여러 노력을 벌였다. 하지만 1866년 삿초 동맹(조슈 번과 사쓰마 번이 맺은 군사·정치 동맹)을 맺는 등 반막부 운동의 불길은 꺼지지 않았다. 극렬한 대립 가운데 메이지 유신의 지도자 중 한 명이었던 사카모토 료마가 대타협을 제안하며 '대정봉환(일본 에도 막부가 천황에게 국가 통치권을 돌려준 사건)'이 발생한다. 하지만 갈등은 지속됐고, 보신 전쟁이 일어나는 등 여러 난국을 통과한 끝에 근대 일본의 역사가 시작된다.

메이지 천황을 모시고 등장한 메이지 정부는 실상 유신을 이끌던 이들에 의해 좌지우지됐다. 오쿠보 도시미치를 중심으로 중앙 정부의 권한을 강화하고, 봉건제를 폐지했으며, 신분제를 해체하고, 징병제를 실시하는 등 급격한 개혁을 추진했다. 이와쿠라 사절단을 파견해 서구 국가들의 현황을 파악했으며, 비스마르크가 이끌던 독일 모델을 차용하려 했다. 이토 히로부미는 독일 헌법을 따라 메이지 헌법을 만들기도 했다. 정부와 재벌 중심의 경제 구조, 제국 대학의 엘리트 교육, 강력한 군사 양성, 타이완과 조선 지배를 중심으로 한 동아시아 제국주의 모델 등 메이지 유신의 결과는 이후 동아시아 역사에도 큰 영향을 미쳤다.

인도

힌두교와 카스트 제도가 번성한 남아시아의 대표 국가

인도는 다양한 언어, 다양한 종족, 다양한 종교, 다양한 역사가 뒤엉켜 있는 곳이다. 지리적으로는 오늘날 아프가니스탄, 파키스탄, 인도, 네팔, 부탄, 방글라데시, 스리랑카, 중앙아시아 일대를 포함한다. 중국이 진시황에 의해 영토와 문자, 문화가 이른 시점에 통일됐다면 인도에는 그러한 역사가 없다. 무굴 제국처럼 광활한 영역을 지배했더라도 지방마다 수백, 수천의 작은 왕국, 토착 지배 세력, 수백 개의 언어, 수많은 종교가 있었기 때문에 중국과는 상황이 전혀 다르다.

인류 최초의 문명 중 하나인 인더스 문명은 오늘날 파키스탄 일대에서 번성했다. 이후 아리아인들이 인도 일대에 진출하면서 브라만교와 카스트 제도를 만들었다. 이에 대한 반발로 자이나교와 불교가 발흥한다. 불교의 경우, 동아시아 일대에 전파돼 오늘날까지 큰 영향력을 행사하지만 정작 인도나 중앙아시아에서는 교세가 미미하다. 힌두교와 이슬람교가 강력한 영향력을 행사하고 있기 때문이다. 굽타 왕조 이래 힌두교가 크게 번성했고, 서아시아에서 번성한 이슬람이 북부 지역에 수많은 왕조를 세우면서 이슬람교도 크게 흥기했다. 현재 인도와 파키스탄의 대립에는 힌두교와 이슬람교의 문화적 갈등이 그 배경에 있다.

영국과 프랑스가 인도의 지배권을 두고 싸움을 벌였고, 플라시 전투에서 승리한 영국이 인도를 지배한다. 초기에는 간접 지배했으나, 세포이 항쟁 이후에는 직접 지배한다. 간디, 네루 등이 인도의 독립을 위해 헌신했다.

1960년대 이후 인도는 제3세계의 중심 국가로 미국, 소련과는 다른 길을 가고자 했다. 광대한 영토와 엄청난 인구를 배경으로 세계적인 자본주의를 거부하고 내수 경제 발전을 통한 대안 경제 모델을 시도하기도 했다.

인도네시아

수많은 섬으로 이루어진 세계 최대의 이슬람 국가

인도네시아는 수마트라섬, 자바섬을 중심으로 이뤄진 동남아시아의 섬나라다. 네덜란드에 오랫동안 지배받았고 이후 수카르노, 수하르토의 권위적인 통치 아래 있었다.

네덜란드는 자바섬의 바타비아(오늘날 자카르타)를 중심으로 동인도 회사, 네덜란드 무역 회사를 세우며 일대의 무역을 주도했다. 네덜란드의 식민 정책은 수마트라섬과 자바섬을 상이하게 변화시켰다. 자바섬의 경우, 안정적인 농경 사회를 유지하지만, 수마트라는 19세기 초반 수출용 농산물과 임산물의 산지인 동시에 직물이나 기계류 등 각종 외국 상품이 범람하는 시장의 기능까지 떠맡는다. 광범위한 상업 경제가 뿌리내리기 시작한 것이다. 담배, 야자, 차, 고무를 생산하는 각종 플랜테이션 농장도 등장한다.

현대적인 인도네시아 독립운동은 1920년대부터 본격화됐다. 1927년 수카르노가 주도하는 가운데 인도네시아국민당(PNI)이 만들어졌고, 인도네시아정치연합(GAPI)으로 발전하면서 인도네시아 민족주의 운동의 구심점이 된다.

태평양 전쟁은 인도네시아인에게 기회였다. 일본군이 네덜란드를 무너뜨리고 이곳을 점령했기 때문이다. 일본은 현지인들에게 어느 정도 자치를 허용했고, 일본이 패망하자 1945년 8월 17일 수카르노가 독립을 선언한다. 하지만 네덜란드가 과거의 식민지를 회복하고자 몰려들었고, 5년간의 격렬한 싸움 끝에 끝내 독립에 성공한다.

수카르노는 터키 공화국을 세운 무스타파 카말에게서 큰 영감을 받았다. 거국 내각을 구성해서 공산주의자부터 이슬람, 농민들까지 포괄했지만, 군부의 지원을 받았고 권위주의적인 통치를 지향했다. 그는 '나사콤'이라는 독특한 통치 이념을 제시했다. 민족주의, 공산주의, 이슬람을 종합하되 국가 주도형 계획 경제 체제를 만들고자 한 것이다. 하지만 정책은 그다지 효과적이지 못했고, 국가 재정은 파탄에 이르렀다. 1965년 군부 쿠데타가 발생했고, 수하르토가 권력을 장악한다. 하지만 그 또한 권위주의적인 통치를 자행하며 여러 문제를 일으켰다. 그의 장기 집권 끝에 인도네시아 경제는 붕괴했고, 1998년 수하르토는 쫓겨난다. 수카르노와 수하르토는 정치와 종교를 분리해 이슬람교의 정치적 영향력을 제어하려고 노력했다.

다이카 개신
천황과 귀족 중심의 일본 고대사

7세기 중반, 일본 역사는 격동한다. 나카노오에 황자 주도로 소가씨를 물리치고 천황 중심의 권력을 확고히 했으며, 율령이 반포됐고, 백제 부흥군을 지원하기 위해 한반도에 군사를 보내기도 했다.

6세기 후반 이래 천황가와 귀족 가문 소가씨를 중심으로 지배 체제가 확립되지만, 소가씨의 영향력이 막강했다. 소가노 우마코, 소가노 에미시 등이 조정의 실권을 장악했기 때문이다. 이를 못마땅하게 여긴 나카노오에 황자는 645년 7월 후지와라노 가마타리 등과 함께 정변을 일으킨다. 외국 사절을 맞으러 왔던 당대의 권력자 소가노 이루카를 암살하고, 군사를 이끌고 소가 집안을 공격해 일족을 참살하고 권력을 장악한다. 이후의 정국은 나카노오에 황자가 주도했다. 그는 삼촌을 천황으로 추대하고, 고토쿠 천황 시대를 열었다. 이때 일본 역사상 최초로 '다이카(大化)'라는 연호를 선포했고, 각종 개혁안을 발표한다. 하지만 실권은 나카노오에 황자에게 있었으며, 이후 자신의 어머니를 잠시 천황으로 세운 이후 본인이 즉위하니 그가 덴지 천황이다.

당시 한반도는 격동기였다. 신라와 당나라가 연합해 660년 백제를 멸망시켰는데, 덴지 천황은 원병을 파견해 백강 일대에서 백제 부흥군을 후원했지만 나당 연합군에 완패한다. 이후 혹시나 모를 나당 연합군의 일본 침략을 염두에 두고, 쓰시마섬에는 가네다성, 다자이후 북쪽에는 오노성, 아스카 일대에는 다카야스성을 축조했다. 덴지 천황은 친백제 노선을 유지했고, 망명해 온 백제인들을 우대했다.

덴지 천황 사후에도 격변은 계속됐다. 덴지 천황은 애초에 동생 오아마 황자를 후계자로 낙점했으나 이후 자신의 아들 오토모 황자로 후계자를 바꾸려 했다. 덴지 천황 사후 삼촌과 조카의 권력 쟁탈전이 벌어졌고, 결국 오아마 황자가 승리한 후 덴무 천황이 됐다. 그는 '일본'이라는 국호를 처음 사용했고, 천황을 신격화했으며, 당나라, 통일 신라와의 관계를 회복하려고 노력했다. 또 '팔색성'이라는 기준을 통해 중앙 귀족의 위계를 정리했다. 일련의 과정을 통해 2관 8성제라는 시스템이 자리를 잡는데, 중국식 율령 제도를 수용해 독자적인 시스템을 만든 것이다. 하지만 나카노오에 황자를 도운 후지와라 가문이 크게 번성했고, 9세기 이후 이들의 권세는 천황을 위협한다. 일본식 중앙 집권 체제의 한계가 뚜렷했던 것이다.

일본의 역사
무사들의 나라, 가마쿠라-무로마치-에도 막부

일본 역사는 4세기경부터 본격적으로 발전한다.

4세기경이 되면 야마토 정권이 성립하는데, 백제와의 문화 교류가 국가 성장의 중요한 동력이었다. 쇼토쿠 태자가 이끄는 아스카 문화는 야마토 정권기의 문화 번성을 상징한다.

그리고 645년 다이카 개신이 일어난다. 쇼토쿠 태자 사망 후, 소가씨 일파가 권력을 장악하는데 나카노오에 황자가 후지와라노 가마타리의 지원을 받아 소가씨 일파를 무너뜨린 것이다. 나카노오에 황자는 덴지 천황이 되는데, 연호를 다이카로 하고 수도를 오사카로 옮기는 등 천황 중심의 집권 체제를 만들고자 했다. 이때 당나라의 율령 제도를 도입했지만, 후지와라 가문이 막강한 세력을 펼치는 등 천황 중심의 통치 체제는 지속되지 못했다.

8세기에는 수도가 나라 지역으로 옮겨지고, 헤이조궁 같은 궁궐이 건립되는 등 근 100년간 나라 시대가 열린다. 이때 처음으로 일본이라는 국호를 사용했고《고사기》,《일본서기》같은 고유의 역사서와《만엽집》같은 시가집이 편찬됐다. 견당사를 통해 중국 문화를 적극적으로 수용하기도 했다. 일본 불교를 대표하고 세계에서 가장 큰 목조 건물로 평가받는 도다이지(東大寺)도 만들어졌다.

하지만 8세기 말 헤이안쿄로 천도한 이후, 일본 문화는 다시 한번 중요한 변화를 겪는다. 견당사를 폐지하고, 일본 고유의 문화가 강조됐기 때문이다. 이 시기를 헤이안 시대라고 하는데, '국풍 문화'가 발전했으며 가나 문자가 만들어졌다. 무라사키 시키부의《겐지 이야기》같은 대표적인 일본 고전 문학도 탄생했다.

헤이안 시대 말기에는 각자 세력을 강화하기 위해 무사들을 대거 고용했고, 결국 고용된 무사들이 권력을 장악해 '무가 사회'라는 일본 특유의 정치 제도가 등장하니, 이를 막부라고 한다. 12세기 말 미나모토노 요리토모는 가마쿠라 막부를 개창했다. 14세기가 되면 아시카가 다카우지가 무로마치 막부를 세우는데, 명나라와의 교류에 적극적이었다. 이후 센코쿠 시대라는 혼란기를 거쳐, 1603년 도쿠가와 이에야스에 의해 에도 막부가 수립됐다.

왕안석의 개혁
농민과 중소 상인을 보호했던 송나라의 대개혁

송나라 재상 왕안석의 개혁은 '신법'이라 불렸고, 송나라의 근본적인 사회 모순을 고치려던 과감한 시도였는데 이를 두고 여전히 다양한 논쟁이 벌어진다.

개혁은 당파 싸움으로 변질됐다. 왕안석과 같은 입장의 사람들을 '신법당', 이에 반대하는 사람들을 '구법당'이라고 했는데, 구법당과 상인 등 당시 지배 계급의 조직적인 반발로 인해 개혁은 실패하고 만다.

왕안석은 1069년 신종의 부름을 받아 신법을 주장했다. 그는 농민, 중소 상인, 수공업자 등 광범위한 사회 하부 계층의 경제 사회적 처지를 개선하는 것이 곧 국가의 번영이라 믿었다. 그는 '청묘법(농민에 대한 저리 금융 정책)'을 실시해, 고리대의 늪에 빠졌던 영세 농민에게 활로를 만들고자 했다. 그러나 반발이 드셌다. 사마광을 비롯한 구법당은 국가의 경제 개입의 문제점을 지적하고, 관료와 중앙 권력의 영향력 확대에 따르는 문제를 우려했으며, 고리대를 통해 이득을 얻던 각지의 지주들은 현장에서 다양한 수법으로 청묘법 시행을 막았다.

하지만 왕안석의 개혁은 오히려 확대됐다. 그는 과거제를 개혁해 법률 과목과 경전에 대한 이해를 높이며 시문 창작의 비중을 낮췄다. 또 보갑제를 실시해 기존의 낡은 부역 제도를 개선하며, 체계적으로 군수 물자와 군사력을 확보해 점증하는 북방 민족의 위협에 대응하고자 했다. 국가는 합리적인 조세 정책, 적극적인 사회 개혁을 통해 농민의 삶에 안정을 기하고, 그 대가로 농민을 체계적으로 훈련시켜 치안과 국방 문제를 해결하려 했다. 또 균수법을 실시해 대상인과 조합의 영향력을 제어하고, 소상인과 농민에게 유리한 형태로 상공업 구조를 바꾸려 했다.

하지만 개혁은 오래가지 못했다. 개혁의 든든한 후원자 신종이 1085년에 죽었고, 고태후가 섭정하는 가운데 사마광 등에게 권력을 이양해 신법을 모두 폐지한 것이다. 1086년에 왕안석과 사마광이 모두 죽었지만 이 둘을 계승한다면서 개혁과 반개혁 논쟁이 계속됐다. 하지만 왕안석에 비견되는 탁월한 개혁가는 등장하지 않았고, 당쟁이 지속되는 가운데 송나라는 기존의 사회 문제를 고치지 못하고 북방 민족에 시달린다.

오다 노부나가
일본 센코쿠 시대를 통일한 영웅

오다 노부나가, 도요토미 히데요시, 도쿠가와 이에야스는 일본 전근대사에서 가장 유명한 인물들이다. 오다 노부나가는 센고쿠 시대를 통일한 혁신가였고, 지략이 출중했던 도요토미 히데요시는 통일 사업을 마무리한 후 조선을 침공한 인물이다. 도쿠가와 이에야스는 온갖 어려움을 겪으며 끝내 앞의 두 영웅이 죽은 후 최종적인 승리자가 돼 에도 막부를 세웠다.

센고쿠 시대의 혼란상을 극복하고 일본을 통일한 인물은 오다 노부나가다. 당시 일본에는 네덜란드 상인을 통해 조총 같은 신무기가 소개됐고, 포르투갈 선교사들에 의해 로마 가톨릭이 전파되고 있었다. 오다 노부나가는 이러한 흐름을 창조적으로 활용했다. 오다 노부나가는 강력한 사원 세력을 견제하기 위해 선교사들의 활동과 가톨릭 신자 보호에 적극적이었다. 그 결과 가톨릭 신자가 1582년 규슈에서만 12만 명, 기나이 지방에서는 2만 5,000명에 이르렀고 선교사들이 세운 교회와 학교, 병원도 있었는데 모두 오다 노부나가 덕분이었다. 이때 포르투갈풍의 복장과 식습관이 무사들 사이에서 크게 유행했다. 또 당시 천태종의 총본산이던 엔랴쿠사를 불태우고, 불교 종파 중 하나인 니치렌종을 없애는 등 적극적으로 사원 세력을 탄압했다.

그의 혁신적인 행동은 전투에서도 나타난다. 1575년 나가시노 전투에서 그는 다케다 가쓰요리가 이끌던 기병 부대를 격파하는데, 비결은 '데포'라 불린 화승총에 있었다. 기병 부대를 막기 위해 여러 장애물을 설치하고, 발포 간격이 긴 데포의 한계를 극복하기 위해 열을 세워 연발 시스템을 구축하는 등 당시로는 기상천외한 수법으로 전통적인 전법을 무너뜨렸다. 서양에서 수입된 기술을 바탕으로 창의적인 전법을 구사한 것으로, 이후 일본의 전투 방법은 질적으로 변화한다.

잇키(농민 봉기)를 주도한 민중과의 싸움에서는 잔혹한 태도를 보였는데, 잇코 잇키(一向一揆)를 진압할 때는 몇만 명의 남녀를 칼로 죽이거나 불태웠다.

오다 노부나가는 새로운 지배 질서를 구축하는 데 여념이 없었다. 새로운 형태의 도시를 만들고, 엄격한 토지 관리를 실시했으며, 거대한 아즈치성을 건설했다. 1582년경에는 대부분의 지역이 복속됐다. 하지만 가신 아케치 미쓰히데가 교토의 혼노지에 머물고 있던 오다 노부나가를 배신하고 살해했다.

한나라
유교 중심의 중국 전통문화가 완성된 시대

기원전 202년 진나라 멸망 이후, 초패왕 항우와 싸워 이긴 한고조 유방이 세운 나라. 외척 왕망이 한나라를 멸망시키고 '신'이라는 나라를 8년에 세웠으나, 광무제 유수가 한나라를 부흥시켰으니 이를 후한이라고 한다. 한나라는 220년에 황건적의 난으로 멸망한다. 국가의 흥망성쇠가 로마 제국의 전성기와 비슷하다.

한고조 유방은 한나라를 세운 후 군현제를 폐지하고 군국제를 실시했다. 중앙은 황제가 다스리고 지방에는 주나라가 실시한 봉건제를 부활시킨 것인데, 진시황의 가혹한 군현제의 폐단을 막기 위함이었다. 하지만 7대 황제 한무제에 의해 군현제가 복원됐고, 이후 중국 역사에서 봉건제는 사라진다.

한나라 때도 흉노가 문제였다. 한고조는 흉노를 정벌하려다 고초를 치렀고, 한무제는 실크 로드를 개척하려 한다. 한무제는 고조선을 멸망시키고, 베트남을 정벌하는 등 대외 정책에서도 큰 성공을 거둔다. 균수법, 평준법 등을 실시해 상인 세력을 통제하면서 중앙 집권을 강화했다. 장건이 실크 로드를 발견한 것도 이때의 일이다.

한나라를 타도하고 신나라를 세운 왕망이라는 인물은 독특하다. 외척이고 대귀족이었음에도 불구하고 토지 국유화, 노비 매매 금지 같은 이상주의적인 통치를 시도했다. 한나라는 통상 '호족 사회'라고 한다. 추천제인 '향거리선제'로 관리를 선발했는데, 제도를 악용해 호족이 관직을 독점하고 토지 소유를 확대해 농민을 예속시키는 등 이후 문벌 귀족으로 발전한다.

대개 한나라 때 중국의 전통문화가 만들어졌다고 본다. 특히 유교와 도교의 발달이 두드러졌다. 건국 초기에는 황로학이라는 도교 계통의 학문이 크게 흥기했다. 신화적인 고대의 제왕 황제와 도가의 창시자 노자의 사상에 기초했기 때문에 붙여진 이름이다. 하지만 한무제 때 동중서라는 대유학자를 중심으로 유학 사상이 발전했으며, 그의 건의로 유교가 국교가 된다. 분서갱유 등으로 인한 피해가 컸기 때문에 유실된 경전을 복원하고 경전의 내용을 해석하는 훈고학이 이때 크게 발달했다. 도교는 민중 사이에서 널리 퍼졌는데 '태평도', '오두미도' 같은 이름으로 등장한다. 신선을 받들거나 미래의 일을 예언하는 참위 사상 등이 발전했다. 한나라를 멸망시킨 황건적이 도교의 한 분파다.

칭기즈 칸
유라시아 대륙의 대부분을 정복한 유목 세계의 영웅

몽골 제국을 세운 인물로, 본명은 테무친이다. 칭기즈 칸(1162~1227)이 이끄는 몽골인의 등장은 유목 세계의 격렬한 사회 변동을 배경으로 한다. 유목 집단 사이의 빈번한 전쟁, 철 생산지를 둘러싼 각축전 등이 수백 년간 전개됐다. 이러한 갈등에서 몽골인들은 가장 후진적이었다. 그들은 '에르구네 쿤'이라는 협곡에서 벗어나지 못했지만, 그곳은 철이 풍부하게 생산되는 곳이었고 이는 몽골인 성장에 큰 이점으로 작용했다.

칭기즈 칸 역시 젊은 시절 큰 고난을 겪으면서 성장했다. 부친 예수게이가 사망하자 친족이 그의 가족을 버렸고, 칭기즈 칸이 장성하자 후환을 없애려고 공격해 포로 신세를 전전하기도 했다. 하지만 칭기즈 칸은 탁월한 능력과 새로운 인맥을 통해 세력을 확보한다. 콩기라트부의 도움을 받았고, 아버지의 의형제 옹 칸과 자무카의 지원을 받았다. 주변 유목 집단을 복속하고, 친족들의 도전을 분쇄하고, 의형제 자무카와의 결전에서 승리한 후 테무친은 '칭기즈 칸', 즉 몽골 제국의 왕이 됐다. 그는 천호제를 조직해 유목민의 군사화를 촉진했다. 95개의 천호를 조직하고, 이를 지휘할 88명의 천호장을 임명했다. 천호는 각각 백호와 십호로 나뉘었고, 각 단위에는 백호장, 십호장 등의 지휘관이 있었다. 유목 집단의 수장들은 천호제에 편제됐으며, 광대한 유목 사회가 하나의 군사 제도로 통합된 것이다. 95개의 천호는 다시 3개의 만호로 묶었으며, 좌익 만호는 만주, 우익 만호는 중앙아시아, 중군 만호는 몽골 초원에 배치됐다.

거대한 군사 제국을 유지하기 위해서는 결국 중국 침략이 핵심일 수밖에 없었다. 따라서 금나라와의 충돌은 필연적이었다. 화북 일대에서 어마어마한 약탈이 감행되는 가운데, 1218년 중앙아시아로 보낸 사신단이 몰살당한 것을 계기로 북인도의 강대국 호라즘과 전쟁을 벌인다. 약 6년간의 싸움으로 호라즘 왕국이 멸망했고, 중앙아시아와 서아시아 일대의 여러 정치 세력은 몽골의 휘하에 들어간다. 당시 몽골군 중 일부는 흑해 일대에서 러시아 군대를 격파하는 등 서방 원정에서 큰 성과를 올렸지만, 애초에 그곳을 점령할 의지가 없었기 때문에 철수한다. 하지만 칭기즈 칸의 뒤를 이은 몽골의 칸들은 서아시아의 이슬람 세계를 정복했고, 동유럽까지 진출했다.

무사
일본만의 독특한 신분 제도

> 화살에 맞아 이제는 더 못 견디겠다고 느꼈는지 칼을 왼손으로 옮겨 쥐고 스스로 목을
> 잘라, 자른 목을 깊은 구덩이 속에 감추고 그 위에 가로누워 쓰러졌다.

14세기 일본에서 쓰인 《태평기》의 내용이다. 군공을 세우지 못하고 죽어간 무사의 비통한 한을 표현한 글로, 이런 글을 '군기 문학'이라고 한다. 이와 비슷한 정서의 글은 수없이 많다. 《헤이케 모노가타리》라는 작품에서는 미나모토노 요리토모에게 패배한 다이라 기요모리의 최후를 장엄하게 묘사한다. 다이라 기요모리는 전투에서 패배하고 고열에 시달리면서도 끝까지 패배를 인정하지 않고 치열하게 싸우다 죽는다. 무사로 태어나 큰 성공을 꿈꾸지만 모두 성공할 수는 없으며, 때로는 아무런 공도 세우지 못하고 허망하게 죽을 수도 있고, 크게 성공했지만 지위를 유지하지 못해 무너질 때도 있다. 비참한 실패에도 불구하고 고고함을 유지하고, 운명에 끝까지 저항하면서 당당하게 죽음을 선택해야 한다.

이러한 세계관은 벚꽃, 원령, 할복 같은 일본만의 독특한 문화를 발전시켰다. 아름답지만 바람이 불면 꽃잎이 휘날리고, 비가 오면 단박에 시드는 벚꽃을 무사의 인생이라고 봤다. 또 현세에서의 패배를 인정하지 않고 원령이 돼 끝까지 상대를 괴롭히거나, 장엄한 죽음의 기회를 누리기 위해 스스로 칼을 들고 복부를 가르는 할복 문화가 모두 무사들의 전투 문화에서 기인한다.

무사마다 개성 있는 화려한 갑옷을 입고 검을 숭상하며, 무사의 책임감과 무사 간의 결속력을 강조했다. 일본의 검은 칼날이 길고 깊게 휘어진 모양에 외장이 화려했기 때문에 해외에서도 소장품으로 가치가 높았다.

무사가 언제나 이런 미덕으로 살았던 것은 아니다. 충성의 대가로 토지를 받았는데, 이러한 주종 관계가 유지되지 못하면 언제든지 배신할 수 있었다. 몽골 침략 이후, 가마쿠라 막부가 쇠퇴하고 무사의 생활이 어려워지자 기존의 지배 체제를 거부하고 세금을 내지 않거나, 장원의 재산을 약탈하는 등 무사도는 지켜지지 않았다. 이들을 '악당'이라 불렀다.

진시황
고대 중국을 통일하고 황제라는 칭호를 사용한 왕

중국 최초의 황제. 기원전 221년 천하를 통일하고, 스스로 황제의 자리에 올랐다. 진시황(기원전 259~기원전 210)의 등장은 중국 역사에 결정적 국면이었다. 그는 전국을 36개의 군현으로 나눴고, 화폐, 도량형, 문자를 통일했으며, 그로 인해 드넓은 중국 대륙이 통일된 국가 체제가 됐다.

진나라는 춘추 전국 시대에 서북 변방에 있던 나라다. 하지만 춘추 시대 목공 때 크게 성장했고, 무엇보다 전국 시대 효공 때 법가의 원조라고 할 수 있는 상앙을 등용해 대대적인 개혁에 나서며 국력이 크게 성장한다. 효공의 손자 소양왕은 명장 백기를 등용해 한·위·조나라를 무력화했으며, 오늘날 쓰촨성 일대를 병합해 영토를 넓혔다. 소양왕의 증손자가 진시황이었으니 진나라는 오랜 기간 꾸준히 성장했던 셈이다. 진시황은 순자의 제자이자 법가인 이사를 재상으로 삼았고, 기원전 230년부터 차례차례 주변 국가를 정복해나간다. 천하를 통일한 이후, 자신을 높이기 위해 '왕'이 아니라 '황제'라는 칭호를 사용했다. 민간의 병기를 몰수했으며, 전국 36군에 관료를 파견했다. 기존의 화폐를 철폐하고 반량전을 만들었는데, 둥근 모양에 가운데 사각형 구멍이 뚫려 있는 동아시아의 전통적 동전이 이를 기원으로 한다. 이사의 건의를 받아들여 문자도 전서체로 통일했다. 그는 다섯 차례 전국을 순행했고, 각지에 비석을 만들어 자신의 업적을 기록했다. 또 태산에 올라서는 '봉선 의식'을 행해 천자의 위상을 드높였다. 이후 한무제와 후한 광무제가 봉선 의식을 행하며, 이 의식은 황제의 특별한 예식으로 정착됐다.

천하를 통일한 진시황에게도 근심거리가 있었으니 북방의 흉노족이었다. 그는 명장 몽염에게 30만 대군을 주어 흉노 정벌에 나섰고 만리장성도 만들었다. 새롭게 만든 것은 아니었고, 제후국이 만든 것을 보수하고 하나로 이었다. 당시에는 토성이었고, 현재의 것과 위치도 다르다. 현존하는 석성은 명나라 때 새로 만든 것이다.

진시황은 대상인 여불위의 아들이었다는 이야기도 전해진다. 의약 서적, 점술서, 농업 기술 서적을 제외하고 수많은 서적을 불태웠으며, 수도 함양에서 유학자 460명을 구덩이에 매장했다. 그 유명한 '분서갱유' 고사다. 평생 불로초를 찾아 헤맸지만 50세에 죽었고, 오랜 기간 가혹한 통치를 일삼았기에 기원전 206년 진승·오광의 난을 필두로 진나라는 역사 속으로 사라진다. 그가 죽고 4년 만의 일이다.

신해혁명
1911년 중국에서 일어난 동아시아 최초의 민주 혁명

1911년 청나라가 멸망하고 동아시아 최초의 민주 공화국인 중화민국이 들어선다. 1840년 아편 전쟁, 1851년 태평천국 운동 이래 청나라는 국가 주권을 지키기 위해 고군분투했다. 특히 1864년 태평천국 운동을 진압한 후 이홍장을 중심으로 양무 운동이라는 광범위한 개혁 정책이 추진됐다. 양무운동은 '중체서용'의 정신, 즉 중국의 정체성을 유지하되 서양 문물을 받아들여 근대화를 추진한다는 정책이었다. 근대식 공장과 조선소를 설립하고 유학생을 세계로 파견하는 등 약 30년간 치열한 노력이 계속됐다. 하지만 1884년 베트남 지배권을 두고 프랑스와의 전쟁에서 패했고, 다시 1894년 조선을 두고 일본과의 싸움에서 패하면서 양무운동은 실패한다. 이후 입헌 군주제가 논의됐지만, 결국 신해혁명으로 청나라가 무너진다.

중화민국의 등장은 동아시아 역사에서 중요한 의미를 지닌다. 1868년 메이지 유신으로 근대화에 성공한 일본은 천황 중심주의를 표방하고 제국주의 국가로의 발전을 도모하는 등 보수적인 행태를 반복했다. 하지만 중화민국은 민족주의에 기반한 민주 공화정을 표방했기 때문에, 중국뿐 아니라 조선, 베트남 등 주변 국가의 독립운동가들에게 큰 영향을 미쳤다.

하지만 신해혁명 이후 중화민국은 한층 곤란에 빠진다. 당시 총통이던 위안스카이는 황제가 되고자 했으며, 일본은 '21개 조 요구'를 들이밀며 노골적으로 침략을 감행하기 시작했다.

이 와중에 천두슈, 후스를 중심으로 '신문화 운동'이 일어난다. 잡지 〈신청년〉을 발간하면서 활동을 펼쳤는데, 기존의 유교적 전통문화를 비판하며 누구나 쉽게 배울 수 있는 간소한 한문인 '백화문' 사용을 주장하는 등 좀 더 근본적인 영역에서 사회를 혁신하고자 했다. 반일 감정의 고조, 신문화 운동을 통한 학생과 젊은이들의 의식 고취, 1919년 조선에서 일어난 3.1 운동의 영향 등이 겹치면서, 같은 해 중국에서 5.4 운동이 일어난다. 베이징 대학생들을 중심으로 격렬한 저항 운동이 펼쳐졌고 운동의 여파는 전국적이었다.

5.4 운동은 신해혁명 이후 혼란에 빠진 중국 사회에 새로운 계기를 마련했다. 신해혁명을 주도한 쑨원 등은 중국 남부 광둥성에서 새롭게 기반을 마련하며 재기에 나섰고, 특히 천두슈, 리다자오 등을 중심으로 중국 공산당이 만들어진다.

일본 군국주의
만주사변(1931)-중일전쟁(1937)-태평양전쟁(1941)

1868년 메이지 유신을 통해 근대화에 성공한 일본은 청일 전쟁, 러일 전쟁에서 승리를 거두며 제국주의 열강 중 하나로 입지를 굳힌다. 특히 제1차 세계 대전은 일본에게 큰 기회였다. 앞선 서구 열강들이 전쟁에 몰두하는 동안 각종 물품을 생산, 수출하며 경제적으로 큰 호황을 누렸고, 칭다오 지방에서 독일군과의 충돌을 제외하고는 특별한 교전이 없었기 때문에 군사력을 온전히 보존할 수 있었다. 1920년대 이후 일본은 다이쇼 데모크라시 시대로 진입한다. 다이쇼 천황 치세에 민주주의, 자유주의는 물론 사회주의, 아나키즘 등 다양한 사조가 번성하면서 일본 사회의 이념적 지평이 넓어진 것이다. 또 의회 민주주의가 발전하고 자본주의의 성장이 거듭되면서, 소비문화가 진작되는 등 여러 변화가 일어났다.

하지만 이러한 사회 변화는 극우파 발호에 촉매제가 됐다. 기타 잇키 같은 민간 극우파 사상가가 등장했고, 이시와라 간지 같은 군대 내 극우파도 등장한 것이다. 일본 극우파는 유럽의 파시스트와 비슷한 세계관을 공유했다. 자본주의를 비난하고, 여러 급진적인 사조들을 혐오했다. 이들은 천황주의를 전면에 내세웠으며 일본의 농촌 공동체를 이상 사회로 그리는 등 독특한 면모를 드러내면서 민간은 물론 군부 내에도 깊숙이 뿌리내리기 시작했다.

군대 내 대표적 극우파 이론가 이시와라 간지 중장은《세계 최종 전쟁론》을 출간해 인류의 마지막 전쟁을 예고했다. 최후의 전쟁에 대비하기 위해 영토를 확장하자는 주장으로, 그는 1931년 만주 사변을 일으켜 괴뢰국인 만주국을 세웠다.

1930년대 일본은 혼돈을 거듭한다. 5.15 사건(1932), 2.26 사건(1936) 등이 연이어 터졌고, 결국 군대 내 고위 장교들이 중심이 된 통제파가 민간과 하급 장교가 중심이 된 황도파를 제압하고 전권을 장악한다. 통제파는 나가타 데쓰잔, 오바타 도시로, 도조 히데키 등이 주도했는데, 이들도 세계 최종 전쟁론을 신봉했다. 소련이나 미국을 최종적인 적국으로 설정하고 군비를 강화해 강국이 되고자 한 것으로, 1937년 중일 전쟁을 통해 구체화된다. 유럽에서 제2차 세계 대전이 터지자 일본은 동남아시아를 침략했고, 1941년에는 미국과 태평양 전쟁을 벌인다. 이들의 무모하고 위협적인 도전은 중국과 동남아시아 일대에 막대한 피해를 유발했다.

난징 조약
아편전쟁 이후 맺어진 불평등 조약

제1조. 영국과 청은 앞으로 영구히 평화와 우정을 누린다.

제2조. 청은 광저우 외에 샤먼, 푸저우, 닝보, 상하이를 개항한다.

제3조. 청은 영국의 편의를 위해 홍콩을 제공하고, 홍콩은 영국의 법률에 따라 통치된다.

제4조. 청은 1839년에 몰수한 아편 대금과 이후 영국인들에게 가한 위협에 대한 위자료로 600만 달러를 배상한다.

제5조. 청은 공행을 폐지하고, 공행의 채무금 300만 달러를 지불한다.

제6조. 청은 전쟁 배상금으로 1,200만 달러를 지불한다.

    (…)

제8조. 청은 현재 중국 전역에 감금돼 있는 모든 영국인을 무조건 석방한다.

제9조. 청은 영국에 협조한 중국인을 일절 처벌하지 않는다.

난징 조약은 아편 전쟁 이후 영국과 청나라가 맺은 조약으로, 불평등 조약의 전형이다. 평화와 우호를 빌미로 열강의 입장만 일방적으로 반영했으며, 개항, 영토 할양, 배상금 등을 구체적으로 요구했다. 이후 영국은 후면 조약을 통해 청나라와의 관세율을 구체화했으며, 최혜국 대우, 치외 법권 등 좀 더 강력한 요구 사항을 관철시켰다. 단발성이 아니라 향후 양국의 경제 관계를 규정했다는 점이 특징이라 할 수 있다. 이는 프랑스, 러시아 등 열강들이 아시아, 아프리카 등을 침탈하는 전형적인 수법으로 활용됐다.

청나라
만주족이 세운 중국의 마지막 왕조

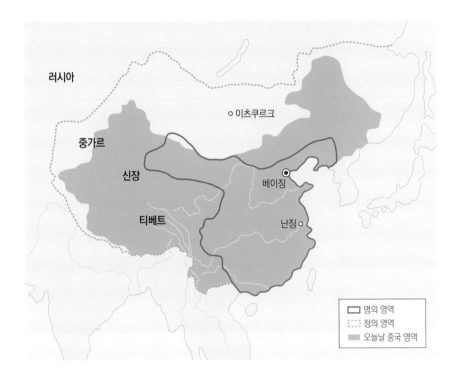

청나라는 중국의 마지막 전통 왕조다. 만주를 기반으로 누르하치가 여진족을 통합하고 후금을 세운다. 누르하치의 뒤를 이은 홍타이지는 국호를 청으로 바꾸는데, 만주부터 몽골까지 북방 세계의 패자가 된다. 홍타이지는 명나라에 순응적이었던 조선을 정벌한 후 본격적으로 명나라를 공격한다. 당시 명나라는 이자성의 난을 비롯해 혼돈에 빠져 있었다. 결국 만리장성을 지키고 있던 오삼계 등의 장수들이 청나라에 투항했고, 청나라 군대는 여러 반란 세력을 진압하면서 중국을 통일한다.

강희제, 옹정제, 건륭제는 청나라의 전성기를 이끈 황제들로, 중국 역사에서 가장 뛰어난 지도자들로 평가받는다. 오삼계 등 청나라에 협조한 장군들은 중국 남부에서 번왕이 됐는데, 결국 반란을 일으킨다. 이른바 삼번의 난으로, 강희제가 진압한다. 또 명나라 부흥 세력이었던 정성공의 난을 진압하면서 타이완을 중국 역사에 편입시켰고, 남하하는 러시아 세력과 맞서 네르친스크 조약을 체결하며 국경선을 확정 지었다. 옹정제는 강희제 못지않은 통치자였다. 강력한 황제 권력을 바탕으로 관료 집단의 통치를 엄격하게 관리했다. 건륭제는 매우 호전적인 군주였다. 베트남부터 태국, 미얀마까지 광범위한 지역을 정벌했다. 덕택에 중국 영토는 이전과 확연히 달라졌다. 만리장성 이남 지대와 실크 로드 일부만이 중국의 영역이었다면, 건륭제의 원정을 통해 만주, 몽골, 신장 위구르, 티베트가 '번부'라는 이름으로 청나라의 간접 통치를 받으며 편입된 것이다. 건륭제는 선대 황제가 쌓아 놓은 막대한 부를 원정에 쏟아부었고, 전임 황제처럼 국가를 철저하게 운영하지 않았기 때문에 그의 사후 청나라는 위기에 처한다.

　몽골이 세운 원나라가 중화 문명의 전통을 무시하고 독단적인 정책을 펼치다가 쉽게 쫓겨났다면, 여진족은 전통을 존중하고, 과거제를 유지했으며 '만한 병용제'를 실시해 한족 관료들도 국가 운영에 참여시켰다. 따라서 한족의 마음을 얻었고, 명나라 때 형성된 지배 계급인 신사층은 여전히 권력을 행사할 수 있었다. 물론 변발과 호복을 강요하거나 명나라를 상기시키는 책이나 여러 활동에 대한 엄격한 금지령도 유지했다.

　청나라는 역동적인 문화적 성취를 거뒀다.《강희자전》,《사고전서》,《고금도서집성》등 수십 년에 걸쳐 수천의 학자를 동원해 어마어마한 학술 편찬 사업들을 벌였고, 이 와중에 엄격한 실증성을 중시하는 고증학이 발전했다.

센고쿠 시대
무사 영주 간의 자웅을 겨뤘던 전국시대

무사 영주 다이묘가 전국을 할거하며 일본 열도에서 자웅을 겨루던 약 반세기를 '센고쿠(戰國) 시대'라고 한다. 무로마치 막부 말기에 일어난 '오닌의 난'이 계기였고, 오다 노부나가를 거쳐 도요토미 히데요시에 의해 마무리된다. 오닌의 난의 발달은 막부의 후계자 문제였다. 아시카가 요시마사가 동생 아시카가 요시미를 후계자로 내정했다가, 뒤늦게 아들 아시카가 요시히사를 낳는다. 양쪽은 당대의 실력자 호소카와 가쓰모토와 야마나 모치토요를 등에 업고 격렬한 권력 투쟁을 벌이는데, 이는 전국적인 싸움으로 번진다. 호소카와 가쓰모토가 이끄는 24개국 16만의 동군, 야마나 모치토요가 주도하는 20개국 9만 명의 군대가 맞붙어 싸웠고, 전쟁이 쉽사리 끝나지 않으면서 무로마치 막부의 수도였던 도쿄가 황폐해진다. 오닌의 난은 11년 동안 지속되는데, 후계자 문제가 정리되기는커녕 크고 작은 전국의 다이묘들 간의 내분으로 번진다. 이를 '하극상의 시대'라고 한다.

결국 무로마치 막부의 멸망 이후 전국에는 수많은 효웅이 등장한다. 우에스기 겐신, 다케다 신겐, 오다 노부나가 등 가문이 아닌 지역 중심의 새로운 다이묘들이 활약을 펼친다. 각 다이묘들은 경쟁에서 승리하기 위해 자신들의 영지를 적극적으로 개발했다. 특히 광산 개발에 열심이었고 새로운 굴착법도 등장하는데 사도 금광, 이와미 은광이 유명하다. 이와미 은광은 '연은 분리법'이라는 조선의 기술을 수용해 발굴에 큰 성공을 거뒀는데, 은은 당시 동남아시아에 진출한 유럽 상인과의 무역 수단이 됐다.

센고쿠 시대의 영웅 다케다 신겐은 근대 일본 군대에도 큰 영향력을 행사할 정도로 널리 알려진 군사 전략가였다. '구루마(車) 가카리'라는 말이 유명한데, 이는 끝없이 새로운 병력을 활용하며 적의 정면을 무너뜨리던 병법이다. 상당히 위험한 전략이었음에도 매번 성공적이어서 많은 다이묘가 두려워했다. 다케다 신겐의 군대는 '풍림화산'이라는 군기를 걸었다. 《손자병법》에 나오는 말로, '바람처럼 빠르게, 숲처럼 고요하게, 불길처럼 맹렬하게, 산처럼 묵직하게'라는 뜻이다. 그의 성공은 〈신겐가법〉, 〈갑주법도〉 등 55개 조로 된 엄격한 군법과 리더십이 있었기 때문에 가능했다.

일본 자민당
오랫동안 장기 집권을 한 일본의 보수 정당

미국 우선주의, 경제 제일주의, 동아시아에서의 영향력 강화는 일본의 보수 정당 자민당의 핵심 정체성이다. 1955년 보수 정당 자유당과 민주당의 합당해 자민당이 등장한다. 통상 현대 일본의 정치사를 이야기할 때 요시다 시게루와 기시 노부스케를 비교한다. 패전 이후 현대 일본이 형성되는 과정에서 중요한 역할을 한 요시다 시게루는, 미국의 동맹 국가로 경제 개발에 전념하는 것을 목표로 삼았다. 하지만 기시 노부스케는 미국을 우선시하면서도 동아시아의 평화를 명분으로 자위권을 천명하는 적극적인 행보를 시도했고, 결국 안보 조약 개정에 성공한다. 그는 과거 일본 제국주의 시절 만주국에서 활약한 전범 출신이라 역내 패권에 대한 열망이 강했는데, 자위대의 군대 전환, 헌법 개정을 통한 정상 국가화 등 여전히 그와 유사한 생각을 하는 자민당 정치인들이 많다.

한편 자민당은 경제 성장을 주도하며 일본 국민의 지지를 순차적으로 확보해나갔다. 안보 조약 개정 이후 기시 노부스케가 사퇴하고 이케다 내각이 들어서는데, 기존의 정치 논쟁보다 '월급 두 배론' 같은 경제 성장에 집중했고 엄청난 호경기에 힘입어 장기 집권의 기틀을 마련한다. 1950년대에는 쌀값 통제 정책, 1960년대에는 농업 기본법을 통과시켜 농민들의 이해관계를 보존했으며, 같은 시기 도시민들을 위한 중소기업 우대 정책, 서민 보호 정책을 추진했다. 1973년에는 복지 원년을 선포하며 연금 제도, 건강 보험 제도 등 각양의 정책을 실시해 민심을 얻었다.

일본의 전통적인 야당은 사회당이었다. 농민 조합과 노동조합, 교사 조합을 기초로 만들어진 노동자 정당이었으며, 사회주의적 이상을 목표로 했다. 이미 1950년대부터 시민운동을 주도하면서, 미군 범죄, 미군 항공 모함에 의한 원자력 발전 문제 등 각양의 이슈와 싸우며 일본의 진보적 사회 운동을 이끌었다. 3분의 1 정도의 의석을 꾸준히 차지하면서 개헌을 저지하고 영향력을 행사했다.

자민당은 장기 집권으로 정경 유착, 부정부패 등의 문제가 발생하면서, 1980년대에 지지를 크게 잃는다. 자민당 탈당파와 개혁적인 신당의 등장, 사회당 등이 연립 정권을 구성하여 1990년대 초반에 야당이 됐고, 2009년에는 새롭게 등장한 보수 정당 민주당에 의해 야당이 되는 등 일시적으로 권력을 빼앗겼다.

캄보디아

앙코르 왕조를 연 동남아시아의 내륙 국가

동북아시아와 달리 동남아시아에서는 여러 왕조가 꾸준히 이어지거나, 한 민족이 지속적으로 나라를 일구며 발전한 경우를 찾기 어렵다. 오늘날 캄보디아 역시 마찬가지다. 이 지역에는 애초에 푸난이라는 나라가 있었다. 푸난인들은 캄보디아인들과는 다른 민족으로 분류된다. 푸난은 나가(토지의 신인 뱀)의 딸 소마가 만들었다고 한다. 나가는 오늘날 캄보디아뿐 아니라 동남아시아 일대에서 광범위하게 숭배됐다. 각종 건축물의 주요 양식, 심지어 지붕 용마루 끝부분까지 나가로 빼곡히 채워져 있다. 일부 학자는 나가라고 불리는 뱀 조각상이 중국으로 전해져 용이 됐다고 주장한다.

푸난은 대략 1세기부터 6세기 사이에 번성했고, 중국 오나라와 국교를 맺기도 했다. 힌두교에 영향을 많이 받아 산스크리트어를 사용했고, 힌두교의 주신인 시바와 비슈누를 섬겼다.

6세기 이후, 오늘날 캄보디아의 원류라고 할 수 있는 크메르인들이 등장해 푸난을 제치고 새로운 장을 열기 시작한다. 자야바르만 2세는 앙코르 왕국을 건설했는데, 시엠립을 중심으로 국가를 발전시켰다. 시엠립은 인도차이나반도와 말레이반도 어디로든 통하는 교통의 요지였다. 캄보디아 일대에는 톤레사프 호수를 중심으로 비옥한 농경지가 광대했다. 이들은 앙코르 와트를 비롯해 여러 신전을 지었으며, 12세기가 되면 베트남, 참파, 미얀마, 말레이 등 주변 지역을 공격하며 세력을 확대했다. 하지만 14세기 이후 태국이 성장하고 17세기 후반 베트남이 발전하면서 사이공 일대를 점령했고, 메콩강 삼각주 지역이 그들의 수중에 넘어간다. 캄보디아가 내륙 국가가 돼버린 것이다. 이때부터 태국과 베트남 사이에서 두 나라에 좌지우지된다.

19세기에는 프랑스가 베트남, 라오스, 캄보디아를 식민화한다. 캄보디아는 제2차 세계 대전 이후 1953년에 완전한 독립국이 됐다. 하지만 해방 이후에도 복잡한 사정은 계속된다. 국가 체제를 두고 좌우 갈등이 이어졌고, 1970년대에는 폴 포트가 이끄는 크메르 루주 세력을 중심으로 무려 200만 명이 학살당하는 등 심각한 인권 유린 사태마저 발생한다. 더구나 크메르 루주 세력을 무너뜨리는 과정에서 베트남군이 캄보디아에 영향력을 행사해 사실상 베트남의 위성국이 되기도 했다.

당나라
율령, 한자, 유교, 불교를 동아시아에 전파한 왕조

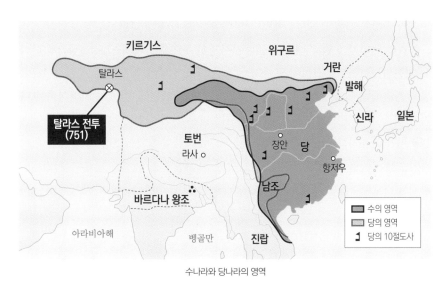

키르기스
위구르
탈라스
거란
발해
탈라스 전투
(751)
신라
일본
토번
라사 ○
장안
당
항저우
바르다나 왕조
남조

■	수의 영역
■	당의 영역
𝑥	당의 10절도사

아라비아해
벵골만
진랍

수나라와 당나라의 영역

수나라가 멸망한 후 등장한 당나라는 300년 동안 번성했다. 고조 이연이 나라를 세웠지만 자녀들의 격렬한 투쟁으로, 맏형 이건성 등을 참살한 이세민이 2대 황제 태종으로 등극한다. 이를 '현무문의 변'이라 하는데, 이세민은 어린 시절부터 전장을 누볐으며 수차례 전투에서 큰 승리를 이끌며 아버지를 황제로 만드는 데 혁혁한 공을 세웠다.

당태종의 치세를 기려 이르는 '정관의 치'라는 말이 있을 정도로, 당태종 이세민의 통치는 중국 역사에서 최고의 치세 중 하나로 여겨진다. 그는 율령 체제를 완성하고, 중국식 법질서의 기틀을 잡았다. 또 균전제, 조용조, 부병제 등 수나라 때 실시한 제도를 확고하게 정착시킨다. 백성들에게 토지를 분급해 자영농을 육성하고, 그들에게 세금과 병역의 의무를 지워 국가를 안정적으로 운영하고자 한 것이다. '기미 정책'도 유명하다. 이세민은 돌궐족을 비롯한 북방 민족의 주요 세력을 무너뜨렸고, 도호부, 도독부 등을 설치해 이들을 간접 지배했다. 티베트 일대에서는 당나라와 가까웠던 토욕혼이 무너지고 송첸캄포가 주도하는 토번이 일어나자, 많은 지참금과 함께 문성 공주를 보내 혼인시켰다. 이는 '화번공주 제도'로, 강성한 이민족과의 유대와 결속에 효과적이었다. 당나라는 총 18차례 화번공주를 보냈다.

하지만 당나라는 현종 때 안녹산과 사사명이 주도한 안사의 난으로 심각한 타격을 입는다. 현종은 양귀비에게 빠져 정사를 돌보지 않았다. 당나라는 절도사라는 지방 장관에게 막대한 군권을 줘 변방을 통치하게 했는데, 황제의 리더십이 무너지자 절도사 세력이 발호한 것이다. 안사의 난은 간신히 진압됐고, 이후 당나라는 150년 정도 유지되지만 이전과 같은 활력을 찾아보기는 힘들었다. 결국 소금 밀매 사업으로 큰돈을 번 황소가 난을 일으켰고, 막대한 혼란 가운데 난은 평정되지만 황제를 비호한다며 군대를 궁궐로 끌고 들어간 절도사 주전충에 의해 당나라는 사라진다.

당나라의 문화는 국제적이며 귀족적이었다. 실크 로드를 통한 교류가 한층 강화됐고,《서유기》의 모델이 된 현장을 비롯한 수많은 승려가 인도를 왕래하며 불교를 발전시켰다. 황실은 도교를 왕실 종교로 승격했고, 서역을 통해 조로아스터교, 네스토리우스교 등 각양의 종파가 소개되기도 했다. 이때부터 율령, 한자, 유교, 중국화된 불교가 한반도, 일본 등에 전파되며 동아시아 문화권이 형성되기 시작했다.

태평천국 운동
남녀평등을 외치며 민란을 일으킨 홍수전

홍수전이 주도한 중국의 마지막 민란으로, 난징을 점령했으며 청나라의 수도 베이징으로 진격하기도 했다. 약 16년간 중국 남부를 호령했으나 결국 청나라에 진압됐다. 중국 남부 광저우 출신인 홍수전은 크리스트교 교리서인 《권세양언》을 비롯해 수차례 크리스트교 교리를 접한다. 번번이 과거 시험에 낙방한 그는 심각한 병에 걸려 사경을 헤매는 가운데 환상을 본다. 환상 중에 노인과 또 다른 사나이가 나왔고 그들에게 세상을 구하라는 계시를 받는데, 간신히 건강을 회복한 그는 노인이 하나님이고 또 다른 사나이는 예수 그리스도, 그리고 자신은 중국을 구원할 예수 그리스도의 동생임을 확신하게 된다. 이후 '배상제회'를 결성하는데, '상제'란 중국에서 하나님을 통칭하는 표현으로 하나님을 섬기는 신흥 종파가 등장한 것이다.

초기에는 포교에 어려움을 겪지만, 풍운산 같은 듬직한 동료를 얻으며 교세를 확보하기 시작한다. 홍수전 본인이 하카(광둥 북부에 많이 사는 한족 일파)였는데, 당시 중국, 특히 남부에는 하카 집단이 많았다. 청나라 중기, 인구가 4억 명이 넘게 급증하는 등 사회 변동이 극심함에 따라 토지를 잃고 이곳저곳을 돌아다니면서 생계를 유지하는 집단이 생겼는데, 이들이 하카다. 그리고 지배층인 신사나 일반 농민들은 이들을 천시했다. 하카를 비롯해 청나라의 하층민들이 적극적으로 태평천국 운동에 참여했다.

이들은 광시, 창사, 난창을 거쳐 북상하며 세를 더욱 강화했고, 중국 남부의 중심지 난징을 점령해 그곳을 '천경'이라 개칭하고 태평천국을 세웠다. 태평천국은 신자 공동체를 중심으로 엄격한 계율을 실천했는데, 전족이나 축첩, 아편, 도박 등의 폐습 타파 같은 표면적인 부분부터 토지 재분배, 남녀평등 등 근본적인 사회 구조까지 전통 사회의 여러 문제를 단숨에 극복하고자 했다.

난징 점령 이후, 내부 갈등과 권력 투쟁이 심각해졌고, 증국번, 이홍장 등 한인 신사층의 활약으로 태평천국 운동은 진압된다. 하지만 역사적 의의는 크다. 만주족을 배격하는 민족주의적 태도는 쑨원이 주도한 신해혁명에 영향을 미쳤다. 또 여성 억압을 비롯한 각종 폐습 타파에 대한 열정은 중국 국민당은 물론 공산당에도 큰 영향을 줬다. 태평천국 운동을 진압하는 가운데 이홍장 등은 양무운동이라는 청나라 개혁 운동에 나서기도 했다.

굽타 왕조

인도의 전통문화가 완성된 시대

아잔타 석굴 사원, 파드마 파니 보살

320년부터 550년까지 북인도를 통일했던 왕조. 굽타 왕조는 찬드라굽타 1세가 갠지스강에 세웠고, 찬드라굽타 2세 때 전성기를 맞이한다. 굽타 왕조 때 힌두교가 발전한다. 기존의 브라만교와 각양의 민간 신앙이 결합되면서 독특한 다신교 신앙이 등장한 것이다.

힌두교를 어떻게 설명할지를 두고는 논란이 많다. 체계적인 교리와 예식 혹은 유일신 신앙 같은 통상의 종교학적 기준으로 설명할 수 없기 때문이다. 시바 신을 숭배하고, 갠지스강을 신성하게 여기는 등 여러 특징이 존재하지만, 그러한 설명을 뛰어넘는 다양한 신들과 신앙 행위가 존재한다. 체계적인 교리는 없지만, 현재까지도 인도인들의 생활을 지배하고 있으며, 카스트 제도도 중요하게 여겨진다. 이 시기 불교는 쇠퇴기에 들어서지만, 날란다 사원을 중심으로 학문적 성취를 이뤄내기도 했다. 날란다 사원은 일종의 불교 대학으로, 중국의 고승 현장과 의정도 이곳에서 배움을 구했다.

아잔타 석굴 사원, 엘로라 석굴 사원의 불상과 벽화는 예술사적 가치가 지극히 높다. 굽타 왕조 때 인도의 자연 과학은 중요한 전기를 맞이한다. 지구 구형설, 지구 자전설, 10진법, 0이라는 개념의 발견, 원주율 계산법 등 과학사에서 중요한 성과가 이 시기에 집중적으로 일어난다.

산스크리트어가 발전했고, 《샤쿤탈라》 같은 고전 문학도 완성됐다. 《마하바라타》, 《라마야나》, 특히 《마누 법전》 같은 인도의 전설과 여러 가르침을 담은 중요 문헌도 이때 만들어졌다.

무굴 제국
인도에서 가장 번성한 이슬람 왕조

타지마할

인도 최후의 전통 왕조. 10세기 이후, 인도 북부에는 이슬람 왕조가 들어선다. 가즈니 왕조, 고르 왕조, 노예 왕조 등이 대표적이다. 노예 왕조는 고르 왕조의 술탄이 파견한 노예가 독립해 세웠다는 독특한 이력이 있다.

16세기 무굴 제국이 들어섰고, 아크바르, 아우랑제브 같은 군주들에 의한 전성기 때는 인도 남부의 일부를 제외하고는 대부분을 통일할 정도였다. 아크바르 대제는 관용적인 통치로 유명했다. 이슬람교 외의 모든 종교에 부과되던 지즈야라는 세금을 폐지하는 등 온정 통치를 펼치면서, 데칸고원 이북의 모든 지역을 통일했다. 아우랑제브는 훨씬 호전적이었다. 그는 강력한 통치를 기반으로 대부분의 인도를 통일했고, 지즈야를 부활시켜 이슬람 중심의 통치를 강화했다. 강경 일변도의 통치는 큰 반감을 불러일으켰다. 힌두교도들은 마라타 동맹을 결성했고, 펀자브 일대에서는 시크교도가 반란을 일으켰다.

무굴 제국을 통해 인도 대륙에서 이슬람 문화와 기존의 힌두 문화가 융합하는 등 여러 변화가 일어난다. 시크교라는 신흥 종교는 이슬람교와 힌두교가 결합한 산물이다. 우상 숭배를 거부하고 초월적 신앙을 강조하면서도 윤회와 고행을 중요시했다. 무굴 제국의 대표적 문화유산은 타지마할로, 무굴 제국의 5대 황제 샤자한이 아이를 낳다 죽은 아내 뭄타즈 마할을 추모하기 위해 만들었다. 거대한 규모에도 불구하고 압박감이 적고 부양하는 듯한 느낌 때문에 보는 이의 황홀감을 자아낸다. 건물은 물론 수로, 정원까지 모든 건축물이 좌우 대칭이고, 하얀색 대리석으로 만들어져 날씨에 따라 다양하게 비쳐 보인다. 공사 기간은 22년으로, 대리석과 사암은 인도 전역에서, 그 밖에 건물을 꾸미기 위한 보석과 자재들은 티베트, 중국, 동남아시아, 오스만 제국에서 구해 왔다. 궁전 같은 모양이지만 무덤으로, 샤자한은 타지마할의 맞은편에 검은 대리석으로 똑같이 지은 건물에 묻히려 했지만 아들 아우랑제브에 의해 쫓겨나 유폐 생활을 하다 최후를 맞는다.

송나라
상업과 무역 그리고 성리학이 발전한 중국 왕조

10세기 후반 송나라의 등장은 중국 역사는 물론 동아시아 역사에 큰 의의를 지닌다. 과거 제도, 성리학 등이 이때 등장하는데 한반도, 일본, 베트남의 여러 왕조에 심대한 영향을 미쳤다. 특히 조선은 송나라를 모델로 성장한 고도의 유교 국가였다.

당나라가 무너지고 5대 10국의 혼란상을 극복한 후, 조광윤이 송나라를 세운다. 송나라는 과거 제도를 통해 관료를 선발해 국가를 운영했다. 이렇게 선발된 관료를 '사대부'라고 불렀는데, 이들은 유교적 소양을 갖춘 엘리트들이었다. 대를 이어 사대부가 되는 경우는 드물었고, 신분이나 재산과 상관없이 과거 시험을 통해 출세할 수 있었다. 문벌 귀족이 지배했던 이전 시대와는 근본적으로 다른 모습이었다.

송나라 때는 농업과 상업 부문에서 당나라와는 비교할 수 없을 정도의 엄청난 경제 성장이 일어난다. 양쯔강 하류가 개발되면서 벼농사 기술이 극적으로 성장했고, 쌀, 차, 채소의 상품화는 물론 각종 물산이 운하를 타고 전국에서 유통됐다. 수많은 대상인을 배출했고, 중소 상업 도시가 등장하면서 송나라는 그 어떤 왕조보다 상업 국가의 성격을 강하게 갖는다. 동전 발행량이 너무 많아져 유통이 편리하도록 '교자', '회자'라는 최초의 지폐를 발행하기도 했다. 징더전에서는 새로운 스타일의 청자가 개발됐고, 항저우, 취안저우, 양저우 등을 통해 전 세계로 팔려 나갔다. 이를 남해 무역이라고 한다.

송나라 때는 성리학도 등장한다. 북송 때 주돈이를 비롯한 여러 선구적 학자가 등장했으며, 남송 때 주희에 의해 확립됐다. 중화와 오랑캐를 구분하는 화이관, 의리 명분론 같은 유교적 사회관이 좀 더 구체화됐으며, 동아시아의 지배 이념으로 발전했다. 한반도의 고려, 조선, 베트남의 리 왕조, 응우옌 왕조, 일본의 에도 막부 등에 큰 영향력을 미쳤다.

송나라는 당나라에 비해 국수적이고 서민적인 성향이 강했고, 수많은 문화적 성과를 달성했다. 우선 사마광이 등장해《자치통감》이라는 역사책을 편찬했는데, 연도순으로 기록된 편년체 양식의 역사책으로, 사마천의《사기》에 필적하는 최고의 역사서로 평가받는다. 또 인쇄술, 나침반, 화약이 모두 이때 발명됐고, 이것들은 원나라 이후 이슬람과 유럽에 전파되면서 인류 역사를 뒤바꿔놓는다.

동남아시아
수많은 소수 민족과 각양의 토착 문화가 존재하는 지역

아시아의 동남쪽 지역으로, 인도차이나반도와 말레이 제도에 걸쳐 여러 나라가 포함된다. 북쪽에는 중국, 서쪽에는 인도가 있기에 오랜 기간 두 문명의 영향을 많이 받았다. 또 해상 실크 로드를 통해 이슬람과 서양 문명이 소개되면서 독특한 문화 융합이 일어났다. 수많은 소수 민족과 각양의 토착 문화가 존재하는 곳이다.

미얀마, 태국, 캄보디아, 라오스, 베트남, 말레이시아, 싱가포르, 브루나이, 필리핀, 인도네시아 등의 나라가 있는데, 이들은 현재 아세안 회원국이다. 지역·문화적 공통성을 바탕으로 공통의 이익을 도모하는데, 최근에는 아세안경제공동체로 발돋움하고 있다.

동남아시아는 불교의 영향력이 가장 강하다. 소승 불교가 발달했는데 미얀마, 태국, 베트남 등은 청소년기에 일정 기간 공식적으로 불교 수행도 한다. 이슬람의 영향력도 강하다. 말레이시아, 인도네시아 등 주로 반도와 섬 쪽에 많이 분포하는데 이슬람 상인들이 해상 실크 로드를 통해 활발한 활동을 벌였기 때문이다. 인도네시아는 단일 국가로 세계에서 이슬람 신도가 가장 많은 나라이며, 브루나이는 여전히 술탄이 지배하고 있다. 베트남은 중국 문화의 영향력이 강했으며, 유교 문화가 정착했다. 동남아시아에서 유일하게 젓가락을 사용한다. 필리핀에서는 대부분 가톨릭과 민간 신앙을 믿는다. 스페인의 오랜 지배로 생긴 영향이다. 힌두교의 영향도 일부 남았는데, 발리섬 같은 일부 지역에서 확인할 수 있다.

동남아시아에서는 오랫동안 여성의 사회 활동이 활발했다. 넓은 대지에 비해 인구가 부족했고, 정교한 국가 체제가 등장하지 못하면서 전쟁이 잦고 사회 구조가 불안정했기 때문인 듯하다. 여성들은 군인으로도 활약했는데, 1세기경 베트남에서는 쯩짝, 쯩니 자매가 중국 한나라에 대항해 반란을 이끌었고, 3세기에는 바쩌에 우라는 여성이 뒤이었다. 미얀마나 인도네시아에서는 여성으로 이뤄진 왕실 호위병이 존재했고, 13세기 앙코르 제국에도 창과 방패로 무장한 여성 부대가 있었다. 또 17세기 수마트라섬 북부에는 장총으로 무장한 여성 군인들도 있었다. 현대 베트남전에서도 '긴 머리 군대' 같은 여성 부대가 있었으며 응우옌티빈은 남베트남 민족해방전선의 군대 부사령관이었다. 여왕도 존재했다.

중화 인민 공화국
중국 공산당, 중국 전역을 통일하다

1949년 국공 내전에서 장제스의 국민당 정권을 타이완으로 몰아내는 데 성공한 중국 공산당은 중화 인민 공화국을 선포했고, 오늘날에 이른다.

중국 공산당은 1945년 일제의 패망 이후 4년간 이어진 내전에서 군사적 열세에도 만주에서 승기를 잡았고, 화북 지방을 점령하고 다시 양쯔강 이남까지 밀고 내려가 타이완을 비롯한 일부 지역을 제외하고 중국 전역을 통일하는 데 성공한다. 이후 친일 부역자, 부정 축재자, 국민당 정권 당시 혜택을 누린 산업가 등에 대한 조직적 숙청을 동반한 사회 개혁을 통해 공산 사회의 기초를 확고히 했다. 이 와중에 한국 전쟁이 발발하자 '항미 원조 전쟁'이라는 이름으로 타이완 점령을 포기하고, 북한을 도우며 한반도에 공산 정권을 존속시켰다.

마오쩌둥이 이끄는 중국 공산당은 1950년대 후반부터 "영국을 따라잡는 나라가 되겠다"라고 호기를 부리며 대약진 운동을 펼쳤다. 하지만 농업 생산력을 늘리기 위해 모를 촘촘히 심고, 참새 박멸 운동을 벌이고, 철강 생산력을 높이기 위해 청나라 때 사용하던 수공업 수준의 용광로를 증설하는 등 '인민의 의지'에만 의존한 무리한 정책을 펼치다 1,000만 명이 넘는 아사자가 발생하는 등 큰 어려움에 직면한다. 결국 류사오치, 덩샤오핑 등이 실권을 장악하고 잠시 개혁 정책을 펼쳤지만, 다시금 정치의 전면에 나선 마오쩌둥이 문화 대혁명을 일으키면서 1960년대부터 1970년대 중반까지 중국은 말할 수 없는 혼란에 빠진다. 전통문화를 파괴하거나 서양 문화를 배격하고, 이와 연루된 사람이라고 여겨지면 홍위병들이 집단 테러를 가하는 등 광기 어린 집단 폭력과 마오쩌둥에 대한 열광적인 숭배가 큰 문제를 일으킨 것이다. 같은 시기 '중소 분쟁'이 시작되는데, 무력 충돌이 있을 정도로 소련과의 갈등이 심각해졌다. 따라서 중국은 같은 공산주의 국가인 소련을 견제하기 위해 자본주의 국가인 미국과의 관계 개선을 도모했다. 동시에 인도가 주도하는 비동맹 세력, 제3세계 국가와도 관계를 맺으며 국제 외교에서 독자적 행보를 펼쳐나갔다. 결국 마오쩌둥 사후 1970년대 후반 덩샤오핑이 집권해 "흰 고양이든 검은 고양이든 쥐만 잘 잡으면 된다"라는 흑묘백묘론을 펼치면서 개혁 개방에 나선다. 단, 정치 영역에서는 중국 공산당의 유일 통치가 유지됐고, 경제 부문에서만 개방했기 때문에 '사회주의 시장 경제 체제'라는 독특한 시스템이 만들어져 오늘에 이른다

인물

세계사에 큰 영향을 미친
인물들의 역사

쑨원
삼민주의를 외친 민족주의 혁명가

쑨원(1866~1925)은 중국의 혁명가로, 신해혁명을 성공시켜 중화민국을 건국했다. 이후 레닌의 지원 속에 제1차 국공 합작을 주도했고, 북벌 준비 중에 사망했다.

중국 남부 광둥성에서 태어났고, 14세 때는 가족과 하와이에서 서구 문물을 경험했다. 1894년 청일 전쟁에서의 충격적인 패배가 새로운 개혁 운동을 촉발했다. 캉유웨이, 량치차오 등은 일본의 메이지 유신 모델을 받아들여 입헌 군주제로의 변혁을 주창했고, 비슷한 시점 쑨원은 흥중회를 조직해 만주족을 몰아내고 한족 중심의 민족 국가를 세우자는 혁명 운동을 주도한다.

쑨원은 청나라의 억압과 입헌파와의 경쟁 가운데 '삼민주의'라는 독특한 사상을 정립해 민족, 민권, 민생을 강조했다. 그는 미국과 크리스트교 중심의 서구 문명에 영향받으면서도, 자본주의의 모순을 극복하려는 의지를 피력했다. 톨스토이, 헨리 조지 등 토지 모순 해소를 통한 자본주의 개혁 사상에 영향받았기 때문이다.

쑨원의 혁명 기도는 수차례 실패를 거듭한다. 영국, 일본, 미국 등 해외를 전전했지만 혁명 의지를 포기하지 않고 1905년 중국혁명동맹회를 결성했다. 혁명파의 사상은 중국 민중들 사이에서 크게 공감받았고, 결국 1911년 우창 봉기를 시작으로 신해혁명이 발발해 청나라가 무너진다. 그는 임시 대총통이 돼 여전히 화북 지역에 웅거하는 청나라 세력을 회유하기 위해 군사 지도자 위안스카이와 담판을 벌였고, 위안스카이에게 총통직을 양보하는 대가로 중화민국 건국에 성공한다. 청나라가 역사 속으로 사라진 것이다. 하지만 위안스카이는 혁명을 배반한다. 당시 저명한 혁명파 정치인 쑹자오런을 암살하고, 군대를 동원해 혁명파를 제거한 것이다. 이후 위안스카이는 스스로 황제가 되려다 죽었고, 그의 군권을 나눠 가진 여러 군벌 세력이 중국을 사분오열로 나눠 가지며 극도의 혼란기가 온다.

쑨원은 호법 운동(중화민국의 헌법을 수호하자는 운동)을 벌이며 광저우 지역에 근거를 마련한다. 1917년 러시아 혁명으로 소련을 세운 레닌이 아시아 민족 해방 운동을 지지한다고 선언한다. 쑨원은 이에 호응해 자신이 이끌던 국민당과 갓 출범한 공산당의 합작을 추진하며 소련으로부터 자금과 물자 지원을 확보한다. 하지만 1925년 간암이 악화돼 죽었다. 그는 "혁명은 아직 끝나지 않았다"라는 유언을 남겼는데, 이후 국민당과 공산당은 북벌에 나선다.

한문제와 무제
통치 방식이 전혀 달랐던 두 명의 황제

문제와 무제는 한나라 역사에서 가장 인상적인 통치를 펼친 국왕들이다. 문제는 22년간의 치세 동안 농업 장려를 위해 노력했고, 국가 운영에서 불필요한 사치품 낭비를 막았으며, 빈민을 구제하고자 노력했고, 가혹한 형벌도 폐지했다. 문제 시기에는 가의와 조조라는 탁월한 관료들이 활동했는데, 이들은 사회 모순과 농민의 어려움을 깊이 인식하며 이에 대한 해결을 도모했다.

> 현재의 법률에서는 상인을 천한 자라고 하지만 상인은 이미 부귀를 누리고 있으며, 농민을 존중하고 있지만 농민은 이미 가난해져 버렸다.
>
> — 조조, 《한서》〈식화지〉

조조는 가난한 농민을 위해 납속 수작 제도, 즉 납입한 곡물의 양에 따라 작위를 주는 제도를 대안으로 제시했다. 상인을 비롯한 부자들이 작위를 얻고자 농민들에게 곡물을 구매하면 농민들의 경제 사정이 윤택해지고 국가 재정 역시 풍족해질 수 있었다. 또 그렇게 마련된 양식으로 흉노족의 침략에 대비해 군량미를 비축할 수 있다는 주장으로, 정책은 매우 성공적이었다. 풍년이 연이었기 때문에 한문제 즉위 13년(기원전 167)에는 아예 세금을 징수하지 않기도 했다.

무제는 호전적인 황제였다. 이전에는 북방의 흉노족과 화친 관계를 유지했으나 무제는 위청, 곽거병 등을 보내 흉노를 토벌하고자 한다. 이미 3년 전에 숙부 위청을 따라나서 큰 군공을 세운 곽거병은 20세였던 기원전 121년 표기장군에 임명돼 흉노족 토벌에 나선다. 그가 절란왕과 노호왕을 죽이고 얻은 수급만 1만 8,000여 급이었다. 연이은 전투에서는 수급 3만을 얻는 등 대승해, 흉노의 혼야왕과 수만의 흉노족이 투항했다. 무제는 고조선을 점령하고 한사군을 세웠고, 남방으로 진출해 베트남 일대를 정벌하고 안남 도호부를 세웠다.

무제는 염철전매제(소금과 철로 얻은 수익을 국가가 독점하는 것)와 균수평준법(국가가 경제 질서에 개입하고 상인 세력의 발호를 억누르는 정책)을 집요하게 추진했다. 이런 조치는 농민보다는 중앙 집권을 위한 것이었다.

공자
유교를 만든 동아시아 최고의 사상가

묵묵히 기억하며 배움에 있어 싫어하지 않고 다른 사람을 가르침에 게을리하지 아니하니 그 밖에 또 무엇이 나에게 있단 말이오!

덕(德)이 닦아지지 않는 것과 학문이 익혀지지 않는 것과 의를 들어도 능히 옮기지 못하는 것과 선하지 않음을 능히 고치지 못하는 것이 바로 나의 근심이니라.

– 《논어》

《논어》는 공자(기원전 551~기원전 479)의 가르침을 담은 책이다. 공자는 춘추 시대 말기의 인물로, 동아시아의 전통 사상과 문화에 지대한 영향을 끼쳤다.

공자는 전통주의자, 인문주의자로, 무너진 주나라의 예법을 회복하는 것이야말로 춘추 전국 시대의 혼란을 극복하는 길이라고 여겼고, 새로운 생각을 창작해 주장하는 것보다는 선현의 가르침과 경험을 이해하고 보존할 것을 강조했다. 공자의 사상은 정치적이며 사회적이다. 이는 공자뿐 아니라 춘추 전국 시대 제자백가에게서 공통적인데 그들은 정치·사회 활동에 적극적이었으며, 당대의 사회 혼란을 극복하기 위한 방안을 모색했기 때문이다.

공자의 정치사상을 '정명(正名)'이라 일컫는다. 특히 "군군신신부부자자(君君臣臣 父父子子)"라는 말이 유명한데, '군주는 군주답게 신하는 신하답게 아버지는 아버지답게 아들은 아들답게'라는 뜻이다. 즉, 자신에게 맡겨진 직분에 걸맞은 삶을 사는 것이 바른 사회의 기본이라는 말이다. 그는 법으로 사람을 다스리는 것을 비판했다. 법 조항을 만들수록 사람들은 법을 피하기 위해 간교해진다고 보고 '덕치', 즉 사람의 도덕성을 증진하고 공동체의 윤리로 통제해야 한다고 생각했다.

그는 인(仁)과 예(禮)를 중요시했다. 인은 내면의 윤리이고, 예는 그것이 드러나는 예절과 같은 생활 방식을 의미하는데, 공자는 인과 예가 조화롭게 구현돼야 한다고 보았다. 또 그는 '친친(親親, 가까운 사람을 더욱 사랑하는 인간의 본성)'에 주목했고 따라서 도덕의 으뜸을 '효(孝)'로 봤다. 공동체의 예법, 가족 윤리 등을 중요하게 여겼다.

붓다
카스트 제도와 고행을 거부하고 자비를 설파하다

불교의 창시자. 본명은 고타마 싯다르타(기원전 약 563~기원전 약 483)로, 부처, 석가모니 등 다양하게 불린다. 인도 북부 히말라야 기슭 샤키야족이 세운 작은 나라의 왕자로 태어났다. 어머니 마야 부인은 붓다를 낳은 지 일주일 만에 세상을 떠났지만, 자애로운 아버지와 가정 안에서 유복한 어린 시절을 보냈다. 16세에 결혼했고, 자녀도 얻었다. 하지만 그는 생로병사의 문제에 직면하여 크게 고뇌한다. 인간사가 궁금해 시종과 몰래 세상에 나와 처음으로 만난 이는 늙은이였고 병든 자, 시체, 새가 벌레를 잡아먹는 모습 등을 마주하며 출가를 결심한다.

당시는 엄격한 카스트 제도와 화려한 예식을 강조하던 브라만교와 이에 반대하며 참된 자아를 찾고자 고행하던 우파니샤드 등이 큰 영향력을 행사했다. 붓다는 집으로 돌아갈 수 없는 곳까지 멀리 떠난 후 고행에 전력했고, 깨달음을 얻기 전에 이미 여러 제자가 그를 따랐다. 하지만 그는 고행에서 답을 찾지 못했고 6년간의 노력 끝에 결국 고행을 포기했다. 이때 그를 따르던 제자들이 비난하며 떠났지만, 그는 보리수 아래에서 그윽한 깨달음의 경지에 도달한다. 이후 그는 극단적인 고행과 욕망 사이에서 새로운 진리를 설파하며 수많은 제자를 양성하고 불교를 발전시켜 나갔다. 그의 사상의 요체는 통상 '연기(緣起)'와 '자비'로 설명한다. 연기란 '말미암아 일어나다'라는 뜻으로, '인연(因緣)'과 같은 말이다. 여기에서 인(因)은 '직접 원인'이고, 연(緣)은 '간접 원인'을 의미하는데, 결국 모든 존재는 상호 의존적인 관계 속에 있다는 말이다. 모든 존재가 상호 의존하기에 '고통(괴로움)'도 인연으로 말미암을 수밖에 없다.

> 이것이 있으면 그것이 있고, 이것이 생기기 때문에 그것이 생긴다.
> 이것이 없으면 그것이 없고, 이것이 멸하기 때문에 그것이 멸한다.

연기설의 요체를 담은 《중아함경》의 유명한 구절이다. 모든 존재의 상호 인연 관계를 고려한다면 결국 인간의 길은 하나밖에 없다. 자타불이(自他不二), 즉 나와 남은 둘이 아니다. 붓다는 자비의 삶을 강조했다. 그는 80여 세까지 불법을 전했고 아시아 문명사에 큰 영향을 미쳤다.

소크라테스
서양 철학의 아버지

"너 자신을 알라."

고전 그리스 철학자 소크라테스(기원전 470~기원전 399)의 유명한 경구다. 이 말은 '자신을 반성하라'라는 식의 윤리적 주장이 아니다. 소크라테스는 종래의 자연철학적인 경향에서 벗어나고자 했고, 소피스트들과의 논쟁을 통해 철학의 의미를 쇄신하고자 했다. 소크라테스 이전의 철학은 주로 자연에 대한 관심, 만물의 본질에 대한 논의가 주였다.

프로타고라스라는 소피스트의 일화가 유명하다. 프로타고라스의 제자 중 한 명이 크게 성공했으나 수업료를 내지 않았다. 결국 프로타고라스는 소송을 했고 법정에서의 둘의 주장이 인상적이다. 프로타고라스는 재판에서 이기든 지든 제자가 수업료를 내야 한다고 말했다. 재판에서 이기면 자신이 이겼으니 수업료를 내야 하고, 지면 가장 유명한 소피스트를 이긴 것이니 그만큼 잘 가르쳤다는 것을 입증했기에 수업료를 내야 한다는 것이다. 이에 제자는 만약 재판에서 자신이 이기면 수업료를 낼 필요가 없으며, 자신이 지면 스승이 못 가르친 것을 입증한 것이니 자신은 수업료를 낼 필요가 없다고 변론했다. 누구의 말이 맞을까?

소크라테스는 이러한 경향에 정면으로 맞섰다. 그는 대화를 통해 인간이 온갖 억측과 고정 관념, 궤변에서 스스로 벗어나길 원했다. 대부분의 사람은 많은 것을 안다고 자부한다. 하지만 소크라테스는 지식을 자랑하는 이들에게 일일이 따지며 그들의 무지를 드러낸다. 결국 대화를 통해 무지를 인정하는 과정이 이어지자 많은 사람이 소크라테스에게 따졌다. "그래서 당신은 뭘 그렇게 잘 아는데?" 이에 대한 답변이 "나는 내가 모른다는 것을 안다. 그러니 너희는 너희 자신을 알라"였다고 한다. 소크라테스에게 진정한 현명함이란 자신의 무지를 인식하고 그 가운데 정말로 확실하고 순수하며 가치 있는 앎으로 나아가는 것이다.

소크라테스는 개인 저작을 남기지 않았다. 그의 주장이나 생각은 대부분 플라톤의 글을 통해 알려졌다. 더구나 플라톤이 소크라테스의 문제의식에 대한 해답을 자신의 생각으로 마무리했기 때문에 소크라테스의 사상을 종합적으로 설명하는 데 어려움이 따른다.

무함마드
크리스트교를 부정한 이슬람교의 창시자

이슬람교의 창시자. 이슬람교는 다섯 계율을 강조한다. 예배를 중시하는 '살라트', 구제 행위를 강조하는 '자카트', 성지 순례를 강조하는 '핫즈', '라마단' 기간의 금식도 중요하다. 라마단은 이슬람 역법상 더운 달을 의미하는 9월에 진행되는데, 이달은 천사 가브리엘이 무함마드에게 《코란》을 가르친 신성한 달이다. 마지막으로 알라만이 유일한 신이고 무함마드가 예언자임을 고백해야 하는 '샤하다'도 중요한 계율이다. 조로아스터교, 유대교, 크리스트교의 영향을 많이 받았지만 자세히 살펴보면 독자적인 모습이 강하다.

무함마드(570~632)의 인생은 여타의 종교 창시자들과 큰 차이를 보인다. 570년 하심 가문의 일족으로 태어났으며 삼촌 밑에서 상인으로 일했다. 25세에 부유한 과부이자 주인이던 연상의 하디자와 결혼했고, 610년경 처음으로 알라의 계시를 받는다. 일부 추종자를 얻었지만 그는 메카에서 외톨이였다.

무함마드는 메카가 아닌 메디나에서 기회를 얻었다. 당시 메디나에서는 유력 부족인 아우스족과 하즈라즈족의 갈등이 심각했고, 그로 인해 도시 전체가 위기에 처했다. 무함마드는 메디나에서 사람들을 개종시키는 데 성공했고, 620년 두 부족의 대표 12명이 무함마드를 예언자로 인정하며 충성을 맹세했다. 결국 622년 75명의 메디나 대표단의 보증과 함께 무함마드는 메디나에 정착한다. 이를 '헤지라'라고 부르는데, 622년은 이슬람력 원년이다.

무함마드는 자신이 성서의 예언자들을 계승했다고 주장했고, 유일신, 심판, 부활 등을 선포했다. 동시에 그는 유대교와 크리스트교도를 부정했다. 성서에 나오는 아브라함이 알라에 귀의한 하니프(참된 종교의 신도를 의미하는 용어)였고, 그가 카바 신전을 세운 아랍인의 시조이기 때문에 유대교나 크리스트교가 틀렸다고 주장했다. 메디나에서 권력을 장악한 무함마드는 메카와의 싸움에 승리하면서 아라비아반도에 살던 수많은 부족과 상인에게 영향력을 행사하기 시작했다. 630년 메카를 정복했고, 사망 전까지 아라비아반도 전체를 통합했다. 이후 그의 후계자 칼리프들에 의해 이슬람은 제국으로 발돋움한다.

마르크스
공산혁명을 주장한 사회주의 사상

종교적 비참은 현실적 비참의 표현이자 현실적 비참에 대한 항의다. 종교는 곤궁한 피조물의 한숨이며 무정한 세계의 감정이고 정신없는 상태의 정신이다. 종교는 인민의 아편이다.

비판은 해부용 칼이 아니라 하나의 무기다. 비판의 대상은 비판적으로 논박하고자 하는 것이 아니라 절멸시키고자 하는 적이다. (…) 독일의 상태는 결코 사유할 만한 객체들이 아니라 경멸할 만하고 경멸받고 있는 실존태다. 비판 자체는 이 대상과 자기 자신 사이의 화해를 필요로 하지 않는데 비판과 이 대상 사이는 끝장나 있기 때문이다. 비판은 더 이상 자기 목적으로서 나타나지 않고 수단으로서 나타날 뿐이다. 비판의 본질적 파토스는 분노이며 비판의 본질적 작업은 탄핵이다.

독일인의 해방은 인간의 해방이다. 이 해방의 머리는 철학이요, 심장은 프롤레타리아트다. 프롤레타리아트의 지양 없이 철학은 자기를 실현할 수 없으며 철학의 실현 없이 프롤레타리아트는 자신을 지양할 수 없다.

마르크스(1818~1883)는 20세기 급진주의 운동에 가장 강력한 영향력을 행사한 사상가다.

그는 타협할 수 없는 것의 범주를 설정하고, 그것을 비판하고 절멸하며 새로운 것으로 대체해야 한다고 주장했다. 종교는 기껏해야 현실을 감내하는 진통제 정도이고 프롤레타리아, 즉 공장 노동자들은 혁명적 연대를 통해 폭력적 체제 전복에 나서야 한다고 봤다. 역사는 완성을 향해 진보하는데, 핵심은 기존의 경제적 계급 관계가 해체되고 더 나은 방향으로 재정립돼가는 데 있다. 노예제에서 농노제로, 다시 자본주의를 거쳐 공산주의로 나아가는 방향을 제시했는데, 헤겔에게 큰 영향을 받았고 유물론적 관점에서 역사를 해석했다. 그는 《자본론》을 집필하면서 자본주의의 내적 모순에 천착했고, 이러한 태도는 이후 자본주의에 대한 각양의 비판적 시각에 중요한 이론적 근거가 됐다.

그는 농민들이 자신의 조그마한 땅덩어리에 매달려 혁명의 물결에 참여하지 않는 감자 포대 같다고 보고, 제국주의 식민화는 잘못된 것일망정 아시아, 아프리카 사람들이 미몽의 세계에서 벗어나는 근대화의 과정이라고 봤다.

노자와 장자
공자와 대조되는 도교의 창시자

도(道)라고 알 수 있는 도라면 그것은 진정한 도가 아니다. 명칭으로서 표현될 수 있는 명칭이라면 진정한 명칭이 아니다.

(…) 만물을 생겨나게 하고 만물을 길러주어 생존케 하면서도 그것을 소유하지 않으며 그렇게 되도록 하고서도 그것에 의지하지 않고 자라나도록 하면서도 지배하지는 않는다. 이것을 현묘한 덕(玄德)이라 한다.

(…) 30개의 수레바퀴 살이 하나의 수레바퀴 통으로 집중돼 있는데 그 중간에 아무것도 없음으로써 수레는 효용을 지닌다. 진흙을 반죽해 그릇을 만들 때 그 중간에 아무것도 없음으로써 그릇은 효용을 지닌다. 문과 창을 내어 집을 만들 때 그 중간에 아무것도 없음으로써 집은 효용을 지닌다. 그러므로 유(有)가 유용해지는 것은 무의 효용이 있기 때문이다.

– 노자,《도덕경》

노자는 공자나 맹자와 다르게 실존 인물로 보지 않는 것이 학계의 중론이다. 또 도가의 대표 인물인 노자와 장자에 관해서도 최근에는 노자학파, 장자학파식으로 나눠 설명하는 것이 일반적이다. 각각의 사유 체계가 상이하며 독자적이기 때문이다. 그럼에도 유가, 묵가, 법가 등과는 확연히 다르며 이후에도 유교, 불교와 대립하며 도교로 발전했기 때문에 통상 노장사상이라고 부르는 형편이다.

《도덕경》에서는 무엇인가를 정의하고 규정하는 행위를 무용하다고 봤다. 어떤 것이 옳다고 주장하는 순간, 옳지 않은 것이 생겨나고 이것이 쓸모 있다고 설명하는 순간, 쓸모없는 것이 생겨나며, 필요 없다고 생각하는 것이 오히려 가장 중요하고, 유용하지 않다고 생각하는 것이 오히려 가장 가치 있는 것이 될 수 있다는 것을 끊임없이 인지하며 사유하기 때문이다. 유학 사상과 대조되는 노장사상의 자유로움은 중국 역사에 중요한 영향을 미쳤다. 귀족이나 지식인의 경우, 지극히 추상적인 논변을 펼치면서 지적 유희의 도구로 활용했고, 민중들 사이에서는 민간 신앙과 결합해 도교 교단으로 발전하기도 했다. 당나라 때의 전진교가 대표적인데, 사회가 혼란할 때는 황건적 같은 민란의 촉발 요소가 되기도 했다. 삼합회 같은 현대의 폭력 조직들도 이러한 경향과 무관치 않다.

플라톤

이데아를 주창한 서양 철학의 양대 기둥

플라톤(기원전 약 427~기원전 약 347)은 서양 철학사 최초로 통합적 사유를 실천한 인물이다. 플라톤 이전에도 여러 철학자가 존재했지만, 플라톤은 당대의 사상적 경향을 종합하고 나아가 새롭고 체계적인 사상을 선보였다. 플라톤의 사상은 단지 고전 그리스 철학에 머물지 않고 아리스토텔레스와 더불어 서양 철학사 전체를 규정하고 있다고 해도 과언이 아니다. 수학, 과학 등 현대의 거의 모든 학문에 의미심장한 영향을 미쳤다.

플라톤은 '동굴의 비유'를 통해 자신이 주장하는 철학의 본질을 설명한다. 동굴에는 벽을 바라보도록 묶인 죄수가 있다. 동굴 밖에서 햇빛이 비치기 때문에 때에 따라 그림자가 생긴다. 죄수는 돌아볼 수 없기에 그림자를 통해 세상을 인식한다. 하지만 어느 날 죄수가 동굴에서 풀려나면 그는 동굴 밖으로 나와 세상과 마주할 수 있다. 그때야 비로소 그림자가 아닌 세상 자체를 이해할 수 있다.

모든 인간의 처지는 동굴에 묶여서 그림자 정도로 세상을 이해하는 죄수와 같다. 기껏해야 상상이나 억측 수준으로 사고한다. 생각의 수준이 낮을뿐더러 판단의 결과도 그림자 수준이다. 하지만 죄수가 풀려나서 동굴 밖으로 나아가는 것처럼 인간의 생각도 성장할 수 있다. 신념과 오성, 이성으로 나갈 수 있는데 우선 신념은 감각적인 사고다. 눈에 보이는 대로 받아들이는 것이다. 감각적 사고는 명확한 한계를 지닌다. 햇빛이 찬란하면 동굴 밖 세상은 아름답지만, 비가 오거나 밤이 되면 전혀 다르게 느껴지기 때문이다. 따라서 감각적 사고를 벗어나서 논리적이고 수학적인 사고를 해야 한다. 이러한 과정은 오성을 거쳐 이성의 단계로 나아가는 것을 의미한다. 그리고 이성의 단계에 도달하면 비로소 만물의 본질에 접근할 수 있다. 플라톤은 현상의 세계와 이데아의 세계를 구분했다. 상상에서 감각과 이성으로 생각의 수준이 성장하듯 세계도 눈에 보이는 것 너머의 본질적인 세계가 있다고 봤다.

플라톤의 주장은 통상 이원론적 철학이라고 한다. 이성과 감각, 본질과 현상, 이데아와 현실 세계를 분리했기 때문이다. 또 플라톤을 관념론자라고도 한다. 그는 《국가론》에서 철학자가 통치하는 세계를 그렸는데, 타락한 아테네의 중우 정치를 부정적으로 생각했기 때문이다.

아리스토텔레스
플라톤에 반대한 서양 철학의 양대 기둥

고전 그리스의 철학자로, 플라톤의 제자지만 그와는 확연히 다른 철학의 기초를 만들었다. 아리스토텔레스(기원전 384~기원전 322)의 사상은 근대 초기까지만 해도 절대적인 영향력을 행사했다. 예를 들어, 별들은 원운동을 하고 우주는 에테르라는 물질로 채워져 있다고 봤다. 별이 타원 운동을 하고, 우주가 진공 상태라는 것을 입증하는 근대 과학자들의 노력은 아리스토텔레스적 상식을 깨는 작업이었다.

아리스토텔레스 역시 철학적 사고의 중요한 기초를 마련했다. 형상과 질료, 제1원인 같은 것이 대표적 개념이다. 아리스토텔레스는 씨앗의 비유를 사용해 플라톤 철학의 핵심을 비판한다. 어떤 씨앗을 심으면 자라나서 나무가 돼 열매를 맺는다. 씨앗이 어떤 나무 혹은 어떤 열매를 맺을지는 알 수 없지만, 씨앗에는 이미 그러한 가능성이 내재돼 있다. 아리스토텔레스는 보편적인 것은 개별적인 것에 내재한다고 봤다. 씨앗이 나무와 열매가 된다는 것은 보편적인 과정, 즉 보편성의 영역이다. 하지만 보편적인 것은 개별적인 과정을 통해 확인할 수 있다. 플라톤이 개별적인 것을 통해 보편적이며 완전한 이데아의 세계를 설정했다면, 아리스토텔레스는 플라톤적인 초월성을 부정했다.

아리스토텔레스는 형상과 질료를 이야기했다. 예를 들어, 조각상이 형상이라면 대리석은 질료다. 질료는 쉽게 말해 재료이고, 형상은 재료로 만들어진 결과다. 조각가는 대리석을 보며 어떤 모양을 만들지 추상적으로 생각하고 그에 따라 조각한다. 그리고 작업이 끝나면 그 결과에 따라 조각상이 만들어진다. 세상에 존재하는 것들은 이러한 형상과 질료의 관계를 띠고, 하나의 질료가 하나의 형상이 되는 데에는 인과 관계, 즉 어떤 행위가 어떤 작용을 불러일으켜서 그것이 결과가 된다는 논리 관계로 이어진다고 본 것이다.

아리스토텔레스는 부동의 원동자, 즉 제1원인을 설정한다. 결과를 소급하다 보면 최초의 인과 관계가 발생하는 어떤 지점이 있다는 것이다. 구석기 시대를 거쳐 신석기 시대로, 다시 고대, 중세, 근대로 역사가 발전하는 것 혹은 아이에서 어른으로, 미생물에서 복잡한 고등 동물들의 생태계로 발전하는 것 등 그의 인과론적인 사고방식은 각양의 분야에 큰 영향을 미쳤다.

인물

맹자
역성혁명과 민본통치를 주장한 열혈 유학자

맹자가 제선왕에게 "왕의 신하 중에 자기의 아내와 자식을 친구에게 맡기고 초나라로 여행 간 사람이 있다고 합시다. 그가 돌아오니 아내와 자식이 추위에 떨고 굶주리고 있다면 그 친구를 어떻게 하겠습니까?"라고 묻자 왕은 "그와 절교하지요"라고 대답했다. 맹자가 "만약 형벌을 관장하는 사법관이 아랫사람을 잘 다스리지 못한다면 어떻게 하겠습니까?"라고 묻자 왕은 "파면시킬 것이오"라고 대답했다.

맹자가 "나라 안이 잘 다스려지지 못하면 어떻게 하겠습니까?"라고 묻자 왕은 좌우를 돌아다보며 딴소리를 했다.

천하의 넓은 집에 살고 천하의 올바른 자리에 서서 천하의 큰길을 걸어간다. 관직에 등용됐을 때는 백성들과 함께 그 길을 걸어가고 관직에 등용되지 못했을 때는 홀로 그 길을 걸어간다. 부귀해져도 마음이 동요되지 않고 빈천한 상황에서도 의지가 변함없고 위세와 무력에도 지조를 굽히지 않는다. 이러한 사람을 대장부라고 한다.

－《맹자》

맹자(기원전 약 372~기원전 약 289)는 전국 시대 사상가다. 그는 공자의 뒤를 이어 유학 사상을 발전시켰다. 논쟁을 즐겨 한 인물로, 묵가를 비롯한 여러 경쟁적인 사상가들과 신랄한 논쟁을 벌였다.

그는 인간 본성이 가진 선한 가능성을 절대적으로 신뢰했고, 한편에서는 항심(恒心)과 항산(恒産)을 강조했다. 대다수 백성이 온전한 마음으로 살아가기 위해서는 안정적인 산업이 뒷받침돼야 한다고 본 것이다. 그는 민본주의와 왕도 정치의 열렬한 주창자였으며, 역성혁명이라는 개념을 고안했다. 맹자는 천명(天命, 하늘의 뜻)이 특정한 제왕이나 권력자를 초월해 존재한다고 봤다. 권력자나 제왕은 천명을 실천함으로써 자신의 권력을 보장받는데, 천명을 실천하는 것이 민본 정치(백성을 위해 선한 통치를 하는 것)라고 규정했다. 하지만 민본 정치를 실현하지 못한 자에게는 천명이 없고, 따라서 그는 소인배에 불과하므로 혁명에 의해 쫓겨날 수도 있다는 것이다. 기원전 5세기에 하늘의 뜻과 권력 의지를 구분하고 왕조 교체를 합리화하는 주장을 펼쳤다는 점에서 사상사에서 그의 지위는 독보적이다.

순자
노력과 예법을 강조한 맹자의 경쟁자

정성스러운 마음과 뜻이 없는 사람은 밝은 깨달음이 없으며 묵묵히 한 마음으로 일하지 않고서는 혁혁한 공적을 이루지 못한다. 그리고 동시에 두 길을 가는 사람은 영원히 목적지에 도달할 수 없으며 (…) 선(善)을 보면 몸가짐을 바로 해 자신을 살피고 불선(不善)을 보면 근심되고 두려운 마음으로 자신을 반성해본다. 선이 자기에게 있으면 견고하게 지키며 스스로 즐길 일이요, 불선이 자기에게 있으면 더러운 것을 보듯이 스스로 혐오하라.

그러므로 반걸음이라도 쉬지 않으면 절룩거리며 가는 자라도 천 리를 갈 수 있고 흙을 쌓는 데도 멈추지 않고 쌓아나가면 언덕이나 산을 이룰 것이다. (…) 길이 비록 가깝다고 하나 가지 않으면 도달하지 못하는 것이요, 일이 비록 적다고 해도 하지 않으면 성사되지 않는다. 일을 영위하는 사람으로 한가한 날이 많은 자라면 아무리 들락날락해도 궁극에 이르지 못할 것이다.

순자(기원전 약 298~기원전 약 238)는 맹자와 더불어 초기 유학 사상 발전에 지대한 영향을 미쳤다.

순자의 사상은 종종 맹자와 비견된다. 순자는 인간 내면의 가능성을 신뢰하지 않고 후천적인 노력을 통한 도덕적 성장에 주목했다. '화성기위(化性起僞)', 즉 본성을 변화시켜 인위적인 것을 일으킨다는 말로 지식과 실천 능력이라는 후천적인 과정을 통해 도덕적으로 훌륭한 사람이 될 수 있다고 봤다. 그의 독특한 성악설이 드러나는 대목이다.

따라서 순자는 공자가 강조한 인과 예 중에 '예'를 강조한다. '교화(敎化, 가르치고 강제하는 노력)'의 과정을 통해 인간성을 회복하고 사회의 도덕적 기강을 확립하고자 했다. 이러한 그의 세계관은 공교롭게도 한비자 등 법가에 의해 계승됐다.

인물

니체
여전히 사랑받는 19세기 독일 철학자

인간의 삶 전체는 비진리 속에 깊이 잠겨 있다. 이 원천으로부터 개개인이 삶을 끄집어 내려고 하면 그때에는 반드시 자신의 과거에 혐오감을 갖게 되고 현재 자신이 가진 동기가 명성과 마찬가지로 무의미하게 여겨진다. 그래서 미래와 그 행복에 대한 정열에 조소를 던지고 멸시하지 않을 수 없게 되는 것이다.

어떤 당(黨)에 자기 동지들에게 반대하지 못할 정도로 겁 많고 줏대 없는 한 사람이 있었다. 그는 자기 패거리의 악평을 받는 일을 죽는 것보다 더 두려워했고 한마디로 가련하고 무기력한 영혼을 가졌기 때문에 사람들은 닥치는 대로 그를 이용하고 온갖 일을 다 시켰다. 그들은 이것을 알고 있었기에 방금 말한 대로인 그 성격을 기반으로 그를 영웅으로, 그리고 결국은 순교자로 만들어버렸다. 이 줏대 없는 자는 내심으로는 늘 부정했으면서도 입으로는 언제나 긍정해 자기 당의 견해를 위해 죽게 돼 단두대 위에 이르게 돼서도 그 모양이었다. 제 옆에서 오랜 동료가 말과 눈초리로 그를 억누르며 서 있었기 때문에 그는 단정하게 죽음을 견뎠다. 그래서 그때부터 그는 순교자로, 그리고 위대한 인물로 칭송받게 됐다.

– 니체, 《인간적인 너무나 인간적인》

니체(1844~1900)에 대한 학자들의 해석은 제각각이다. 생철학자로 분류하기도 하고 실존주의 철학의 선구자라고도 한다. 그는 크리스트교를 약한 자가 강한 자를 구속하는 노예 정신에 찌든 종교로 봤고 초인을 예찬했는데, 이러한 태도가 히틀러 등에게 영향을 줬다고도 한다. 또 매우 비관적이고 절망적이며 역설적인 주장을 했지만, 기실 희망을 예찬한 21세기적 철학자라고도 한다. 각 주장이 틀린 말은 아니지만 맞는 말이라고도 할 수 없을 정도로 니체는 다면적인 성격을 가진 인물이고 각양의 방식으로 재해석되는 인물이다. 이성과 합리성에 근거한 논리적 철학을 비판하며, 비이성, 비논리성 등 새로운 철학의 전복을 꿈꾼 인물로 《차라투스트라는 이렇게 말했다》라는 책이 유명하다.

묵자
무차별적인 사랑을 강조하며 유교에 반대하다

성왕이 집을 짓는 것은 삶을 편리하게 하기 위한 것이었을 뿐 보고 즐기기 위한 것이 아니었다. 의복이나 허리띠와 신을 만드는 것도 몸에 편리하게 하기 위한 것이었지, 기괴한 꾸밈을 위한 것이 아니었다.

(…) 옷을 짓는 원칙은 겨울에는 비단옷을 입어 편하고 따뜻하게 하고, 여름에는 굵고 가는 베옷을 입어 편하고 시원하게 하는 데에 그쳤다. 성인께서 의복을 마련하실 적에는 몸에 맞고 살갗에 조화되게 하는 것으로 만족했지, 화려하게 보이게 해 어리석은 백성들에게 뽐내려 하지 않았다.

(…) 음식은 기운을 높이고 허기를 채워주며 몸을 튼튼히 하고 배를 부르게 하는 것만으로 충분했다. 그래서 재물을 절약하고 자신들을 보양하는 데 있어서도 검소해 백성들은 부유해지고 나라는 태평해졌다.

－《묵자》

이 내용은 언뜻 보면 당연한 이야기처럼 보이지만, 신분제 사회이던 당시에는 충격적인 주장이었다. 묵자는 유학자들에게 학문을 배웠으나 이후 묵가라는 독자적인 종교 집단을 창시했다. 묵가는 겸애, 보편적인 사랑을 주장했고 공동체 전체의 이익을 강조했다. 가족 공동체를 우선시하며 의로움과 이로움을 구별하는 유학자들의 차별적인 태도를 비판한 것이다. 또 제사나 음악 같은 예식 비용을 돈 낭비라고 여겼고 검약을 강조했다. 유학자들에게 제사는 예법의 절정이고 백성을 교화시키는 핵심 수단이었는데, 묵가는 '절용', '절장' 등을 주장하며 사치를 삼가고 생산에 힘쓰며 소비를 줄여야 한다고 주장했다.

또 약소국을 구하기 위해 무리를 끌고 가서 직접 성을 수비해 나라를 구하는 모습도 보였다. 묵가는 철저하게 '비전'과 '비공'을 주장한 집단이다. 전쟁에 반대하고 강대국의 약소국 침략에 저항한 것이다. 하지만 진시황에 의해 중국이 통일되면서 자연스럽게 묵가 사상은 설 자리를 잃는다.

한비자
법가 사상을 완성하여 중국 역사에 영향을 미치다

군주에게 권력이 집중되는 것을 방해하는 다섯 가지 상황이 있다.

첫째, 신하가 군주의 눈과 귀를 가리는 것이다.

둘째, 신하가 나라의 재정을 장악하는 것이다.

셋째, 신하가 군주의 허락 없이 마음대로 명령을 내리는 것이다.

넷째, 신하가 마음대로 백성들에게 선행을 베푸는 것이다.

다섯째, 신하가 개인적으로 동지들을 모으는 것이다.

신하가 군주의 눈과 귀를 가리면 군주는 그 지위를 잃게 되고 신하가 나라의 재정을 장악하면 군주는 덕을 잃게 되며 신하가 마음대로 명령하면 군주는 행정의 통제력을 잃게 되고 신하가 사적으로 패거리를 이루면 군주는 거느릴 무리를 잃을 것이다. 이러한 것들은 군주가 남김없이 모두 손에 쥐고 있어야지 신하들에게 넘겨주어서는 안 된다.

– 《한비자》

한비자(기원전 약 280~기원전 233)는 법가의 완성자로 평가받는 인물이다. 법가의 선구적인 인물로 상앙이 있는데, 공자와는 정반대의 주장을 펼쳤다. 단순하고 엄격한 법 집행을 강조했고, 농사와 상업 인구 증가와 군비 확충을 통한 부국강병을 목표로 했다. 또 전통은 바뀔 수 있으며, 혁신적인 사고를 통해 세상을 바꿔야 한다고 봤다. 상앙은 유학자들을 조롱했고, 진나라 효공을 도와 나라를 흥성하게 했다.

상앙에 비해 한비자는 약소국인 한나라 출신에, 젊은 시절 동료였던 이사의 모함을 받아 꿈을 펼치지 못한 채 비극적으로 생을 마감했다. 하지만 문장력이 탁월해 장문의 저술을 남겼고 법은 물론 군주의 리더십과 책략을 강조하던 당대의 학풍을 수렴해 법가의 길을 열었다. 한비자의 사상은 종종 마키아벨리의 《군주론》과 비교되며, 국가 운영, 리더십 등 다양한 방면에서 지적 촉매제 역할을 하고 있다.

사대부
과거 시험으로 관료가 된 중국의 지배층

부자가 되려고 좋은 토지를 살 필요가 없나니

책 속에 천 석의 쌀이 놓여 있도다

편안히 살려고 호사스러운 집을 지을 필요가 없나니

책 속에 황금으로 만든 집이 지어져 있도다

(…) 아내를 얻으려고 좋은 중매 없음을 한탄하지 마라

책 속에 옥 같은 여인이 나타날 것이다

남아로 태어나 평생의 뜻을 이루고 싶거든

유교 경전을 창 앞에 두고 부지런히 읽으라

이는 송나라 황제 진종의 시다. 동서양을 막론하고 지배층을 통상 귀족이라 부른다. 이들은 일반 민중을 제어할 수 있는 무력 수단과 압도적인 경제력, 무엇보다 혈통에 근거한 권위를 자랑한다.

하지만 중국 송나라에서는 '사대부'라고 불리는 독특한 지배층이 등장한다. 이들은 평소에 유교 경전을 깊이 탐독하는 '독서인'이고, 그러한 인문 교양 능력을 바탕으로 '과거제' 시험을 통해 관료가 된다. 대체적으로 중소 지주 집안에서 사대부를 배출했지만, 경제적으로 넉넉해도 과거에 합격하지 못하면 결코 사대부가 될수 없었다. 물론 경제적으로 미천해도 과거에 합격해 유능한 관료적 역량을 뽐내면 최고위직 관리가 될 수 있었다. 독특한 능력제 사회가 만들어진 셈인데, 송나라때는 2대에 걸쳐 한 집안에서 과거 합격자가 나오지 못할 정도로, 사대부가 되기란쉽지 않았다.

그렇다고 중국에서 신분제가 사라진 것은 아니었다. 여전히 황제가 존재하며, 혈통이나 권력을 자랑하는 지배층과 그렇지 못한 피지배층이 존재했다. 하지만 국가를 운영하는 주체는 충분한 지식과 경륜을 겸비한 사대부들뿐이었으니, 당시로서는 다른 문명권에서 찾아볼 수 없는 예외적인 지배 구조였다고 할 수 있다. 이들은 명청 대에는 신사층, 조선에서는 양반층이라 불렸다.

크리스트교
예수의 부활과 구원을 믿는 세계 종교

기원 초기 예수의 등장은 로마 제국은커녕 지중해 동부 일대에서도 관심 주제가 아니었다. 더구나 예수는 본격적인 포교 활동이 시작된 지 3년이 되지 않아 십자가에 처형됐고, 그의 작은 공동체는 쉽게 붕괴됐다. 하지만 베드로를 비롯한 예수의 제자들은 공동체를 재건하여, 그들만의 종교 생활을 이어갔다. 바울은 세 차례 전도 여행을 통해 소아시아, 그리스, 로마에까지 크리스트교를 전파했다. 하지만 이때만 해도 신도 수백에 지나지 않는 작은 종교 공동체에 불과했다.

하지만 공동체는 단단하게 결속됐고, 무엇보다 가난한 신자들을 돕는 열정적인 구제 행위로 영향력이 꾸준히 성장했다.

로마 황제 네로, 디오클레티아누스 등은 자신들의 정치적 목표 혹은 종교에 대한 혐오감 때문에 신도들을 박해했다. 베드로와 바울은 십자가에 거꾸로 매달려 죽었고, 많은 신도가 콜로세움 경기장에서 사자의 밥이 됐다.

하지만 300년경 콘스탄티누스의 등장으로 상황은 180도 바뀐다. 콘스탄티누스는 전투를 준비하던 중 "이 징표로 승리하라"라는 신의 목소리와 계시를 접했다. 그리고 병사들의 방패에 징표를 그려 넣게 한 후, 밀비우스 다리 전투에서 승리를 거두고 황제가 됐다. 일부 역사학자들은 신흥 종교의 영향력을 흡수, 활용하기 위한 전략적인 선택이었다고 하지만, 당시 로마 제국에서 크리스트교인의 수가 5% 미만이었던 점을 감안하면 설득력이 크지 않다. 이후 콘스탄티누스는 크리스트교를 공인한다.

크리스트교가 성장함에 따라 신앙에 대한 합리적 설명, 특히 그리스 철학에 따르는 이성적인 논증이 요구됐다. 여러 신학자가 등장하고 신학적 갈등도 발생하는데, '삼위일체설 논쟁'은 교회사에서 가장 중요한 사건이다. 이는 예수가 인간인가 하나님인가를 두고 아리우스파와 아타나시우스파가 격렬히 투쟁한 것으로, 콘스탄티누스도 이 논쟁에 적극적으로 개입했는데 결국 아타나시우스파가 승리한다. 이로 인해 성부(하나님), 성자(예수), 성령은 모두 동등하고 동일한 본질로 이뤄졌다는 주장이 교회의 정통 교리로 자리 잡게 됐으며, 아리우스파는 이단이 됐다. 현재 삼위일체설은 분파와 상관없이 크리스트교의 정통 교리로 자리 잡았다.

모세
신의 계시를 받아 유대인들을 이집트에서 탈출시킨 인물

나는 1945년에 벨기에의 전쟁 포로수용소에 투옥됐다. 히틀러의 제3제국은 붕괴됐다. 독일 문명은 아우슈비츠의 유대인 학살로 파멸됐다. 나의 고향 마을인 함부르크는 폐허로 변하고 말았다. (…) 나는 이 예수께서 우리의 곤경 가운데서 우리와 함께하시는 신적인 형제라는 사실을 파악했다. 그는 포로들과 버림받은 자들에게 희망을 가져다주신다.

독일의 개신교 신학자 위르겐 몰트만의 글이다. 몰트만은 크리스트교 신앙의 정수를 신에게서 오는 '희망'으로 봤다. 몰트만의 관점은 제2차 세계 대전이라는 절망적 상황에서 종교란 무엇인지 성찰한 결과이기도 하고, 당시 희망을 철학의 주제로 삼은 에른스트 블로흐의 영향도 있었다.

몰트만은 예수의 행적을 통해 희망의 근거를 설명하지만, 크리스트교의 경전인 성서에서 좀 더 우선적인 인물은 모세다. 모세는 광야에서 불이 붙었으나 타지 않는 떨기나무를 보는 가운데 신의 계시를 경험한다. 그는 절대 권력자 파라오와의 다툼에서 승리를 거둬, 당시 노예 계급이던 히브리 민족을 이끌고 이집트 탈출에 성공한다. 오랜 광야 생활을 거친 후 모세의 뒤를 이은 여호수아의 지도 아래, 히브리 민족은 조상의 땅 가나안(오늘날 팔레스타인)에 정착한다. 파라오를 굴복시켰던 열 가지 대재앙, 바닷물이 갈라진 홍해의 기적, 시나이산에서 받은 십계명 등 유명한 일화가 이때 등장한다.

출애굽 사건은 그 자체로 특별한 이야기다. 고대 사회에서 노예 계급이나 유목민은 극히 소외된 계층으로, 신이 이들을 위해 절대 권력자나 지배 계급과 싸워 "젖과 꿀이 흐르는 땅"으로 인도한다는 발상 자체가 유일무이했기 때문이다. 모세와 그의 행적은 '토라(모세 5경)'에 기록됐고, 구약 성서의 핵심을 이뤘다.

헤겔
역사와 정신 그리고 변증법을 강조한 관념론자

독일의 관념론 철학자. 헤겔(1770~1831)은 칸트의 뒤를 이어 관념론을 한층 발전시켰으며, 아우구스티누스가 이야기한 '시간'이라는 개념을 철학사에 새롭게 부활시킨 인물이다. 역사 철학, 변증법 등 헤겔의 사유 방식은 근대 지성사에 큰 영향을 미쳤으며, 마르크스의 유물론적인 세계관 역시 헤겔에 큰 영향을 받았다.

헤겔은 세계의 본질, 사물의 실재를 이성적 사고를 통해 파악할 수 있다고 봤다. 겉으로 보면 세계는 혼란스럽고 지나치게 다양하고 해석하기 어려울 정도로 복잡하지만, 이성적 관점에서 보면 본질적인 원칙과 경향, 다양성을 포괄하는 통일성, 전체를 아우르는 총체성을 발견할 수 있다. 이 모든 현상은 역사 가운데 일어나기 때문에, 역사를 해석하는 철학, 즉 역사 철학이 헤겔에게는 중요한 문제였다.

헤겔은 변증법을 강조했다. 존재하는 모든 것은 정립과 반정립의 과정을 거친다. A라는 주장이 등장하면, B라는 반론이 나타난다. 결국 A와 B가 갈등한 후 C라는 대안이 등장하지만, C에 대해 또다시 D라는 반론이 등장한다. 이런 식으로 인간의 생각도, 눈에 보이는 현실도, 역사 자체도 끊임없이 일정한 리듬을 타고 무한히 발전한다. 변증법적인 상호 작용이 일어나려면 시간이 걸릴 수밖에 없고, 역사라는 무대가 필요하다. 따라서 헤겔에게 시간과 역사는 매우 중요한 철학 개념이었다.

그는 역사의 합리적 발전을 신뢰했다. 헤겔의 사상은 절대정신, 국가, 유기체 주의 등으로 표현된다. 변증법에 근거한 인간 정신의 성장은, 단순한 감각과 감정에서 이성적 사고를 거쳐 절대정신으로 발전할 것이다. 또 역사는 인간 개인의 무대가 아니라 무수한 사람들이 얽혀서 살아가는 공간이기 때문에, 개인이 아닌 유기체적인 관점에서 국가를 기준으로 살펴봐야 한다. 개인은 전체의 부분이다. 마치 신체의 여러 기관이 각각의 역할을 하며 서로에게 의존하듯 개인 역시 국가라는 유기체의 부분에 불과하다. 따라서 인간은 국가라는 유기체에 의존해 역사의 진보를 달성할 것이다.

헤겔의 사고방식은 독일 철학에서 결정적인 역할을 했다. 우파적인 경향은 주로 국가와 집단을 강조하며 독일 민족의 발전을 주창했고, 좌파적인 경향은 마르크스에 의해 구현됐다.

주희
도덕과 공부를 강조한 성리학의 창시자

학자가 기질에 지거나 습관 때문에 빼앗기는 것이 있다면 다만 자신의 뜻을 꾸짖어야 한다. 마음이 신중하면 외부의 가벼움을 이길 수 있고 터득한 것이 깊으면 유혹이 보잘 것없음을 알 수 있다. 학문할 때 말없이 스스로 깨닫는 것이 자득하는 것이다.

적은 악이라도 반드시 제거하면 선(善)의 본성을 이루고 악을 철저하게 살피지 않으면 비록 선하다 해도 완전하지 못하기 마련이다.

세상일 가운데 가장 큰 걱정거리는 남의 비웃음을 두려워하는 것이다. 수레 끄는 말이 없거나 거친 음식을 먹고 거친 옷을 입거나 가난하고 천한 데 거하게 되면 모두 남이 비웃지 않을까 두려워한다. 일반 사람들은 살아야 할 때 살고 죽어야 할 때 죽으며 오늘 많은 봉급을 받다가도 내일은 버리며 오늘 부유하고 귀하다가도 내일 목마르고 굶주리더라도 개의치 않고 오직 의로움만을 따라야 한다는 인간의 도리에 대해서는 아무것도 모른다.

위의 《근사록》은 성리학을 완성한 주희(1130~1200)가 앞선 성리학자들의 글에서 모범이 될 만한 것들을 모아 만든 책이다. 성리학은 송나라 때 발흥한 새로운 유학이다. 한나라 이후 유학이 국가의 학문이 되자 많은 사람이 이를 과거 시험 과목으로 이해하고 출세 수단으로 활용하고자 했다. 또 도교, 불교가 크게 호응받으며 번성했다. 특히 불교는 고도의 철학적 사유를 통해 설득력 있게 대중에게 다가갔다.

북송 때 주돈이, 정이, 정호 등 뛰어난 학자들이 등장해 새로운 유학 운동을 전개한다. 이들은 학문이 도덕적으로 훌륭한 인간이 되는 것, 즉 성인군자를 목표로 해야 한다고 했고, 이기론(理氣論) 같은 철학적 사유의 기틀을 놓았다. 이러한 노력은 남송 때 주희를 통해 집대성된다. 주희는 이기론, 심성론 등 유학 사상을 철학적으로 체계화했다. 성리학자는 만물이 '이'와 '기'로 이뤄진다고 봤다. 이는 '도덕성'을 의미하고, 기는 '존재하는 모든 것'을 말한다. 즉, 세상에 존재하는 모든 것은 본질상 '기덩어리'이고, 이것들은 모두 '도덕성'을 내포한다는 말이다. 쉽게 말해 인간이 '기'라면, 인간됨이 '이'라고 할 수 있다.

인물

마르틴 루터
성경을 강조하며 종교개혁을 이끌다

1. 우리의 주 예수 그리스도께서 "회개하라(마태복음 4장 17절)"라고 말씀하셨을 때 그분께서는 믿는 자의 삶 전체가 회개하는 생활로 이뤄지길 바라셨다.

2. 이 말씀은 고백 성사, 즉 고해와 속죄가 사제에 의해 집행돼야 한다는 의미로 받아들일 수 없다.

36. 진심으로 회개하는 크리스트교도는 누구나 면죄부가 없더라도 죄와 벌에서 완전히 면제받을 권리를 갖고 있다.

– 마르틴 루터, 〈95개조 반박문〉

비텐베르크 성당 문에 붙인 이 글은 '사제가 신도의 죄를 사해줄 수 있는가', '교황의 면죄부 발행은 정당한가', '크리스트교 신앙의 본질이 무엇인가' 등을 묻고 있다. 사실 반박문을 성당에 붙이는 행위가 특별한 것은 아니었다. 중세에는 여러 신학적 주제를 두고 이러한 방식으로 공개 토론을 했기 때문이다. 하지만 면죄부와 교황권에 대한 반박은 루터 본인도 예상하지 못한 엄청난 사회 변화를 낳았다.

루터는 성경 중심주의와 만인 제사장설을 주장했다. 로마 가톨릭교회는 성경과 교회의 전통, 즉 오랜 기간 쌓아온 교황과 공의회의 결정 사항(미사를 비롯한 성인, 성물, 마리아 숭배) 등 각양의 문화를 중요하게 여겼다. 하지만 루터는 성경을 기준으로 잘못된 문화는 폐기하거나 수정해야 한다고 주장했다. 또 그는 모든 인간이 하나님과 직접 교감할 수 있고, 자신의 죄를 회개하고 신의 도움을 받아 훌륭한 사람으로 거듭날 수 있다고 여겼다.

루터는 자신의 믿음을 실천으로 옮겼다. 그는 의회에 불려가서도 의견을 굽히지 않았다. 그는 독일어로 성경을 번역했고, 수녀였던 카타리나 폰 보라와 결혼했으며, 공교육 제도를 창안했다. 성경을 독일어로 번역한 사건은 문명사적으로 의의가 크다. 기존에 성경은 라틴어로 쓰여 있었는데, 오직 교육받은 사제들만 읽을 수 있었다. 하지만 루터의 번역으로 누구나 성경을 읽을 수 있었고, 독일어도 독일 국민의 언어로 발전한다. 근대 국민 문학, 국민 국가 발전의 밑거름이 된 것이다. 로마 가톨릭이 성직자의 독신을 강조했다면, 루터파는 순결과 결혼, 가족의 가치를 중요하게 여겼다.

홉스, 로크, 루소
사회계약설과 시민혁명의 이론가들

사회 계약설은 영국의 시민 혁명을 비롯해, 근대 민주주의 발전에 결정적 영향을 미친 사회 이론이다. 홉스, 로크, 루소가 대표적인 이론가로, 자연권과 실정법, 저항권 사상 같은 여러 원리가 사회 계약설로 도출됐다.

홉스의 경우 경계선에 섰던 인물이다. 그는 자연 상태의 인간은 "만인의 만인에 대한 투쟁" 상태라고 봤다. 자연 상태에서 인간 세계는 일상적인 공포에 짓눌린다. 각자가 자신의 힘을 발휘하며 다른 사람을 억압하는 힘의 세계이기 때문이다. 이러한 일상적 억압과 폭력을 억제하기 위해 인간은 집단적 계약을 맺는데, 모든 권력을 자발적으로 국왕에게 헌납한다. 따라서 국왕이 통치하는 국가가 등장한다. 국왕은 절대 권력으로 수많은 사적 폭력과 억압을 통제하고 해결한다. 홉스는 절대 군주론을 지지했지만 자연법과 실정법을 구분했고, 국왕 권한의 한계를 명확히 하는 등 진일보한 사상을 피력했다.

청교도 혁명과 명예혁명의 전통을 지지한 로크는 홉스보다 급진적인 주장을 펼쳤다. 그는 자연 상태의 인간을 부정적으로 보지 않았다. 오히려 각자 재산을 사유하고 안정된 생활을 유지하는 상태로 봤다. 하지만 분쟁을 비롯한 여러 문제가 발생할 수 있기 때문에, 이를 해결하기 위해 계약을 맺고 군주에게 권한을 위임한 것이다. 따라서 군주가 위임된 권력을 남용할 경우 '저항권'을 발휘해 군주를 교체할 수 있다. 계약의 목표, 군주의 의무, 무엇보다 국민의 저항을 합리화한다는 데서 홉스와 큰 차이를 보인다. 로크는 《통치론》을 통해 왕권신수설을 집요하게 비판했다. 하나님이 아담에게 세상을 통치할 권리를 줬는데, 여기서 말하는 '아담'은 '국왕'이 아닌 '인간 일반'이라고 주장하며 왕권신수설을 전면적으로 부정한 것이다.

프랑스의 계몽주의자 루소는 더욱 급진적인 주장을 펼친다. 루소는 주권을 양도할 수 없다고 봤다. 권력은 국왕이 아닌 국민 스스로 가져야 한다며, 영국에서 발전한 사회 계약설의 한계를 집요하게 비판했다. 루소는 '일반 의지'를 강조했으며, 일반 국민의 일반 의지를 바탕으로 권력이 운용돼야 한다고 강조했다. 자유로운 소농 공동체를 중심으로 작은 단위의 직접 민주주의를 통해 영국식 대의 민주주의를 극복하고자 한 것이다.

히틀러
극우파 인종주의자, 제2차 세계 대전을 일으키다

히틀러의 등장은 그다지 신선하지 않았다. 20세기 초반 파시즘에 대한 열광은 전 유럽적이었고, 히틀러가 강조한 반유대주의 역시 "보통 사람들의 아편"이라고 부를 만큼 광범위했기 때문이다. 반유대주의의 힘은 보잘것없었다. 교육받은 중산층 입장에서 선동 정치에 거부감이 심했고, 유대인들이 이에 적극적으로 대처한 것도 한몫했다. 프랑스는 드레퓌스 사건으로 몸살을 앓았지만 결국 문제를 해결했고, 오히려 팔레스타인에 유대인들의 나라를 세우자는 시온주의 운동이 눈에 띄는 수준이었다.

하지만 제1차 세계 대전 이후 독일의 바이마르 공화국이 무너지면서 상황이 급변한다. 1930년 9월 나치당이 107석을 확보하며 제2당이 됐고, 1932년에는 37.3%를 득표해 230석 제1당이 된다. 사실 과반 이하였고 사회민주당은 물론 기존의 보수당 역시 나치당 같은 극우파를 혐오했기 때문에 히틀러가 총리가 될 가능성은 없었다. 하지만 보수당이 사회민주당을 견제하고자 나치당에 손을 내밀었고, 급변하는 정치 상황 가운데 사회민주당은 의미 있는 활약을 펼치지 못했다. 결국 히틀러와 나치당은 보수당을 등에 업고 권력을 장악한다.

권력을 장악한 히틀러는 일주일도 안 된 시점에 '비아리안족'을 공무원직에서 몰아냈다. 유대인 출신 변호사 1,400명, 판·검사 381명이 자격을 박탈당했고, 1935년에는 유대인 의사 절반이 일자리를 잃었다. 많은 유대인 지식인이 이민을 선택했는데, 세계적 물리학자 아인슈타인도 포함됐다. 히틀러의 최측근 괴벨스는 문화부를 창설해 문화 예술계와 언론인들을 통제했다. 경제 측면에서 히틀러는 집요하고 악랄했다. 마르 샤흐트의 자문을 받아 유대인 소상공인과 전문직을 집요하게 공격했다. 유대인 소유의 대형 사업체를 공격할 경우, 독일 경제에 문제가 생길 것을 예상한 조치였다. 꾸준한 노력으로 1935년에는 유대인 기업체의 4분의 1이 해체됐고, 1938년에는 유대인의 재산 소유권이 전면적으로 박탈됐다.

그렇다고 히틀러가 유대인 문제에만 관심을 기울인 것은 아니다. 궁극적으로 독일인의 영광이 목적이었고, 과감한 경제 정책을 통해 수렁에 빠진 독일 경제를 구하는 등 여러 성과를 일궈냈다. 하지만 유럽을 상대로 전쟁에 나서면서 이러한 성과는 물거품이 되고 만다.

예수
사랑과 회개를 설파하다 십자가에 못 박히다

예수께서 온 갈릴리를 두루 다니시면서, 그들의 회당에서 가르치며, 하늘나라의 복음
을 선포하며, 백성 가운데서 모든 질병과 아픔을 고쳐주셨다.

(…) 의에 주리고 목마른 사람은 복이 있다. 그들이 배부를 것이다. 자비한 사람은 복이
있다. 하나님이 그들을 자비롭게 대하실 것이다. 마음이 깨끗한 사람은 복이 있다. 그
들이 하나님을 볼 것이다.

– 《마태복음》 4장

예수(기원전 약 4~기원후 약 30)는 팔레스타인 지방 갈릴리에서 태어났는데, 가족이
나사렛에서 생계를 이어갔기 때문에 '나사렛 예수'로 불렸다.

예수는 3년 정도 공적인 활동을 했다. 병든 자를 치료하고 여러 이적을 행해 여
성, 노인, 어린아이가 포함된 많은 민중이 그를 따랐다. 베드로를 중심으로 제자 공
동체가 형성돼 예수를 도왔다. 그는 구약 성서에서 이사야 등이 예언한 메시아가
본인이라고 주장했으며, 다윗 왕국 같은 유대인 왕국의 도래를 부정했다. 과거의
가르침이 모세가 받은 율법에 근거했다면 이제는 자신의 여러 가르침, 특히 '사랑'
에 근거한 가르침을 기초로 구약을 재해석할 것을 주창했다.

당시 유대인들은 로마에 지배받고 있었다. 빌라도 같은 로마 총독, 헤롯 같은 토
착 지배자들이 권력 다툼을 했고, 엄격한 율법 준수를 추구하는 바리새인, 기존의
종교 전통을 부정하는 사두개인(사제직을 독점하고 유대의 최고 정치 기구인 산헤드린을
장악한 귀족), 로마에 대한 반역을 꿈꾸는 열심당 등 각양의 분파가 활동하고 있었
다. 예수는 종교 공동체의 위선을 폭로했고, 여러 분파의 모순적인 주장과 잘못된
행태를 비판했다. 그는 자신이 십자가에 못 박힐 것이며 3일 만에 부활할 것이라고
제자들에게 예언했다. 자신의 죽음과 부활은 모든 인류를 향한 죄의 용서이자 새
로운 삶의 지평을 여는 것이라고 주장한 것이다.

예수 사후 예루살렘에는 베드로를 중심으로 예수의 가르침을 추종하는 공동체
가 만들어진다. 신자들은 세례를 받고 성만찬에 참여했으며, 죄를 회개했고, 모든
재산을 내놓고, 유무상통하며 함께 생활했다. 가난한 자를 적극적으로 돕고, 포로
로 끌려간 성도를 구해오는 등 당시로서는 파격적인 종교적 삶을 살았다.

레닌
제정 러시아를 무너뜨리며 최초로 공산국가를 세운 인물

> 한 예로 가장 자유롭고 가장 문명국이라는 미국을 생각해봅시다. 미국은 민주 공화국
> 입니다. 그런데 그 결과는 어떻습니까? 백만장자가 아닌 수백만장자 도당의 파렴치한
> 지배 아래 예속돼 전 국민이 노예처럼 탄압받고 있습니다. 국가의 공장과 회사, 국가의
> 은행과 부가 죄다 자본가 차지가 된다면, 또 이 민주 공화국이라는 노선에서 수백만 노
> 역자들의 끝 모를 노예화와 벗어날 길 없는 빈곤이 목격된다면 우리는 이런 의문을 던
> 져 마땅합니다. 당신들이 그렇게도 찬미하던 평등과 형제애는 모두 어디로 갔는가?
> 민주 공화국은 평등과 형제애와는 동떨어져 있습니다! 민주주의의 통치에는 더할 나
> 위 없이 잔인한 강도 무리가 따라붙습니다. 우리는 이른바 민주주의라는 제도의 실체
> 를 잘 알고 있습니다.
> (…) 빈둥거리는 자들, 기생충 같은 자들, 힘들게 일하는 대중의 피를 빨아먹는 자들이
> 누리는 혜택을 박탈해야 합니다. 그리고 이렇게 외칩시다. 노동자에게 모든 것을, 노역
> 자에게 모든 것을!

1918년 8월 30일 모스크바 미켈슨 공장 수류탄 제조장에서 레닌이 연설한 내용이
다. 혁명이 성공한 지 채 1년이 안 되던 시점이었고, 당일에 레닌은 사회혁명당의
파니 카플란이 쏜 총에 맞아 평생을 후유증으로 고생했다.

혁명으로 집권에 성공한 레닌은 강력하면서도 유연한 정책을 통해 제정 러시아
를 공산주의 국가 소비에트 연방으로 탈바꿈시킨다. 독일과 브레스트리토프스크
조약을 맺으면서 막대한 영토와 자원을 포기하며 제1차 세계 대전에서 빠져나오
는 데 성공했고, 신경제 정책을 통해 혁명 초기의 경제 혼란을 극복했다. 미국에 대
한 레닌의 태도는 이중적이었다. 한편에서는 미국의 성공적 산업화 과정을 배우고
싶어 했다. 모든 공장과 철도의 '전기화'에 관심이 많았는데, 실제로 1928년에는
소련 최고경제위원회가 미국의 포드 자동차와 계약을 맺기도 했다. 하지만 레닌에
게 미국은 그럴싸한 민주 공화국에 불과했다. 민주주의를 표방하면서도 노동자를
비롯한 하위 계급이 자본가로 인해 고통받고 있었기 때문이다.

장 칼뱅
예정설을 주장하며 종교개혁을 이끌다

장 칼뱅(1509~1564)은 프랑스의 종교 개혁자로, 스위스 제네바에서 신정 정치를 펼치며 종교 개혁을 지도했다.

칼뱅파는 지역에 따라 명칭이 다르다. 네덜란드에서는 고이센, 프랑스에서는 위그노, 영국에서는 청교도, 스코틀랜드에서는 장로파로 불리는데, 루터파가 독일과 북유럽에서 국가 교회로 주류적 위치를 점유했다면 칼뱅파는 대부분 나라에서 소수파였다. 칼뱅에게 큰 영향을 받은 존 녹스는 스코틀랜드에서 정치 혁명을 일으키기도 했다.

루터가 성직자 출신이었던 데 반해 칼뱅은 법률을 공부한 평신도였다. 그는 모국 프랑스에서 종교 개혁을 시도했지만 쫓겨났다. 20대 중반에《크리스트교 강요》 초판을 출간하는데, 이는 크리스트교 역사에서 가장 중요한 문헌 중 하나다. 초판이 얇은 소책자 분량이었다면, 오랜 기간 증보를 거쳐 1,000쪽이 넘는 대작으로 완성된다.

칼뱅은 스위스 도시 국가 제네바에 정착했고, 이곳에서 종교 개혁을 추진했다. 칼뱅은 루터보다 더 급진적인 개혁가였다. 그는 성경에 명시되지 않은 일체의 교리와 의식을 배척하고 심지어 성가대마저 없애려고 했다. 그 결과 신교는 세례와 성찬식을 제외한 가톨릭의 미사 전통을 모조리 없앴다. 수도원과 수녀원이 폐쇄됐고 성직자 제도도 없어졌다. 모든 신교 교회는 성도들의 자발적 공동체였고 특정 교회가 다른 교회를 지배하거나 지도하지 않았다. 신교 특유의 개교회주의가 등장한 것이다. 크고 웅장하고 화려한 교회는 사라졌고, 아무런 장식도 없는 '사면의 벽'으로 이뤄진 단출한 신교 교회 건물이 등장했다. 루터가 개혁의 길을 열었다면, 칼뱅은 신교의 신학 이론을 체계적으로 다듬고 구교와는 판이하게 다른 제도와 문화를 구체화했다. 칼뱅은 엄격한 금욕주의로 제네바를 통제했다. 춤, 카드놀이, 연극 관람 등 각종 유희를 금지했다.

칼뱅은 예정설을 주장했다. 신이 구원받을 사람을 이미 정했다는 주장으로, 여기서 중요한 것은 '구원받았음을 어떻게 알 수 있느냐'다. 칼뱅은 일상생활에서 신의 뜻을 이뤄가면서 확인할 수 있다고 봤다. 칼뱅의 주장은 특히 상공업자들에게 큰 지지를 받았고, 기업 문화가 발전하는 영국과 미국에서도 환영받았다.

사르트르
개인의 선택을 강조했던 실존주의 철학자

사르트르(1905~1980)는 현대 서양 문명의 슈퍼스타다. 문학, 철학, 연극 등 다방면에 재능을 보이고 커다란 업적을 일궜다. 철학서《존재와 무》, 문학 작품《구토》등이 대표작인데, 노벨 문학상을 거부하고 시몬 드 보부아르와 계약 결혼을 하는 등 숱한 일화를 남기며 화려한 인생을 살았다. 사르트르가 보기에 신은 없었다. 따라서 신이 만든 세계도, 세계의 본질이나 의미도 없었다. 존재는 있지만, 존재의 의미는 없다는 말이다. 그렇다면 인간은 위기에 내몰렸는가. 그렇지 않다. 신이 없고, 이미 주어지고 강요된 세계의 본질 따위가 없기 때문에 인간은 자유롭고 무한하다. 물론 사르트르는 극단적 상대주의자가 아니다. 세계는 존재하고 인간으로 세계에 내던져졌기 때문에 인간은 이곳에서 자신만의 독자적이며 독보적인 인생을 살아야 한다. 사르트르는 인간 실존의 개별적 고유성을 강조한다. 그가 보기에 가장 졸렬한 화가는 '전형'을 추구하는 화가다. 무능한 화가는 흔히 떠올리는 여성상, 노동자상, 아랍인상 등의 전형을 추구한다. 하지만 실존의 복판에서 '전형적인 인물'은 결단코 존재하지 않는다. 오직 '한 여성', '한 노동자', '한 아랍인'만이 있을 뿐이다.

사르트르는 상황에 순응하는 것을 반대한다. 주어진 여건을 따져 묻고, 부딪히고, 싸워야 한다. 그래야 자신을 만들어가고 그로 인해 의미와 가치를 누릴 수 있다. 도전적인 삶을 권장하는 것이 아니라 그렇게 도전해야지만 자신이 처한 실존적 상황을 간신히 자각할 수 있는 것이다. 사르트르가 보기에 인간이란 '상황을 바꾸지 않고서는 상황을 볼 수조차 없는 존재'이기 때문이다. 사르트르는 이것도 옳고, 저것도 옳다는 식의 세계관에 반대한다. 그것은 회피이고 안주이며 자신에 대한 거짓말이다. 옳고, 그름을 따지고 사랑하고 증오하고 열광하고 배격해야 비로소 인간의 인간됨이 만들어지기 때문이다.

사르트르는 절대적 윤리를 부정했다. 옳고 그름은 결국 인간의 선택에 달려 있다. 하지만 동시에 그는 인간의 교묘한 회피술인 자기기만을 집요하게 비판했다. 인간은 인간인데, 매장에서 일하는 종업원이 아닌데 자신을 종업원이라고 규정하고, 종업원이라는 직책에 숨어서 자신의 가능성을 포기하며 살아가는 오류를 범한다는 것이다. 그의 사상은 20세기 중반 실존주의라는 이름으로 엄청난 영향력을 행사했고, 수많은 논쟁과 논란을 일으켰다.

가리발디

마치니, 카보우르와 함께 통일 이탈리아를 외치다

19세기 이탈리아는 리소르지멘토(이탈리아 통일 운동)의 열정에 휩싸인다. 이탈리아는 과거 로마 제국의 영광을 뒤로하고, 중세 내내 수많은 도시 국가로 분열됐다. 그리고 근대 들어 프랑스, 오스트리아 등에 지배받으며 큰 어려움을 겪었다. 프랑스 혁명 이후 자유주의와 민족주의의 열풍이 전 유럽을 휩쓰는 가운데 이탈리아는 독일과 더불어 강력한 통일 운동의 분위기에 빠져든다.

통상 이탈리아 통일을 이야기할 때 주세페 마치니(1805~1872), 카밀로 벤소 카보우르(1810~1861), 주세페 가리발디(1807~1882) 세 명을 이야기한다. 마치니는 이탈리아 통일 운동의 선각자 역할을 했고, 카보우르는 사르데냐 왕국의 재상 등을 역임하면서 분열된 이탈리아를 실질적으로 통합했다. 1831년 마치니는 청년이탈리아당을 만들고 통일된 이탈리아 공화국을 세우기 위해 헌신했다. 5만이 넘는 당원이 있었고, 가리발디 또한 청년이탈리아당 출신이었다. 하지만 상황은 여의치 않았다. 프랑스와 오스트리아의 영향력이 강대했기 때문에 몇 번의 봉기는 실패로 이어졌고, 마치니는 망명 생활을 거듭했다. 카보우르는 이탈리아의 신흥 부르주아 세력과 사르데냐 왕국을 기반으로 단계적인 통합 작업에 착수했다. 프랑스 나폴레옹 3세를 끌어들여 오스트리아의 침공을 막아내는 등 외교에서 탁월한 역량을 발휘했고, 의회주의를 신봉했다. 가장 인상적인 인물은 가리발디였다. 1834년 마치니와 함께 혁명에 투신했지만 실패한 후 프랑스로 망명했고, 남아메리카의 우루과이에서 혁명전쟁이 일어났다는 소식을 듣고 참여해 큰 전과를 올렸다. 1848년 프랑스 2월 혁명의 영향 가운데 이탈리아의 통일 운동이 가속화되자, 가리발디는 다시금 마치니와 함께 의용대를 조직해 프랑스가 지배하던 로마를 공격해 공화국을 세운다. 하지만 나폴레옹 3세에게 패해 이번에는 뉴욕으로 망명한다. 1854년에는 이탈리아로 돌아와 카프레라섬에서 살았는데, 시칠리아에서 반란 사건이 일어나자 또다시 통일의 기치를 높인다. 1859년 알프스의용대를 조직한 후 다시 이듬해에 붉은셔츠단을 창설해 시칠리아를 점령하는 데 성공한다. 또 칼라브리아, 나폴리 등 이탈리아 남부 일대를 석권했고, 당시 북부와 중부 일대를 점령하던 사르데냐 왕국의 국왕 비토리오 에마누엘레 2세에게 자신이 점령한 땅을 바치면서 이탈리아를 통일하는 데 큰 공을 세운다.

간디
현대 인도를 만든 맨발의 성자

인도의 사상가이자 독립운동가. 현대 인도의 아버지로 일컬어지는 인물로, 그의 비폭력 사상은 마틴 루서 킹 목사의 흑인 민권 운동을 비롯해 세계적으로 큰 영향을 미쳤다.

간디(1869~1948)는 런던에서 공부한 후 변호사 생활을 시작했다. 1893년 계약 노동자로 일하며 온갖 고초를 겪는 인도인들을 위해 1년간 계약직으로 남아프리카를 방문했으나, 그곳에서 20년간 인도인들을 위한 변호 활동을 펼치게 된다.

그는 1915년 귀국해 인도의 노동 현실 개선을 위해 강력한 활동을 펼쳐나간다. 간디는 억울하게 고통받던 비하르의 동부 참파란 지방 농민들의 요청에 응해, 고율의 소작료로 이득을 챙기던 영국인 지주들과의 싸움에서 승리한다. 비폭력 투쟁을 통한 승리였고, 그는 이를 '사탸그라하(진리를 추구하는 운동)'라고 규정했다. 그는 구자라트의 케다 지방 농민 문제에도 관여해 세금 불납 운동을 통해 저항 운동을 성공적으로 이끈다. 이 시기 그는 라젠드라 프라사드, 사르다르 발라브바이 파텔이라는 인재들을 만나게 된다. 프라사드는 인도 초대 대통령, 파텔은 부수상을 역임한 현대 인도 건국의 주역들이다.

간디는 금욕주의와 청빈한 삶으로 일관했고, 가난한 옷차림으로 물레질을 하며 일상을 보냈다. 이동할 때는 3등실에서 민중들과 대화를 나눴고, 하층민과도 거리낌이 없었다. 그는 비폭력에 의지한 사탸그라하를 주장했고, 이를 통해 전쟁과 폭력, 식민 지배와 억압 구조를 극복할 수 있다고 믿었다. 제1차 세계 대전 당시 자치와 독립을 염원하며 영국의 전쟁에 적극 협력한 인도인들은 또 한 번 크게 실망한다. 1919년 제정된 인도 통치법은 가혹하기 짝이 없었고, 영국은 인도의 자치를 인정하지 않았기 때문이다. 간디는 인도국민회의에서 절대적 영향력을 행사하면서 본격적인 독립운동에 나선다. 당시 인도 이슬람교의 지도자는 무함마드 알리 진나였는데, 그와의 협상을 통해 힌두교와 이슬람교의 연대를 도모하며 하나의 인도를 만들어가기 위해 진력했다. 하지만 협상은 실패했고, 강력한 힌두교 세력이 주도하는 반영 운동에 이슬람 세력은 적극적으로 참여하지 않았다.

1947년 인도가 독립하지만 결국 간디의 바람과는 다르게 힌두교 중심의 인도와 이슬람이 주도하는 파키스탄으로 분리된다.

프로이트
무의식과 심리학의 창시자

지그문트 프로이트(1856~1939)는 정신 분석학의 창시자이자, 20세기 현대사에 가장 큰 영향력을 행사한 지성인으로 평가받는다. 프로이트는 '이성과 의식에 기초한 자아'라는 관념을 박살 낸다. 인간의 의식은 무의식의 수면 위에 떠오른 부분에 불과하다. 우리는 의식하는 것보다 의식하지 못하는 것이 많으며, 의식 대부분은 무의식에 의지한다.

이성 역시 이드(id), 자아, 초자아 같은 좀 더 복합적인 산물의 결과이거나 부분이다. 프로이트는 이드란 "유전돼 출생 때부터 가지고 있고, 구조적으로 확정된 것 모두"라고 설명한다. 사람의 정신은 신체와 경험에 의지해 언제나 불완전한 상태에 머물러 있다. 프로이트가 보기에 '자아'란 이러한 '이드'와 외부로부터 밀려오는 '자극'의 상호 작용 가운데 형성된 '정신적 영역'이다. 종래의 서양 철학이 이성과 감각을 강조했다면 프로이트에게 감각은 신체의 부산물이며, 이성도 정신적 영역의 일부, 즉 자아의 일부에 불과하다고 봤다. 그런데 이것들도 신체라는 전체, 즉 이드, 자아, 초자아를 포함한 정신이라는 전체의 일부에 불과하다. 초자아는 '다른 사람으로부터 넘겨받은 과거의 영향'인데 다시 말해 부모, 가족, 인종, 민족 전통, 국가 교육, 공공의 모범, 사회의 도덕률 같은 것으로 이 또한 인간에게 강한 영향력을 행사한다.

사람의 정신은 신체와 경험에 의지해 언제나 불완전한 상태에 머물러 있다. 내부적으로 이드, 자아 같은 주체적 요소를 부정할 수 없지만, 태어날 때부터 부모의 영향을 비롯한 각양의 외적인 것들에 종속된다. '나는 나다. 나는 주체적이고 나는 그 자체로 완전하다.' 이런 식의 생각은 프로이트가 보기에 완벽하게 틀렸다. 사람들은 고정 관념에 붙들려 살고, 어린 시절 받은 상처에서 헤어나지 못하며, 그럼에도 불구하고 주체적으로 사고하고 행동해야 하는 복잡한 상황에 놓여 있는 것이다.

프로이트의 연구는 심리 치료라는 신기원을 열었다. 이전까지 인간은 종교적, 도덕적, 이성적 노력을 통해 자신을 완성해가는 존재였다. 하지만 프로이트의 관점에 따르면 인간은 무의식의 영향을 받으며, 어릴 적 부모로부터 받은 억압 기제에 짓눌려 있는 존재다. 따라서 인식하지 못하는 것들을 인식하고, 억압하는 요소로부터 자유로워지는 가운데 온전한 자아를 찾아가는 과정이 중요하다.

농민
대부분의 인류가 살아온 역사

항저우의 팔괘전

> 3년 된 꾸지뽕나무로는 지팡이를 만들고, 10년 된 큰 꾸지뽕나무 줄기로는 지팡이 네
> 개, 말채찍, 의자를 만든다. 15년 된 꾸지뽕나무로는 활과 신발을 만들고, 부러진 자투
> 리 가지로는 송곳 자루와 칼자루를 만든다. 20년 된 꾸지뽕나무는 소달구지를 만드는
> 자재가 된다. 처음 작은 지팡이일 때는 3문짜리에 불과했지만, 소달구지 자재가 되면
> 한 대에 1만 문이 되는 것이다.

중국에서 가장 오래된 농서 중 하나인 《제민요술》의 내용이다. 이 내용을 통해 농
민들에게 나무가 얼마나 중요한 재산인지를 알 수 있다.
　중국 송나라 때는 농업에서 큰 변화가 일어난다. 우선, 수리전 같은 저습지 개간
이 광범위하게 이뤄졌고, 농서 보급에도 적극적이었다. 남송의 수도 항저우에는
황제가 농업을 장려하기 위해 직접 농사를 지었던 팔괘전이 있다. 중앙에 태극 문
양이 있고 팔각형으로 만들어진 농토에 여덟 가지 작물을 길렀다. 같은 시기 베트
남에서 참파벼가 도입됐고, 퇴비를 활용하는 시비법도 발달했다. 양쯔강 이남 지
역에서는 벼의 이기작, 벼와 보리의 이모작, 2년 삼모작 같은 농법도 성행했다.

나폴레옹의 시대
프랑스 혁명을 제멋대로 계승한 독재자

나폴레옹(1769~1821)은 프랑스의 군사 영웅으로, 쿠데타를 통해 집권해 스스로 황제가 됐다. 군사적 업적을 통해 온갖 불법적인 과정을 합리화하는 동시에 혁명의 성과와 기존의 전통을 통합해 새로운 프랑스를 설계하고자 했다. 그는 거의 모든 전투에서 유럽의 모든 나라를 상대로 승리했다. 네덜란드부터 스페인까지 직접 지배했고, 신성 로마 제국을 해체해 중부 유럽에 새로운 역사상을 만들었다.

24세의 포병 대위이던 나폴레옹은 남부 프랑스 툴롱에서 영국군을 몰아내며 화려하게 데뷔했다. 이 성공을 계기로 소장으로 진급해 이탈리아 국경군의 포병 장군이 됐고, 얼마 후 프랑스에서 반혁명이 일어나자 이를 진압하고 국민 공회를 지켜내면서 다시 한번 유명세를 얻는다.

혁명의 수호자 나폴레옹은 1799년 쿠데타를 일으킨다. "공화국이 위험에서 자유로워지는 순간, 권력에서 물러나겠다"라고 선언하며, 임기 10년의 제1통령이 된 것이다. 혁명을 수호하겠다는 명분, 전쟁 영웅이라는 대중적 인기 그리고 군사력을 이용해 권력을 획득했다. 그리고 5년 후 그는 스스로 황제의 자리에 오른다. 일명 브뤼메르 쿠데타에 성공해 나폴레옹 1세가 된 것이다.

나폴레옹은 철저하게 중앙 집권화된 근대화를 주도했고, 봉건적 특권을 일소해 공정한 조세 제도를 창출했다. 나폴레옹 법전은 서구 법제사에 획을 그은 중요한 사건이다. 귀족과 성직자, 길드와 자치 도시의 특권 등 중세 시대의 온갖 복잡한 전통을 몰아냈으며, 근대적 계약 관계를 확립했기 때문이다.

근대적 교육 제도도 나폴레옹에 의해 중요한 전기를 맞았다. 그는 사회 과학과 물리학 같은 근대 학문을 신봉했고, 군사 학교, 기술 학교 등 고등 교육 기관을 건설해 특권이 아닌 능력에 의한 출세의 제반을 마련했다.

하지만 그의 통치는 군사적 성공과 밀접하게 관련됐고, 군사적 패배는 곧 통치의 종식을 의미했다. 대륙 봉쇄령을 통해 영국을 고립시키려는 나폴레옹의 전략은 완벽하게 실패했다. 오히려 영국과 교역 비중이 큰 러시아 등이 이탈하기 시작했고, 결국 러시아 원정에서 대패하면서 나폴레옹 체제는 몰락한다.

호찌민
프랑스 · 미국과 싸워 이긴 현대 베트남의 아버지

베트남의 독립운동가이자 사회주의자. 베트남의 민족주의 운동이 이른 시점에 실패하면서 호찌민(1890~1969)을 비롯한 사회주의자들이 독립운동을 주도하게 된다.

베트남에서도 처음에는 민족주의의 영향력이 강했다. 판보이쩌우는 근왕 운동, 동유 운동을 벌이면서 베트남 왕조를 지키고자 했고, 일본에 유학생을 파견해 인재를 기르고자 했다. 1927년 민족주의자 응우옌타이혹이 이끄는 베트남 국민당이 만들어졌고, 홍강 삼각주 지역을 기반으로 빠르게 성장한다. 하지만 하노이와 옌바이, 푸토, 흥호아, 럼타오, 삼각주에서의 연이은 봉기가 진압되면서, 응우옌타이혹을 비롯한 주요 지도자가 모두 처형을 당하며 몰락한다.

이 시점에 호찌민이 등장했다. 그는 일찍 어머니가 돌아가시고 빈곤한 어린 시절을 보냈고, 1911년경에는 프랑스 증기선 요리사로 일하면서 세계를 돌아다녔다. 1917년 러시아 혁명을 목도하고 프랑스 사회당에 입당했다. 그는 파리강화회의 당시 공개적으로 베트남의 독립을 요구했고, 여타의 프랑스 식민지의 지도자들과 합세해 국제식민지연맹을 조직했으며, 중국 광둥으로 이동해 베트남청년혁명동지회를 만들었다.

호찌민은 베트남의 독립과 동시에 토지 개혁을 비롯한 각종 사회 개혁을 주창했다. 1940년 일본의 베트남 침략으로 프랑스의 지배 체제가 흔들리자 호찌민은 베트남독립동맹(VietMinh, 베트민)을 만든다.

1945년 일본이 패망하자 호찌민이 이끄는 베트민은 '8월 혁명'을 일으킨다. 북부 하노이부터 남부 사이공까지 봉기의 물결이 전국을 뒤흔들었고, 그때까지 명목상 남아 있던 베트남의 전통 왕조 응우옌의 바오다이 황제는 자신의 황금 보도(寶刀)를 베트민 대표에 넘긴다. 9월에 비로소 베트남 민주 공화국이 선포된다.

하지만 상황은 녹록지 않았다. 중국과 소련이 내정에 간섭했고, 무엇보다 프랑스가 돌아와 식민지 재건을 시도했다. 프랑스와의 싸움이 끝나자 미국이 들어온다. 오랜 기간 베트남에서는 호찌민이 이끄는 북베트남과 서양 열강의 괴뢰 정권이었던 남베트남 간의 전쟁이 지속된다. 호찌민은 1969년에 사망했고, 1970년대 중반이 돼서야 북베트남은 통일에 성공한다.

3

서양사

고대 그리스 · 로마부터
중세에서 근대로 이어지는 유럽의 역사

르네상스

그리스 · 로마 문화의 수용을 통해 중세를 뛰어넘다

브루넬레스코의 돔

14세기 이탈리아에서 시작된 문화 예술 운동으로, 15세기 북유럽으로 전파됐다. 종교 개혁과 더불어 유럽의 근대화에 중요한 초석을 놓았다.

이탈리아 르네상스는 '인문주의', '창조적인 예술', '그리스 로마적인 것에 대한 예찬'이라는 특징을 지닌다. 중세 말 단테의 등장과 그가 쓴 《신곡》은 르네상스를 예비했다고 평가받는다.

페트라르카, 보카치오, 마키아벨리 등이 인문주의를 주도했다. 페트라르카는 그리스 로마 문헌에 열광하고, 고전 문학에 나타난 수사법을 배워야 한다고 주장했다. 그는 자신의 연인 라우라를 위해 수많은 소네트를 남겼는데, 이는 아름다운 서정시의 모본이 됐다. 《데카메론》으로 유명한 보카치오는 흑사병이 위협하는 사회의 허위와 모순으로 가득 찬 귀족 성직자의 삶을 직설적으로 풍자했다. 마키아벨리는 정치를 종교와 윤리에서 분리하자고 주장하며 군주는 모략과 술수에 능해야 한다고 역설했다. 그가 쓴 《군주론》은 오늘날까지 각양으로 해석되고 정치학, 경영학 등에서 널리 활용되고 있다. 레오나르도 다빈치, 미켈란젤로, 라파엘로 등 미술사에 획을 그은 천재적인 예술가들이 등장한 것도 이때다.

피렌체의 산타 마리아 델 피오레 대성당도 이때 만들어지는데, 건축가 필리포 브루넬레스코는 얼개 없는 돔을 세우겠다고 주장했다. 엄청난 반발과 우려에 직면했지만 '브루넬레스코의 돔'이라 불리는 팔각 돔을 완성한다. 그리스 로마식 건축 양식에서 힌트를 얻어 고전 건축 기법을 창의적으로 재현하는 개가를 올렸다.

로렌초 발라가 〈콘스탄티누스 기증장〉이 위작임을 폭로한 것도 이때다. 로마 황제 콘스탄티누스가 교황권을 인정했다는 권위 있는 문서가 위조되었다고 판명 나면서, 로마 가톨릭의 역사적 권위가 근본적으로 손상되기 시작했다.

미국 독립 혁명
세계 최초의 민주 공화국이 등장하다

미국 독립 혁명(1776)은 민주주의 역사상 가장 중요한 사건이다. 근대적 형태의 민주 공화국이 만들어진 계기였기 때문이다. 시작은 본국과 식민지의 갈등이었다. 영국은 7년 전쟁을 비롯해 대륙의 열강들과 오랜 싸움을 해 왔고, 이를 만회하기 위해 식민지 과세 정책을 강화했다. 식민지라고 불렸지만, 북아메리카 동부의 13개 주는 이주민이 개척한 독립적인 공간이었다. 결국 보스턴 차 사건을 계기로 본국과 식민지는 충돌한다. 13개 주의 대표들은 대륙 회의를 개최했고, 독립 선언서를 발표하면서 영국을 상대로 독립 전쟁에 들어간다. 프랑스, 스페인, 네덜란드 등이 미국을 지원했고, 요크타운 전투에서 승리를 거두며 미국은 독립 국가가 된다.

초기 미국 13개 주는 느슨한 연방 체제를 지향했다. 각기 다른 이유로 형성된 식민지였고, 미국이라는 일체감보다는 '버지니아인', '뉴욕인' 등의 지역성이 더 강했다. 따라서 국가 발전 방향을 두고 갈등이 대단했다. 해밀턴 같은 이들은 대통령과 중앙 정부의 권한을 강화하는 강력한 연방주의를 주장했고, 제퍼슨 등은 반연방파로 각 주의 독립성을 강조했다. 갈등은 심각했지만, 적절한 정치적 타협을 통해 합의에 이른다. 중앙 정부의 권한을 강화하되 각 주의 독립성을 존중하는 절묘한 이익 조정에 성공한 것이다.

미국은 체계적인 민주주의 시스템을 만들었다. 2,000~3,000명 단위의 기초 조직을 '타운'이라 불렸는데, 타운에는 평의회가 존재했고 이곳에서 타운의 주요 안건을 심사하고 결정했다. 여러 타운의 상위에는 카운티가 있는데, 카운티에서부터는 사법 심사가 이뤄졌다. 타운을 중심으로 시민들이 평등한 위치에서 동등하게 자신들의 사회를 이끌어가는 직접 민주주의가 실시된 것이다. 각 평의회에는 행정관이라 불리는 대표들이 있었는데, 의회의 결의 사항을 준수했고 의회를 해산할 권리를 가지지 못했다. 연방 공화국 전체의 수장은 대통령이었지만 의회의 권한이 막강했고, 동시에 상하원을 둬 상원과 하원이 서로 견제하는 구조로 권력의 독점을 방지하고자 했다.

근대 최초의 민주 공화국 미국은 이후 여러 난제를 극복하며 발전을 거듭한다. 남북 전쟁이 일어나는 등 격심한 충돌도 겪었지만 링컨이 이를 해결했고, 서부를 개척하면서 대서양과 태평양을 동시에 보유한 국가가 되었다.

청교도 혁명
영국, 찰스 1세를 처형하며 민주주의의 길을 열다

영국 내란기(1638~1651)에 일어난 최초의 시민 혁명. 청교도 혁명 때부터 명예 혁명 때까지 영국의 절대 군주와 의회, 청교도 세력 간에 치열한 정치 공방이 벌어진다.

헨리 8세, 엘리자베스 1세를 거치면서 영국의 왕권이 강화됐고, 제임스 1세, 찰스 1세는 이를 이어가고자 했다. 한편에서는 종교 개혁의 여파로 국교회, 청교도, 가톨릭의 갈등이 심했다.

국왕과 의회의 갈등은 제임스 1세와 에드워드 쿡의 보통법 논쟁에서 의미심장한 발전을 이룬다. 에드워드 쿡은 "왕은 판결을 보류할 권한이 없고, 의회의 특권은 고대에 기원을 뒀으며, 법 아래 왕이 있고 법정은 왕권에서 분리돼 있다"라고 주장한다. 법과 법정, 판결은 국왕이 간섭할 수 없는 독자성을 지녔다는 의미다. 법 앞에서의 평등, 사법부의 독립 같은 개념이 구체화된 것이다.

찰스 1세 때는 의회가 권리 청원을 관철하는데 "의회가 조세의 권리를 독점하고 자유인은 이유 없이 구속될 수 없다" 등의 내용을 담고 있다. 입법부가 예산을 심의, 확정하고, 행정부는 이를 집행한다는 삼권 분립의 기초가 다져진 순간이다. 또 개인의 정신적, 신체적 자유에 대한 보장이 명문화됐다. 기본권이 발전하는 데 중요한 단초가 된 것이다.

결국 찰스 1세 때 왕당파와 의회파 간에 내전이 벌어졌고 청교도 중심의 의회가 전쟁에서 승리를 거둔 후 찰스 1세를 처형하고 공화정을 수립한다. 이때부터 청교도들 간에 논쟁이 시작된다. 종교 관용의 문제를 둔 갈등으로, 장로파는 가톨릭에 대한 비관용, 독립파나 수평파는 관용을 주장했다.

당시 청교도 지도자 중 한 명이던 존 릴번은 '자유인으로 태어난 존'이라는 별명을 가지고 있었다. 그의 주장이 매우 독특하고 급진적이었기 때문이다. 이런 내용이다. 현재의 의회를 해산하고 인구에 상응하는 형태로 선거구를 조정한다. 따라서 군주정과 상원은 없어져야 한다. 입법부도 변경할 수 없는 기본법을 만들고 종교적 자유를 확립한다. 법 앞에서 평등해야 하며 2년마다 의회를 선출해야 하는데, 모든 권력은 의회가 장악하고 동시에 모든 인민에게 투표권을 줘야 한다. 존 릴번의 구상은 현대 민주주의의 핵심 원리를 모두 담고 있다.

산업 혁명
기계와 에너지의 발명, 세상을 완전히 뒤바꾸다

18세기 영국에서 일어난 산업 혁명은 인류의 생활 방식을 바꿨다. 획기적인 기술과 기계의 등장, 이를 통한 대량 생산, 대량 생산을 통한 광범위한 시장 형성, 시장 형성을 통한 자본주의의 발전 등 연쇄적이고 급진적인 변화가 이어졌다.

산업 혁명에서 가장 중요한 기술적 변화는 방적기, 증기 기관, 철도의 등장이다. 방적기는 실을 뽑는 기계다. 1733년 존 케이가 '나는 북(flying shuttle)'을 발명해 직조 실을 잣는 작업을 개선했다. 1767년 제임스 하그리브스는 한 번에 16가닥의 실을 생산하는 제니 방적기를 발명한다. 얼마 후 리처드 아크라이트가 수력 방적기를 발명했고, 새뮤얼 크럼프턴이 뮬 방적기를 만들었다. 제니 방적기는 전통 물레질의 6~24배, 뮬 방적기는 200~300배를 생산할 수 있었다.

증기 기관의 등장은 인간이나 길들인 동물의 힘을 뛰어넘는 에너지의 등장을 의미한다. 좀 더 질 좋은 철의 생산을 위해 석탄이 사용되기 시작했고, 이때부터 석탄 사용량이 급속도로 늘어난다. 따라서 탄광 개발이 활발해지는데, 더 깊은 곳에서 효율적으로 석탄을 채굴하기 위한 방안이 고민됐다. 이런 수요에 발맞춰 1769년 제임스 와트는 효율적인 증기 기관, 즉 수증기를 열에너지로 바꾸는 혁신적인 열 기관 발명에 성공한다.

한편 혁신적인 수송 체계에 대한 고민도 깊어졌다. 광산에서 캔 석탄을 옮기는 문제, 공장에서 만들어진 면직물을 해외에 파는 문제, 새로운 시장과 식민지를 효과적으로 관리하기 위한 방편 등 교통 혁명의 필요성이 나날이 커졌다. 조지 스티븐슨은 증기 기관차를 발명해, 시속 24㎞로 영국의 스톡턴에서 달링턴까지의 철도 육상 운송에 성공한다. 증기 기관을 활용해 기차를 만들고 철도를 통해 혁신적인 교통 변화가 일어나 기계, 에너지, 교통으로 이어지는 엄청난 기술 혁신이 동시다발적으로 벌어진 것이다.

이러한 혁신적 변화로 영국은 성공적인 산업 국가가 된다. 1760년에 25만 파운드이던 면직물 수출액은 40년이 지나서는 500만 파운드를 초과했고, 19세기 초반 50만 톤이던 철 수출은 반세기만에 100만 톤을 넘는다.

아테네
직접 민주주의와 제국주의의 요람

그리스 도시 국가 아테네는 직접 민주주의라는 극히 예외적인 정치 실험을 한 곳으로, 귀족정에서 출발했다.

기원전 7세기에 들어서면서 아테네 사회는 온갖 사회 혼란에 직면한다. 인구의 상당수가 채무 노예가 될 정도로 경제적으로 불안했고, 중장 보병의 등장에 따라 평민들의 정치적 요구도 거셌다. 더구나 귀족 킬론이 반란에 실패한 후 정치적인 갈등이 극에 이른다. 이런 위기를 해소하기 위해 기원전 594년 솔론이 단독으로 아르콘에 임명된다. 그는 돈을 갚지 못하면 노예가 되는 관행을 금지했으며, 외국에 팔려 간 채무 노예의 귀환을 위해 자금도 마련한다. 참정권을 확대했고, 아레오파고스의 결정에 항소할 수 있으며, 시민이 배심원으로 참여하도록 사법 제도를 개혁했다. 경제적으로 성공한 이들에게 권력과 투표권을 나눠 주려 했기 때문에 이를 금권정(金權政, 부유한 자가 지배하는 정치 체제)이라고 한다. 하지만 솔론의 개혁은 상당 부분 성과가 있었음에도 실패한다. 귀족 계급은 위협을 느꼈고, 평민 계급은 부족하다고 생각했기 때문이다.

솔론의 개혁이 실패한 후, 아테네에는 페이시스트라토스의 참주정이 들어선다. 그는 귀족 세력을 억압하는 가운데 대규모 공공사업을 통해 평민에게 일자리와 채무 탕감의 기회를 제공했다. 또 솔론이 추진하던 개혁의 상당수를 실현하며 큰 인기를 누렸다. 하지만 그가 죽은 후 참주정은 파탄에 이르렀고, 사회는 다시 혼란에 빠진다. 이때 등장한 인물이 클레이스테네스다. 귀족이던 그는 아테네를 진정한 민주주의 정치 체제로 만들었다. 아테네 민회의 권한을 강화하고, 선거구를 10개로 재조정하여 귀족들의 지역적 기반을 무너뜨렸다. 또 오스트라키스모스(도편추방제)를 도입해 해마다 아테네 민주주의를 위협하는 야심가들을 추방했다.

페리클레스 치세가 되면서 아테네 민주주의는 절정에 달한다. 이전까지 민회는 여러 사안에 대해 찬반 투표 정도의 역할만 했다. 페리클레스는 민회에 법안을 발의·수정할 수 있는 권한을 부여했다. 그는 무엇보다 가난한 민중 계급인 테테스에게 정치 권력을 개방했다. 민회에 출석하면 일당을 줬고, 공직을 담당하면 급여도 줬다. 이를 통해 가난한 민중도 정치 일선에서 활동할 기회를 얻었다. 물론 여성, 노예, 외국인에게는 이런 권한이 주어지지 않았다.

홀로코스트
인류의 끔찍한 범죄, 유대인 대학살

우리는 게토를 두루 돌아다니면서 모든 것을 상세히 지켜봤다. 이건 도저히 형언할 수 없다. 그들은 더 이상 인간이 아니었다. 동물이었다. 따라서 우리가 수행해야 할 일은 인간적인 업무가 아니라 수술이다. 이곳은 근본적인 방식으로 도려내야 한다. 그러지 않으면 언젠가 유럽은 유대인의 질병에 걸릴 위험성이 있다.

1939년 11월 2일 괴벨스의 일기장에 나오는 내용이다. 제2차 세계 대전 중 발생한 홀로코스트(유대인 대학살)에는 다양한 역사적 배경이 있다. 중세 크리스트교인들의 유대인 학살, 우생학에 기초한 인종주의적 태도, 유럽 중하층민이 가진 유대인 혐오 정서, 제1차 세계 대전 이후 급격하게 성장한 파시즘 운동 등이다.

19세기 후반 우생학이 유행하면서 인종적으로 유대인을 유럽인과는 다른 존재로 규정하는 작업이 한창이었다면, 20세기 초반에는 유대인 음모론이 크게 유행했다. 유대인이 막강한 금융 자본을 바탕으로 세계를 정복하고 유럽인을 구렁텅이에 빠뜨린다는 식의 주장이 유럽과 미국에서 크게 유행한 것이다. 러시아 비밀경찰이 만든 가짜 뉴스 문서인 〈시온 장로들의 프로토콜〉, 자동차 왕 헨리 포드가 발행한 〈디어본 인디펜던트〉가 대표적이다.

히틀러는 오스트리아에서 열광적이던 파시즘 사상과 반유대주의에 도취됐다. 히틀러가 이끄는 나치는 권력을 장악한 후, 1935년 뉘른베르크 인종법을 통해 '누구를 유대인이라고 하는가'에 대한 법령을 마련한다. 독일인의 혈통과 명예를 보호하기 위해 유대인의 시민권을 박탈하고자 했으며, 독일인과 유대인 사이의 결혼과 혼외정사를 금지했고, 유대인이 운영하는 작업장에서 45세 이하의 독일 여성을 고용하는 것을 금지했다. 나치는 온갖 방법으로 유대인을 처리하려 했는데, 초기에는 집단 이주 정책을 계획했다. 여러 다른 나라에 독일의 유대인을 수출하고 차관 15억 마르크를 지불한 후 독일제 상품 수출로 갚는다는 방식, 아프리카 마다가스카르로 집단 이주시킨다는 방식 등이 제안됐다. 전쟁이 길어지면서 급속한 인력 부족 사태에도 불구하고 가스실을 비롯한 각양의 방식으로 유대인 학살을 자행했다. 사실 유대인 학살은 히틀러와 나치에 의해 촉발되기는 했지만 점령지의 파시스트, 극우파들에 의해서도 적극적으로 자행됐다.

파시즘

보수주의를 넘어 감정과 폭력에 물든 극단주의

제1차 세계 대전 이후 이탈리아의 파시스트 무솔리니를 비롯한 극우파에 의해 주창된 국가 사회주의 운동. 히틀러는 여기에 인종주의를 더해 나치즘을 주창했다. 한편 일본에서는 천황주의에 기반한 극우파 운동이 민간뿐 아니라 군인들에게 큰 영향을 주면서, 군국주의적 파시즘이 등장한다. 결국 이들은 제2차 세계 대전을 일으켰고 연합국에 의해 패망한다.

통상 파시즘을 극우파가 주도하는 권위주의적이며 전체주의적인 사상으로 분류하지만, 초기 주도자들은 대부분 좌파 이론가들이었다. 사회주의자들이 계급 혁명을 통한 사회 전복을 꿈꿨다면, 이들은 국가가 주도해 사회 개혁을 실천하는 모델을 추구했다. 민족과 국가를 강조한다는 측면에서 집단주의적이고, 지도자의 강력한 리더십을 추종한다는 점에서 권위주의적이다.

이들은 자유주의, 자본주의 같은 보수적 입장을 혐오하는 동시에 노동 운동, 공산주의 같은 사회주의 사상도 경멸했다. 보수주의는 결국 가진 자들의 정치 체제이기 때문에 국민을 행복하게 할 수 없으며 사회를 개혁할 수 없다고 봤다. 사실 이들에게는 이론보다 감정이 중요했다. 제1차 세계 대전 이후의 사회 혼란에 대한 분노, 영국과 프랑스의 고압적인 태도에 대한 분노, 자본주의의 발전으로 빚어진 불평등, 향락주의에 대한 분노 같은 감정에 의존해 활동했다.

파시즘은 제1차 세계 대전 이후의 혼란과 경제 대공황을 경험하며 급속도로 성장했다. 이탈리아나 독일뿐 아니라 스페인, 벨기에, 헝가리, 노르웨이와 심지어 영국과 프랑스에서도 활개를 칠 정도로 범유럽적 현상이었다.

1922년 이탈리아의 무솔리니는 '로마 진군'을 감행한다. 대중을 동원해 공개적으로 쿠데타를 시도한 것으로, 국왕이 이를 수용하고 무솔리니에게 권력을 내주면서 최초로 파시즘 정권이 들어선다. 1933년 히틀러 역시 총선에서 승리하며 총리가 된다. 무솔리니가 쿠데타라는 비합법적인 수단을 썼다면, 히틀러는 합법적으로 권력을 장악했다. 경제 위기에 내몰린 중산층을 비롯한 국민 다수가 나치당을 제1당으로 만들어줬고, 보수파가 손을 내밀면서 권력을 장악한 것이다. 1936년에는 스페인 내전이 발발하는데, 쿠데타를 일으킨 프랑코 장군도 열렬한 파시스트였다.

로마
지중해를 호수로 만든 제국, 서양 문명의 원형이 되다

이탈리아의 도시 국가로 시작한 로마는 지중해 전역을 지배하는 대제국으로 성장하면서 유럽 문명에 가장 중요한 영향을 미쳤다. 기원전 5세기경 평민 세력이 성장하면서 귀족정에서 공화정으로 발전한 로마는 곧장 이탈리아반도 전역의 지배자가 된다.

기원전 3세기 이후부터 로마는 지중해 세계에 진출하는데, 바다 건너 카르타고와 치열한 경쟁을 벌인다. 100년이 넘게 이어진 포에니 전쟁에서 승리한 로마는 시칠리아섬, 이베리아반도는 물론 북아프리카까지 손에 넣는다. 하지만 로마의 비약적인 성장은 기존의 공화정 체제에 심각한 위협이 된다. 새로운 영토에는 라티푼디움이라고 불린 대농장이 노예 노동력으로 운영됐는데, 이는 평민 자영농에게 치명적인 경제 위기를 불러일으켰다. 제국이 팽창할수록 평민들의 경제적 처지가 악화되었는데, 그라쿠스 형제를 중심으로 여러 개혁안이 제시됐지만 귀족과 평민의 갈등만 격화될 뿐 사정은 나아지지 않았다. 결국 평민들은 제국의 장군에게 충성하는 직업 군인으로 변모했고, 장군들은 영토를 넓히며 정치적 영향력을 확대해

갔다. 카이사르는 갈리아(오늘날 프랑스 일대)를 점령하고, 폼페이우스는 그리스 일대를 점령하면서 지도자의 위상을 확고히 했다. 결국 이들 주도로 삼두 정치가 실시됐고, 카이사르가 암살당한 후 옥타비아누스, 안토니우스 등이 주도하는 제2차 삼두 정치가 행해졌다. 결국 옥타비아누스가 여러 경쟁자와의 싸움에서 승리한 후, 사실상 로마는 황제가 통치하는 제국이 된다.

옥타비아누스 이후 5현제의 시대를 맞아 로마 제국은 약 200년간 크게 성장한다. 이집트와 메소포타미아 일부 지역까지 지중해 전역을 장악하며 세계 제국이 된 것이다.

하지만 5현제 이후 제국은 성장을 멈춘다. 새로운 영토와 노예를 확보하지 못했고, 제국 운영에 여러 한계가 드러난 것이다. 이를 만회하고자 디오클레티아누스는 제국을 4개로 나눠서 효율성을 도모했고, 콘스탄티누스는 수도를 오늘날 이스탄불인 콘스탄티노플로 옮기며 중흥을 이뤘다. 이 시기 크리스트교는 콘스탄티누스에 의해 공인되고, 테오도시우스 황제 때 국교가 되면서 로마 제국의 종교로 급성장했다.

로마 제국은 결국 테오도시우스 황제 사후 로마를 중심으로 한 서로마 제국과 콘스탄티노플을 중심으로 한 동로마 제국으로 나뉜다. 서로마 제국은 476년에 멸망하지만, 동로마 제국은 이후 비잔틴 제국이라는 이름으로 1,000년을 더 유지한다. 동로마 제국의 황제 유스티니아누스는 서로마 제국 일대를 점령해 다시 한번 지중해를 로마의 호수로 만들었지만 그리 오래가지 못했다.

시몬 볼리바르와 산마르틴
라틴 아메리카 독립 영웅

라틴아메리카의 광활한 영역은 코르테스가 아즈텍 제국을, 피사로가 잉카 제국을 멸망시킨 이래 스페인의 소유였다. 여기에 카리브해의 여러 섬과 필리핀을 아울러 '누에바 에스파냐(새로운 스페인)'라고 불렀다. 하지만 19세기 나폴레옹의 등장은 스페인의 라틴아메리카 지배에 치명타를 가했다. 프랑스 군대가 스페인을 점령했기 때문이다. 라틴아메리카의 지배층은 '크리오요'라고 불린 스페인 계열의 백인들이었고, 이 중 상당수는 스페인의 지배에 불만을 품고 있었다. 라틴아메리카의 독립 영웅으로 추앙받는 시몬 볼리바르(1783~1830) 역시 크리오요 가문 출신이다. 그는 계몽주의자이자 혁명가였다. 라틴아메리카의 해방을 열망했으며, 단일한 라틴아메리카 국가가 등장하기를 기대했다. 하지만 상황은 뜻대로 흘러가지 않았다. 1811년 베네수엘라가 독립을 선포했고, 볼리바르는 일진일퇴를 벌인 끝에 스페인 군대와의 싸움에서 승기를 잡았다. 하지만 1814년 나폴레옹이 몰락하자 스페인은 왕권을 회복했고, 상당수의 크리오요가 스페인 국왕에게 충성을 선언하면서 베네수엘라의 독립은 물거품이 된다.

1816년 시몬 볼리바르는 재기에 성공해 베네수엘라에 정착한다. 1819년 베네수엘라를 독립시킬 무렵, 남아메리카에서는 호세 데 산마르틴이 탁월한 군사적 능력을 발휘하며 해방의 물결에 힘을 더했다. 그는 5,000의 군대를 이끌고 안데스산맥을 넘어 칠레를 해방했고, 1820년에는 페루로 진격해 독립을 선언했다. 시몬 볼리바르도 군대를 이끌고 페루의 해방을 도왔다. 시몬 볼리바르와 산마르틴은 에콰도르에서 만났는데, 성향과 의견 차이가 컸던 듯하다. 산마르틴은 시몬 볼리바르의 영향력을 존중했으며, 1930년에 공직에서 물러난 후 프랑스에서 은둔 생활을 하며 권력에 초연했다.

1825년 시몬 볼리바르는 알토페루 지역으로 진출했는데, 이곳의 지도자들은 그의 이름을 따서 볼리비아 공화국을 세우고 그를 종신 대령으로 추대했다. 하지만 그는 이를 거부했다. 베네수엘라, 콜롬비아, 에콰도르, 페루, 볼리비아를 해방했으나 그가 꿈꾸던 통일된 아메리카의 이상은 달성하지 못했다. 1830년 12월 17일 라틴아메리카의 해방자 시몬 볼리바르는 마흔일곱의 나이에 죽었는데, 이 시기에 스페인은 카스피해의 쿠바와 푸에르토리코를 제외한 모든 식민지를 잃고 만다.

십자군 원정
이슬람과 싸워 이겨, 성지를 탈환하라!

이슬람 세력의 등장은 비잔틴 제국의 위기를 초래했고, 비잔틴 제국은 서방의 크리스트교 국가에 도움을 요청했다. 교황 우르바누스 2세가 이에 부응했는데 이유는 여러 가지였다. 이교도에 대한 두려움과 극복 의지, 로마 가톨릭과 동방 정교회로 분열된 교회를 통합하고자 하는 열망, 십자군 원정을 통해 크리스트교 세계에서 교황의 지위 강화, 경쟁자이던 황제 하인리히 4세의 영향력 제어 및 서유럽 내의 군사적 욕구 배출 등 십자군은 당시 상황에서 여러모로 쓸모 있었다.

서유럽 역시 준비돼 있었다. 중세 사회는 안전과 번영의 단계로 진입하고 있었고, 대외 원정이 가능한 군사적 욕구가 충분했다. 왕이나 제후는 새로운 영지를 확보하고 싶어 했고, 기사들은 낭만적인 모험 의지 혹은 전설로만 내려오던 또 다른 크리스트교 국가에 대한 환상이 컸다. 중세인의 뜨거운 종교 의지와 신에 대한 열망이야말로 가장 중요한 동기였다. 원정에는 최소 2년 이상의 기간과 체류 비용이 필요했다. 원정에 참여하기 위해 막대한 빚을 진 이들도 많았고, 사실 원정 참가자의 대부분은 신성한 사명, 즉 이슬람교도를 비잔틴 제국과 예루살렘 같은 성지에서 몰아내는 일을 완수한 후 고향으로 돌아오기를 원했다. 신과 가까워지는 가장 성스러운 행위가 순례였는데, 십자군 원정도 그러한 종교적 고행과 크게 부합했다.

1096년 제1차 십자군 원정이 시작된 이래 1204년 제4차 십자군 원정이 마무리되기까지 100년이 넘게 걸렸고, 크고 작은 원정이 있었다. 제1차 십자군 원정 때는 시리아 해안의 안티오크 일대, 예루살렘 등을 점령하면서 목적을 달성했다. 하지만 제노바, 피사, 베네치아 등 이탈리아의 도시 국가는 상업적 이익에 관심이 많았고, 제4차 십자군 원정 당시에는 비잔틴 제국 왕위 계승 문제에 개입하는 등 원정은 대부분 경제적 목적으로 귀착됐다. 소년 십자군의 경우 사실상 고아를 광야에 방출하는 행위였고, 농민 십자군은 '메뚜기 떼' 같은 약탈자였다. 점령지에서 이슬람은 물론 현지 크리스트교인들까지 학살했고, 약탈극이 벌어지기 일쑤였다. 더구나 정복지는 쉽사리 이슬람의 반격에 의해 빼앗기고 말았다. 십자군 원정은 강력해진 교황권을 바탕으로 이뤄진 원정이었으나, 이로 인해 오히려 교황권이 실추됐다.

절대주의
짐이 곧 국가이니라!

17세기 절대주의 왕정의 성립은 근대 국민 국가 형성에 중요한 기틀이 됐다. 중세 사회에서는 교황이 전 유럽에서 영향력을 행사했고, 서로마 제국이나 신성 로마 제국의 황제, 국왕, 제후, 영주, 기사 등 각양의 권력자들이 이합집산을 거듭했다. 또 이탈리아를 비롯한 여러 지역에서 도시가 번성했고, 이곳에서는 상인들이 결성한 길드의 영향력이 결정적이었다. 즉, 중세 사회에서는 명확한 영토 구분 혹은 단일한 민족 구분이 불가능했다.

하지만 프랑스와 영국의 성장, 신대륙을 기반으로 한 스페인의 위세, 종교 전쟁을 통해 독립한 네덜란드의 활약 등 근본적인 사회 변동이 시작됐다.

네덜란드를 제외하고 새롭게 부상한 국가들은 절대 왕정 체제를 지향했다. 국왕 중심의 고도로 중앙 집권화된 시스템을 구축하려 한 것으로, 상비군과 관료제가 그 기반이었다. 국왕에게 절대적으로 충성하는 별도의 군대와 관료 집단이 만들어진 것이다. 또 중상주의 정책을 추진해 해외 무역, 식민지 경영, 수출 장려, 국내 산업 보호 등 국가 경제의 발전을 도모했다. 국가 간 식민지·해외 무역 경쟁이 시작된 것이다.

절대 왕정의 대표 주자는 프랑스의 루이 14세였다. 재상 콜베르가 중상주의 정책을 실시하면서 국부가 증대됐고, "짐은 곧 국가다"라고 주장하며 베르사유 궁전을 짓는 등 국왕의 존엄과 위세를 강화했다. 하지만 루이 14세는 유럽의 온갖 정치 문제에 개입하면서 국력을 낭비했다. 1667년부터는 네덜란드와 전쟁을 벌였고, 1689년부터 1697년까지는 아우크스부르크 동맹 전쟁을 벌였다. 초창기의 고무적인 성과는 9년간의 전쟁으로 소실되고 말았다. 그럼에도 루이 14세는 스페인 왕위 계승 전쟁에 참여해 비슷한 투쟁을 벌인다. 프랑스와 스페인, 바이에른 등이 연합했고, 영국, 네덜란드, 오스트리아, 프로이센 등이 반대 세력을 형성하면서 10여 년을 싸운 후, 1713년 위트레흐트 조약으로 끝을 맺는데, 결과는 이전과 비슷했다. 프랑스는 얻은 게 없었고, 스페인은 몰락의 길을 걷는다. 영국은 해외 식민지 경략에서 주도적인 지위를 차지했으며, 네덜란드도 쇠락의 길에 들어선다.

스파르타
아테네와 대립한 그리스의 도시국가

아테네와 더불어 가장 유명한 그리스의 도시 국가. 아테네와 스파르타는 폴리스의 상징처럼 언급되지만, 각자 독자적인 발전을 거듭했기 때문에 일반적인 폴리스와는 확연히 달랐다.

스파르타의 발전은 아테네와 대조된다. 기원전 650년 농사를 전담하는 노예 계급 헤일로타이의 반란으로 지배층은 큰 위기에 처한다. 이후 스파르타는 모든 재원을 중장 보병에 투자했으며, 모든 시민이 직업적인 전사가 됐다. 건강하지 못한 신생아는 버렸고, 7세가 된 어린이는 12세까지 기초 군사 훈련과 신체 단련에 매진했고, 18세까지는 병영에서 함께 생활하며 고도의 군사 훈련을 받았다. 소년뿐 아니라 소녀들 역시 12세까지 같은 교육을 받았고, 이후에는 군사 훈련을 받는 대신 글을 쓰고 읽는 법을 배웠다.

엄격한 전투 집단의 구성원으로 성장한 후, 18세가 되면 우수한 능력을 가진 이들은 피디티온이라는 집단의 구성원이 된다. 피디티온은 함께 식사하고 함께 전투를 벌이는 형제단으로, 여기서 30세까지 생활해야 했다. 20대 초반이 되면 결혼했지만, 30세가 지난 다음에야 가족과 함께 살 수 있었다. 상업에 종사하는 것은 금지됐고, 의회가 있었지만 주요 사항에 대한 가부 투표 정도를 할 뿐이었다. 농업은 헤일로타이가 주로 담당했다면, 상업은 페리오이코이라는 하층 자유민들이 담당했다. 페리오이코이는 어떠한 정치적 권력도 갖지 못했다. 이런 식의 사회 발전에 출생률이 저하했고, 스파르타의 인구는 갈수록 줄었다.

스파르타는 아테네와 함께 페르시아의 침공에 맞서 싸웠고, 이후 아테네가 주변 폴리스들을 억압하자 펠로폰네소스 동맹을 주도하며 아테네와 대립했다. 기원전 431년 아테네와 스파르타는 전쟁을 한다. 육군에서는 스파르타가, 해군에서는 아테네가 상대를 압도했기 때문에 전쟁은 무려 27년을 끌었다. 오랜 전쟁 끝에 스파르타가 승리를 거둔다. 하지만 전쟁의 결과는 참혹했다. 승리를 거둔 스파르타는 경제력을 회복하지 못했고, 에게해 일대를 장악하지 못했다. 또 아테네, 아르고스, 테베, 코린토스 같은 반스파르타 세력이 다시금 스파르타에 저항하기 시작했다. 전쟁 이후 그리스의 모든 폴리스가 몰락의 과정을 겪었고, 이후 북쪽 발칸반도의 마케도니아인의 침공에 속수무책으로 당한다. 고전 그리스 시대가 끝장난 것이다.

공화정
로마에서 발전한 또 다른 민주주의

공화정의 기본 원리는 권력을 나누는 데 있다. 민주주의가 고전 그리스에 기원을 둔다면, 공화정은 로마에 기초를 둔다. 공화정은 원로원 집정관, 호민관 등이 권력을 적절히 나눠 왕이나 독재자의 통치를 통제한다는 개념인데, 근대 초기 로크나 몽테스키외의 권력 분립론 등을 거쳐 오늘날 삼권 분립 체제로 정립됐다.

근대 국민 국가가 혁명이라는 과정을 거쳤듯, 고대 로마의 공화정 역시 하루아침에 만들어지지 않았다. 그리스에서 방패와 창으로 무장한 중장 보병 부대(팔랑크스) 개념이 등장하면서 전투에서 귀족과 평민의 차이가 없어졌듯, 로마에서도 중장 보병의 발전은 평민들의 정치적 자각으로 이어졌다. 투쟁은 200년이 넘게 진행됐다. 로마에서는 평민을 '플레브스'라고 불렀는데, 이들은 농민, 상인 혹은 빈민들이었다. 이들은 군 복무 의무를 지지만 공직에서 배제됐고, 재판이 벌어지면 빈번히 귀족의 희생양이 됐다. 심지어 채무를 갚지 못하면 노예로 팔리기도 했다.

결국 기원전 5세기, 이들의 반란이 일어났고 호민관 제도가 만들어진다. 호민관은 귀족들의 불법적인 횡포에 거부권을 행사하면서 평민을 보호했다. 자연스럽게 12표법을 비롯한 성문법이 발전하기 시작한다. 법을 기초로 권력이 행사되고 호민관에 의해 평민들이 보호받게 되자 귀족이 장악하고 있던 집정관과 원로원의 위치가 흔들리기 시작했다. 기원전 367년에는 비로소 평민 출신의 집정관이 등장했고, 기원전 287년에는 평민회가 독자적으로 법률을 제정하며 원로원과는 별도의 권력을 행사하기에 이른다.

문제는 공화정이 발전함에도 귀족과 평민의 사회 경제적 처지가 동등해지지 않았다는 점이다. 귀족은 문벌과 배경을 이용해 여전히 정치·경제적 영향력을 유지했고, 자신들의 신분을 더욱 단단하게 하기 위한 여러 사회적 장치를 만들었다.

한편 로마 공화정은 시민권이라는 개념을 발전시켰다. 로마를 비롯한 이탈리아반도와 주변 지역에는 비슷한 유형의 정치 집단이 많았다. 로마인들은 이들과 동맹을 맺거나 정복할 경우 일정한 과정을 거쳐 로마인과 동등한 권리를 허락하고 계약 결혼, 이주에 관한 권리를 부여했다. 로마가 지중해의 대제국으로 성장할 수 있었던 원동력이었다.

그라쿠스 형제의 개혁
평민을 위하여 귀족과 맞서 싸우다

카르타고의 멸망과 그리스 점령으로 로마의 모든 상황이 바뀐다. 광대한 영토에는 소수 귀족이 경영하는 대농장 라티푼디움이 만들어졌고, 이는 노예 노동이라는 새로운 경제 환경을 촉발한다. 노예가 생산을 담당했기 때문에 값싼 농산물이 생산됐고, 대부분 평민이었던 자영농은 몰락의 길을 걷는다. 그리스 일대를 점령한 것도 엄청난 사회 변화를 촉발했다. 그리스를 비롯한 동방은 오랫동안 정교한 상업 경제를 발전시켜온 터였다.

결과적으로 로마의 귀족들은 큰 혜택을 입었다. 수천 명의 노예가 귀족을 받들었는데 심지어 마사지 전담 노예, 샌들 전담 노예까지 뒀다. 평민들은 일자리를 잃었다.

그라쿠스 형제의 개혁은 이러한 사회 혼란에 대한 문제의식에서 촉발됐다. 기원전 133년 호민관 티베리우스 그라쿠스는 토지 보유의 상한선을 시민 한 명당 300에이커, 자녀 한 명당 150에이커씩 추가하는 형태로 설정하고, 나머지 토지를 빈민에게 나눠 주는 법안을 발의하고자 했다. 귀족들은 격렬히 반발했고, 결국 몽둥이로 무장한 선동대를 만들고 사람들을 부추겨서 티베리우스 그라쿠스와 지지자들을 무참히 때려죽였다.

하지만 10년이 못 돼 그의 동생 가이우스 그라쿠스가 더욱 집요한 개혁을 시도한다. 그는 호민관으로 재선되면서 더 다양하고 효율적인 법안을 제정했다. 테베레 강가에 공영 곡물 창고를 만들어 곡물가를 안정시켰고, 지방 총독들의 권한을 강화해 귀족들의 탈법 행위를 단속했다. 또 평민들에게 더 강력한 법적 권리를 보장했으며, 무엇보다 로마의 시민권을 제국 안에 있는 다양한 정치 세력에게 확대했다. 귀족들은 가이우스 그라쿠스를 공화정의 위협자로 규정했고, 호민관을 견제하기 위해 집정관의 권력을 극대화하는 법안을 통과시켰으며, 결국 가이우스 그라쿠스와 3,000명이 넘는 광범위한 추종자들을 살해하는 만행을 벌였다.

이후 로마의 공화정은 혼돈을 거듭한다. 벌족파와 평민파, 즉 귀족과 평민의 대립이 훨씬 강화된 것이다.

종교 개혁
로마 가톨릭에 반대하며 중세의 구습을 척결하다

로마 가톨릭이 구교와 신교로 분리된 사건. 마르틴 루터, 장 칼뱅 등이 주도했으며 북유럽과 영국을 중심으로 신교가 정착했다. 영국의 신교도 중 일부는 미국으로 건너가 정착했다.

교회 개혁에 대한 열망은 중세 후반으로 갈수록 심화됐다. 영국에서는 위클리프가 이끄는 롤러드파, 독일 보헤미아 지방에서는 후스가 이끄는 신앙형제단이 강력하게 교회 개혁을 요구했다. 이들은 성직자가 아니었다. 평신도들이 직접 성경과 크리스트교 신앙을 탐구하는 시대가 된 것인데, 토마스 아 켐피스 같은 이들을 중심으로 경건주의 운동이 확산되기도 했다. 하지만 로마 가톨릭은 후스를 화형에 처함으로 교회 개혁에 대한 요구를 정면으로 거부한다.

이후 로마 가톨릭의 타락은 계속됐다. 특히 성 베드로 성당 등 교황과 교회의 위신을 높이기 위한 자금 모금은 큰 문제를 일으켰다. 이른바 면죄부 판매다. 면죄부를 사면 그간의 죄를 용서받을 수 있고, 자신의 죄뿐 아니라 이미 죽은 가족의 죄도 사면할 수 있다는 것이었다.

그리고 1517년 마르틴 루터가 비텐베르크 성당 대문에 〈95개조 반박문〉을 내걸면서, 세계 종교사에서 찾아보기 힘든 격렬한 종교 개혁이 일어난다. 면죄부를 배격하고, 교황권과 위계적인 사제 제도를 전면 부인했다. 하나님을 믿는 모든 사람이 사제의 중재 없이 직접 기도하고 주도적으로 신앙생활을 할 수 있다는 의미였다. 이들은 별도의 교회를 만들었고 성인 숭배, 마리아 숭배 같은 중세 교회의 특성을 모두 부인했다. 장 칼뱅은 성경의 우월성을 강조하며 오랜 기간 쌓여온 교회의 전통을 부인했다. 루터파는 독일을 중심으로 북유럽에 퍼져나갔고, 칼뱅파는 스위스, 네덜란드, 프랑스, 영국에서 번성했다. 칼뱅파는 영국에서 청교도, 스코틀랜드에서는 장로파 등으로 불렸는데, 미국 크리스트교 발전에 중요한 역할을 한다.

북유럽의 르네상스
종교개혁에 영향을 준 인문주의 운동

이탈리아에서 시작된 르네상스는 15세기 중반 이후 북유럽으로 확산된다. 남부에서의 르네상스와 북부에서의 르네상스는 성격이 다르다. 이탈리아의 르네상스는 그리스 로마 고전의 부활을 지향했지만, 여전히 귀족적이고 종교적인 성격이 강했다. 하지만 북유럽에서는 그리스 로마 고전에 대한 관심보다 현실 사회와 교회 문제에 대한 비판적 인식이 강했고, 농민들의 일상적인 삶과 그간 발전해온 영어, 독일어 같은 토착 언어에 대한 관심 등 새로운 주제로 창의적인 성과를 올렸다.

북유럽 르네상스를 주도한 대표적인 인문주의자는 에라스뮈스와 토머스 모어다. 에라스뮈스는 중요한 저작을 많이 남겼는데,《우신예찬》이 대표적이다. 성직자라는 미명 아래 감춰진 무모함과 무식함, 이들을 무작정 믿고 따르는 민중의 한심함을 비판했다. 에라스뮈스는 비평가에 머무르지 않았다. 그는 진지하고 경건했기 때문에 크리스트교인의 관점에서 윤리적이고 경건한 삶이 무엇인지 집요하게 추구했고, 크리스트교 평화주의에 관한 저술을 남기기도 했다. 무엇보다 정확한 헬라어 신약 성서 복원에 성공하면서, 성경 연구에 새로운 가능성을 열었다. 에라스뮈스는 루터의 종교 개혁에 공명했으나 끝내 참여하지 않았다.

토머스 모어가 남긴《유토피아》는 이상 사회에 대한 구체적인 고민을 담은 작품이다. 이상 사회란 도덕적 기강이 있을 뿐 아니라, 사회 경제적으로 평등하고 동등한 삶을 누려야 하는 곳임을 역설했다. 토머스 모어는 "양들이 사람을 잡아먹고 있다"라며 당시 영국에서 전개된 인클로저 운동을 비판했다. 이는 울타리를 쳐서 사유지를 확대하며 목축 산업을 발전시키는 방법으로, 농민들이 토지에서 쫓겨나는 등 여러 문제가 많았기 때문이다.

북유럽 르네상스에서 가장 인상적인 것은 '국민 문학'의 등장이다. 셰익스피어는 영어로 4대 비극을 썼고, 세르반테스는 스페인어로《돈키호테》를 남겼다.

미술 분야에도 큰 성과가 있었다. 네덜란드의 반 에이크 형제는 유화라는 장르를 개발했고, 네덜란드의 브뤼헐은 농민들의 일상생활을 그리기 시작했다. 그간 종교화나 귀족의 초상화가 집중적으로 그려진 것을 생각하면 브뤼헐 역시 미술사에 중요한 변화를 불러일으킨 셈이다.

삼두 정치
'카이사르—폼페이우스'에서 '안토니우스—옥타비아누스'로

로마의 군사 지도자들이 만든 정치 체제. 삼두 정치는 두 차례 진행됐다. 첫 번째는 카이사르, 폼페이우스, 크라수스, 두 번째는 옥타비아누스, 안토니우스, 레피두스에 의해서였다.

그라쿠스 형제의 개혁이 실패한 이후 로마는 더욱 혼란에 빠진다. 귀족들은 기득권을 포기하려 하지 않았고, 로마 사회는 뚜렷한 대안을 모색하지 못했다.

폼페이우스는 동방 원정에서 큰 성공을 거뒀다. 팔레스타인부터 시리아 일대까지 소아시아의 핵심 지역을 점령한 것이다. 카이사르는 갈리아(오늘날 프랑스 일대)를 점령하고 이집트 정치에 개입해 소아시아 지역에서도 성공적인 군사 원정을 펼쳤다. 그가 남긴 《갈리아 전기》는 당시 시대상을 보여주는 중요한 기록이다.

귀족이 이끄는 원로원이 폼페이우스에게 힘을 실어줬고, 그는 이를 통해 야심만만하던 카이사르를 제거하고자 한다. 기원전 49년 카이사르는 로마로 진군했고, 파르살루스 전투에서 폼페이우스에게 승리를 거두며 권력을 독점한다. 그는 "왔노라, 봤노라, 이겼노라"라며 엄청난 군사적 성공을 이어갔다. 하지만 카이사르가 황제가 될 것을 우려한 브루투스 등은 그를 암살한다.

카이사르 암살 이후 그의 후계자들 사이에서 치열한 권력 투쟁이 전개된다. 옥타비아누스는 카이사르의 먼 친척이었고, 일찍이 그가 후계자로 점찍은 인물이었다. 안토니우스는 카이사르의 핵심 참모 중 한 명이었다. 안토니우스는 마지막 공화정의 수호자 키케로를 살해하고, 이집트로 건너가 클레오파트라를 끌어들여 동맹군을 결성한다. 클레오파트라는 카이사르와 내연 관계였고, 이어 안토니우스의 연인이 된다. 옥타비아누스는 이런 측면을 적절히 활용하며 명분을 취했다. 외국 여왕의 침공으로 로마인들의 애국적 열정에 불을 지른 것이다. 결국 옥타비아누스의 후원자 아그리파가 이끄는 로마 해군이 안토니우스와 클레오파트라의 동맹군을 무찌른다.

옥타비아누스는 현명했다. 그는 카이사르처럼 노골적으로 권력욕을 드러내지 않고, 프린켑스(첫 번째 시민)를 자처하며 공화정의 수호자처럼 행동했다. 하지만 옥타비아누스는 권력 투쟁의 최종적인 승리자로, 임페라토르, 아우구스투스 같은 황제의 칭호를 받았다. 로마가 황제가 이끄는 제국이 된 것이다.

헬레니즘 시대
알렉산드로스 대왕, 오리엔트를 통일하다

마케도니아의 왕 알렉산드로스의 별칭은 '폴리오르케테스'였는데, 도시 약탈자란 뜻으로 그리스인이 붙였다. 알렉산드로스 대왕의 군사적 업적은 경이로운 수준이었다. 그리스 지배를 확고히 한 후 곧장 소아시아로 넘어가 다리우스 3세의 페르시아와 전쟁을 벌여 승리를 거둔다. 약 10년 만에 소아시아 전체는 물론 이집트와 메소포타미아 일대, 나아가 오늘날 인도 북부인 아프가니스탄 일대까지 모두 점령했다.

알렉산드로스는 곳곳에 잘 정비된 도시를 건설했는데, 그리스 문화와 근동의 문화를 융합시키기 위해서였다. 자신을 따르던 장군들과 장교들에게 페르시아 귀족 여성과 결혼하도록 강제하기도 했다. 하지만 기원전 323년 알렉산드로스는 열병에 걸려 한 달을 앓다가 급사한다. 그의 나이 33세였다. 원정 도중 몸을 혹사했고 과음에 부상이 겹쳤는데, 후사가 없었고 일설에 따르면 죽기 전에 "가장 강한 자에게"라는 말을 남겼다고 한다.

이후 알렉산드로스 휘하의 장군들은 격렬한 권력 투쟁을 벌였고, 누구도 완벽한 승리를 거두지 못하면서 제국은 여러 개로 쪼개졌다. 이집트부터 히브리, 페니키아 일대에는 프톨레마이오스 왕조가 들어섰고, 페르시아에는 셀레우코스 왕국이, 그 밖에 그리스와 발칸반도에는 안티고노스 왕국 등이 들어섰다.

알렉산드로스가 만들고 그의 후계자들이 이어간 그리스, 이집트 근동을 아우르는 세계를 통상 헬레니즘 세계라고 부른다. 이전까지는 볼 수 없었던 다양한 문화와 문명이 충돌하면서 '세계'에 대한 인식이 생겨났고, 세계 시민주의적인 태도가 등장한다. 한편 워낙 권력 쟁투가 심하고 각종 협잡이 난무했기 때문에, 일신의 안위를 구하는 개인주의가 대두하기도 했다. 금욕을 강조하고 자연의 본질을 깨달으려 한 스토아학파와 온전한 정신적 쾌락을 추구하는 에피쿠로스학파가 등장한 것도 이 시기다. 하지만 헬레니즘 세계가 이전과 다른 새로운 세계라고 할 수는 없다. 그리스 문화와 근동 문화의 결합은 주로 도시에서 나타났고, 농촌을 비롯한 대부분 지역에서는 각자의 문화가 유지되고 번성했다. 또 새로운 형태의 종교가 등장하거나 회의주의적인 태도, 관능과 격정에 사로잡힌 예술품들이 만들어지는 등 복잡다단한 시대였다고 보는 편이 정확할 것이다.

로마의 황제
제국이 된 로마, 공화정에서 황제정으로

공화정 로마는 카이사르와 옥타비아누스를 거치면서 제국으로 발전한다. 로마의 황제들이 보여준 모습은 로마 제국의 운명을 넘어 향후 서양 역사의 진로를 결정지을 정도였다. 로마 제국이 무너진 후에도 샤를마뉴 대제의 서로마 제국, 오토 1세의 신성 로마 제국 등 '로마'와 '황제'라는 관념은 중세 내내 중요한 정치적 도구로 작용했다.

카이사르는 황제가 되지 못했지만 황제정의 기초를 마련했고, 서양 역사에 중요한 영향을 미쳤다. 우선 현재 세계가 사용하는 그레고리우스력은 거의 카이사르에 의해 만들어진 것이다. 그리스 천문학자들의 도움을 받아 1년을 365일로 정하고 율리우스력을 만들었는데, 'July(7월)'는 그의 이름 율리우스 카이사르에서 따온 말이다. 율리우스력은 1582년 약간의 수정을 거쳐 현재의 그레고리우스력이 됐다.

그는 그라쿠스 형제의 개혁을 일부 받아들였다. 스페인, 갈리아같이 새롭게 점령한 지역에 사는 이들에게 시민권을 부여했고, 황무지를 평민이나 은퇴한 병사에게 제공하면서 사회 모순을 수정해나갔다. 특히 갈리아를 점령하면서 제국의 농업 생산력에 큰 활력을 가져왔다. 갈리아는 오늘날 프랑스 일대로, 현재도 유럽에서 농업이 가장 발전한 곳이고 중세부터 현대까지 서양 역사의 중심지다.

옥타비아누스, 즉 로마의 첫 번째 황제인 아우구스투스 역시 현명한 통치자였다. 제국 전역에 시민권을 확대하고, 실질적인 자치권을 부여하는 데 힘썼다. 새로운 화폐 제도, 경찰·소방을 비롯한 공공 기구를 도입했고, 낡은 조세 제도를 개혁하고 새롭게 얻은 영토에 로마의 자유민을 이주시키는 등 제국의 안정을 위해 노력했다. 또 군대를 재정비했으며, 스위스, 오스트리아, 불가리아 등을 정복했다. 한편에서는 로마 제국의 윤리적 풍토를 건강하게 유지하기 위해 가족의 가치와 성도덕을 강조했고, 사생활이 부정했던 딸 율리아를 외딴섬으로 추방했다.

아우구스투스 사후 일정한 혼란기가 있었지만, 5현제 시대에 네르바, 트라야누스, 하드리아누스, 안토니누스 피우스, 마르쿠스, 아우렐리우스라는 유능한 황제가 약 100년간 연이어 등장하면서 로마 제국은 절정기에 도달했다. 100년경이 되면 로마의 영토는 오늘날 영국부터 흑해, 메소포타미아까지 확대된다.

중세

크리스트교와 게르만·노르만족이 만든 복잡한 역사

서로마 제국 멸망 이후부터 근대 사회가 등장하기 이전까지의 서유럽 사회를 말한다.

서로마 제국의 멸망은 극도의 사회 혼란으로 이어졌다. 로마 제국이 보여준 다양한 사회적 자원이 모두 상실된 채, 북쪽에서는 게르만족이, 남쪽에서는 이슬람 세력이 쳐들어왔다. 고트족, 반달족 등 수많은 게르만족은 로마 제국의 영내에 수많은 왕국을 세웠고, 그로 인한 정치·사회적 혼란이 심각해졌다. 한편 북아프리카부터 이베리아반도까지는 이슬람 문명권으로 편입되었다.

혼란스러운 상황이 계속되는 가운데, 가톨릭교회는 유일하게 사람들을 보호하고 사회를 안정시키기 위해 노력한 세력이었다. 게르만족의 침공에 맞서 도시를 지키며 평화 협상을 주도했고, 이 와중에 성자의 신비스러운 능력이 발휘되거나 십자가만 짊어진 사제단이 목숨을 걸고 게르만족을 설득하는 등 숱한 설화와 미담이 쌓인다. 결국 프랑크족은 가톨릭 선교사들의 노력으로 크리스트교를 받아들였고, 이후 여러 게르만족이 이단 아리우스파에서 정통파 가톨릭을 수용하면서 사회가 안정된다. 800년 샤를마뉴 대제의 서로마 제국 부활을 알리는 황제 대관식이 상징적인 사건이었다.

수백 년에 걸친 혼란기 가운데 가톨릭은 유럽인들의 정신적·문화적 안식처가 됐고, 게르만족은 기존의 로마인들과 뒤엉켜 중세 사회의 주인공이 됐다. 이 와중에 로마 제국의 바깥이었던 독일 일대가 중세 사회의 활동 무대로 편입된다.

8세기 말부터 11세기 초까지 북유럽의 바이킹들에 의한 공세가 시작되는데, 장기적으로 이들의 침략은 중세 사회에 큰 이득이 됐다. 일정 정도의 혼란에도 불구하고 이들은 이른 시점에 가톨릭교회를 받아들였으며, 유럽 사회의 구성원이 됐다. 스칸디나비아반도를 중심으로 한 북유럽은 물론 동유럽과 러시아 일대까지 바이킹이 정착했고, 그 결과 유럽 세계가 팽창했다. 중세 유럽은 11세기 이후 번영기를 누렸다. 언제까지가 중세였는지에 대해서는 정의하기 어렵다. 13세기에 절정기를 보낸 후, 흑사병, 르네상스, 종교 개혁, 절대주의 등 복잡다단한 과정을 거쳐 근대 사회로 발전했기 때문이다.

대항해 시대

포르투갈, 대서양을 항해하여 동방 루트를 알아내다

15~16세기, 포르투갈과 스페인이 주도한 신항로·신대륙 발견의 시대. 이를 통해 유럽인들은 인도, 동남아시아, 남중국, 일본에 이르는 광대한 무역 루트를 확보했고, 한편에서는 아메리카라는 어마어마한 규모의 신대륙을 발견한다.

포르투갈은 처음부터 인도 항로를 목표로 하지 않았다. 지중해에서 외떨어진 약점을 극복하고자 모로코에 카사블랑카라는 도시를 세워 설탕 생산을 도모했다. 나아가 이들은 이슬람이 장악한 아프리카 금광과 노예 무역에 관심이 많았다. 포르투갈은 항해 왕자 엔리케의 정력적인 노력 아래 모로코에서 사하라 서편 그리고 오늘날 세네갈부터 앙골라에 이르는 서아프리카 전역, 특히 가나, 나이지리아, 가봉 등이 있는 기니만 일대를 수중에 넣었다.

엔리케 사후 해상 제국을 향한 포르투갈의 노력은 가속된다. 1483년 콩고강 하구에 도달한 후 1488년 바르톨로뮤 디아스가 아프리카 남단에 도착한다. 워낙 폭풍우가 심했기 때문에 정박하기 어려워서 처음에는 '폭풍의 곶'이라 불렀는데, 이후 '희망봉'으로 고쳐 불렀다. 희망봉에 도달한 포르투갈인들은 인도양을 통해 인도에 도달하려는 계획을 세운다. 1497년 바스코 다 가마 일행은 이슬람 항해사 이븐 마지드와 함께 인도 캘리컷(오늘날 코지코드)에 도달한다. 1500년 이후 포르투갈-인도 정기 항로를 구축했고, 1509년 오스만 함대를 격파하고 동방 무역 거점의 일부를 폐쇄했으며, 1510년에는 인도 서쪽 고아에 포르투갈 군대를 주둔시켰다. 다음 해에는 동남아시아 항로의 핵심 거점인 말라카를 장악해, 1515년 비로소 중국 남부 해안에 도달한다. 포르투갈은 신항로 개척을 통해 후추를 비롯한 동방의 산물을 독점했고, 이후 새로운 무역 루트를 둘러싼 경쟁의 시대가 도래한다.

포르투갈의 성공에는 여러 요인이 있는데, 기술적인 부분도 간과할 수 없다. 15세기 내내 배는 50톤에서 200톤으로, 돛대 기둥은 2개에서 3개로 커졌고, 삼각돛은 물론 사각 돛까지 다는 배가 만들어졌다. 또 아스트롤라베(천문 관측의), 사분위 같은 위도를 계산하는 도구와 도구를 활용할 수 있는 표준 목록표, 나침반, 항해용 시계 등이 만들어지거나 사용됐다.

냉전
미국 대 소련, 자유 진영 대 공산 진영의 차가운 경쟁

1945년 연합국의 승리는 제2차 세계 대전 미국과 소련이 주도하는 새로운 세계 체제의 서막이었다.

이란과 그리스 문제를 두고 두 나라의 갈등은 심각해져 갔다. 영국이 두 지역에서 자신들의 제국주의적 이권을 보존하는 동시에 공산주의 세력의 확산을 막고자 했는데, 미국이 이를 지지하면서 소련과의 관계가 소원해진 것이다. 한편 동유럽의 공산화는 가속화됐고, 두 진영 간의 오해와 반목은 계속됐다. 미국은 외교 정책 원칙인 '트루먼 독트린'을 발표하며, 그리스, 터키 일대에서의 공산화를 저지하겠다는 뜻을 공식화했다. '공산주의는 가난을 먹고 자란다'라는 믿음 아래 마셜 플랜을 실시해 대규모의 자금을 서유럽에 지원하면서 경제 부흥을 주도했다. 조지 프로스트 케넌의 봉쇄론에 근거한 전략이었다. 1949년 미국은 북대서양 조약 기구를 만들어 미국과 서유럽을 잇는 군사 동맹 체제를 구축했고, 소련도 이에 대응해 바르샤바 조약 기구를 창설한다.

기술 경쟁도 대단했다. 미국에 이어 소련이 핵무기 개발에 성공했고, 1961년 유리 가가린을 태운 보스토크 1호는 최초로 우주 비행에 성공한다. 1969년 미국이 개발한 아폴로 11호는 달 착륙에 성공했는데, 우주 경쟁에서 미국의 우위를 입증하려는 시도였다. 이 시기에 쿠바 핵 위기가 발생했고, 베트남 전쟁에 미국이 개입한다. 동남아시아로 공산화가 확산되는 것을 막으려는 시도였지만 실패한다.

1980년대 들어, 소련을 비롯한 공산주의 진영은 체제 유지의 한계에 다다른다. 결국 1989년 베를린 장벽 붕괴로 상징되는 동유럽의 민주화가 도래한다. 폴란드, 헝가리를 비롯한 동유럽의 공산주의 정권이 무너졌으며, 자유 진영인 서독이 헬무트 콜 총리의 주도 아래 동독을 흡수 통일한다. 이 시기 소련의 고르바초프는 페레스트로이카, 글라스노스트라 불리는 개혁 개방 정책을 추진했으나 결국 군사 쿠데타로 실각한다. 소련은 러시아를 비롯한 여러 공화국으로 분리됐다.

런던
산업혁명과 의회민주주의의 중심지

영국이 세계 제국으로 발전하면서 수도 런던도 그에 걸맞게 바뀌어 갔다. 해외 무역의 성과는 산업 혁명과 식민지 개척으로 이어졌고, 프랑스, 독일부터 미국, 러시아, 일본까지 후발 산업 국가의 발흥이 이어지자 해운과 금융 등을 통해 국제 무역의 중심지 역할을 했다. 20세기 초반 영국은 전 세계에서 들어오는 1차 생산물의 집산지였고, 상품의 중개와 매매는 물론 주식, 어음, 대출 등 신용의 중심지이기도 했다.

물자만 몰려든 것이 아니었다. 세계 각지에서 이민 행렬이 이어졌고, 이민자 집단이 계속 바뀌면서 런던은 그야말로 코즈모폴리턴이 되었다. 제1차 세계 대전 이전에는 유대인들의 이민이 활발했다. 20만 명 이상의 유대인들이 이곳에 정착했는데, 빈곤의 대명사였던 이스트엔드에서 살림을 꾸렸다. 주로 동유럽에서 건너온 유대인들은 의류, 제화업에 종사하면서 부를 축적해 웨스트엔드로 이주했고, 빈자리는 다시 인도계 벵골인, 카리브해 출신의 흑인들이 차지한다.

당시 유럽에서 런던만큼 다양한 종교를 가진 이들이 모인 곳도 없을 것이다. 프랑스 북부와 네덜란드 신교도들은 이스트엔드 스피탈필드에 모여 주로 견직업에 종사했고, 유대인들은 대부분 유대교를 믿었으며, 인도계 벵골인들은 힌두교와 갈등을 겪던 이슬람교도들이었다.

런던에는 제국주의를 상징하는 온갖 조형물이 세워졌다. 나이츠브리지가와 브럼턴가의 교차점에는 휴 로즈 장군의 기마상이 있는데, 그는 시리아와 인도에서 큰 공을 세운 인물이다. 템스 강변에는 스핑크스를 거느린 오벨리스크가 세워져 있는데, 알렉산드리아에 있는 것을 옮겨 왔고 '클레오파트라의 바늘'이라고 불렸다. 트래펄가 광장은 이러한 조형의 결정체였다. 중심부에는 나폴레옹을 물리친 넬슨 제독 기념비와 흑사자 네 마리가 있는데, 영국의 영광을 상징한다.

급속도로 발전하며 인구 과밀화 현상을 보인 런던은 도시 재개발은 물론 교외 개발도 활발히 진행했다. 교외 지역 개발은 종교 운동과 가족주의의 영향도 컸다. 부부간의 사랑과 친밀감, 훌륭한 육아 등 가족의 의미가 새롭게 주목받았고, 혼잡스럽고 타락하기 쉬운 도심을 벗어나 경건한 신앙생활을 추구하는 욕구가 영향을 미쳤다.

아르헨티나
페론, 포퓰리즘의 아버지가 되다

라틴아메리카 최남단 국가인 아르헨티나는 스페인의 식민지로, 비교적 평이하게 독립했다. 1880년경부터 아르헨티나는 빠르게 발전하는데, 곡물과 육류의 대량 수출 덕분이었다. 증기선과 고기를 냉동하는 시스템이 갖춰졌기 때문이다. 대규모 이민 행렬이 아르헨티나로 쏟아지는데, 약 350만 명이 정착했고 그중 절반은 이탈리아 사람들이었다. 여타의 라틴아메리카 지역과 달리 백인종이 다수인 사회로 발전한다.

1930년에 군사 쿠데타가 일어났고, 직업 군인이 국가를 운영한다. 1943년에는 육군 대령을 역임한 후안 페론이 등장한다. 군부와 기업인의 지원을 받은 페론은 뜻밖에도 노동자들의 광범위한 지지를 받으며 사회정의와 공공복지의 가치를 드높였다. 노동자의 실질 임금을 20% 이상 올렸고, 영국, 프랑스 등이 가지고 있던 철도, 항만 시설을 국유화했으며, 1947년에는 외채를 처리한 후 경제 독립을 선언했다. 경기는 호황이었고, 페론은 무난하게 재선에 성공한다. 한편 페론주의자들은 교회를 비판하기 시작한다. 성당에 불을 지르거나 이혼 합법화를 요구하는 등 갈등이 심각했다. 결국 가톨릭과 페론주의자들의 갈등이 문제가 돼 페론은 망명한다.

이후 아르헨티나의 역사에서 군부와 페론주의자들의 갈등은 반복됐다. 군사 쿠데타가 수차례 일어났고, 이들은 권위주의적 통치를 자행했으며, 노조 지도자들을 혹독하게 탄압했다. 1966년 옹가니아 장군은 자신이 주도한 쿠데타를 '혁명'이라 주장했고, 의회를 해산하고, 관료를 직접 통제했으며 외국 자본을 끌어들였다. 군부 통치에 대한 저항도 극단적이었다. 혁명 좌파는 납치와 암살을 투쟁의 수단으로 삼았고, 테러리즘이 횡행했다. 결국 1973년 사회적 대타협의 일환으로 70대의 페론이 돌아온다. 그는 1940년대에 자신의 아내이자 엄청난 인기를 얻고 있던 에바(에비타) 페론을 부통령의 자리에 앉히려다 실패했다. 이번에는 두 번째 아내 이사벨 페론을 부통령에 지명해 성공한다. 페론은 귀국 10개월 만에 급사했고, 이사벨 페론이 대통령이 됐다. 하지만 혼란은 계속됐고, 1976년 또다시 군사 쿠데타가 일어나 이사벨 페론은 가택 연금을 당한다. 영국과의 포클랜드 전쟁, 경제 위기 등이 겹치면서 잔혹했던 군부 정권의 시대는 1980년대 들어 막을 내린다.

프랑스 혁명
신분제를 무너뜨리고 인류 역사를 바꾼 대혁명

1789년 프랑스에서 발생한 시민 혁명으로, 신분제를 비롯한 구체제를 타파했으며 인민(People)이 주도하는 새로운 사회를 열었다.

　시작은 귀족과 국왕의 갈등이었다. 귀족은 국왕의 절대 왕권을 통제하고 싶었고, 루이 16세에게는 따를 만한 리더십의 본보기가 없었다. 국가 재정은 이미 심각한 단계를 넘어섰다. 결국 귀족의 주도 아래 삼부회가 열렸는데, 제3신분을 대표하는 부르주아들에 의해 상황이 엉뚱한 방향으로 치닫는다.

　제3신분은 평민을 의미하는데, 이 중 일부는 법률가, 상인 등 전문적인 능력을 발휘하며 부와 권력을 확대했다. 이들은 귀족의 앞잡이가 되는 것을 거부했고, 독자적으로 국민의회를 조직한다. 국민의회는 테니스코트의 서약을 통해 권력 의지를 분명히 했다. 부르주아가 이끄는 국민의회가 격렬한 정치 투쟁을 벌이는 동안 민중이 들고 일어나 바스티유 감옥을 습격한다. 바스티유 감옥은 절대 왕권을 상징하는 곳이었는데, 민중이 이곳을 점령하면서 혁명은 전국적으로 확산된다.

　국민의회는 의외로 온건한 수준에서 혁명을 마무리 짓고 싶어 했다. 영국식 입헌 군주제를 선호했고, 투표권도 재산세를 내는 부유층에게만 허락하는 제한 선거를 원했다. 하지만 지방 농민에게까지 파급된 혁명의 여파는 나날이 강해졌고, 이 와중에 루이 16세가 망명을 시도한다. 결국 급진파였던 자코뱅당이 권력을 장악했고, 루이 16세와 그의 아내 마리 앙투아네트는 처형당한다. 공화국 프랑스가 시작된 것이다. 한편 오스트리아 프로이센 등 주변의 절대 왕정 국가를 대상으로 한 혁명전쟁도 일어난다. 로베스피에르가 권력을 장악하면서 혁명은 한층 급진화된다. 보통 선거, 토지 분배, 봉건적 책무의 무상 폐지 등 민중들의 입장이 반영된 개혁들이 선언되고 추진됐다. 동시에 로베스피에르는 혁명 재판소와 공안위원회를 설치해 귀족은 물론 보수적인 지롱드파와 수많은 정치적 경쟁자들을 감시하고 처단했다. 급진 개혁을 위한 공포 정치를 실시한 것이다. 로베스피에르의 공포 정치는 귀족뿐 아니라 수많은 사람에게 혁명에 대한 거부감을 불러일으켰다.

　프랑스 혁명은 신분제를 타파하고 인간과 사회가 지향해야 할 자유, 평등, 박애의 가치를 드높였다. 하지만 혁명 이후의 세계를 만들기 위한 갈등은 더 격렬해진다.

샤를마뉴 대제

혼란을 극복하고 중세를 열다

서로마 제국을 부활시킨 프랑스 왕국의 국왕. 오늘날 프랑스, 이탈리아, 독일은 물론 동유럽 일대까지 단일한 제국을 건설했다. 게르만족 침략 이후 오랜 혼란을 안정시켰고, 중세 유럽 문명의 기반을 마련했다.

서로마 제국의 멸망은 보통 훈족(흉노)에서 그 원인을 찾는다. 4세기 중반, 훈족이 흑해 일대로 밀려 들어왔고, 일대의 여러 민족이 다시 유럽 대륙으로 쳐들어오는 등 혼란이 가중된다. 게르만족은 고트족, 반달족, 롬바르드족, 프랑크족 등 다양한 집단을 통칭했는데, 이들은 서로마 제국을 휘젓고 다녔다. 서고트족과 반달족은 410년, 455년에 로마를 약탈했고, 일대를 황폐화했다. 극도의 혼란 가운데 476년 서로마 제국이 멸망한다.

이 와중에 6세기 초 프랑크족이 세운 왕조가 갈리아(오늘날 프랑스 일대)에 성립한다. 프랑크족의 왕 클로비스는 로마 가톨릭을 받아들였고, 메로빙거 왕조를 개창했다. 클로비스의 뒤를 이은 카를 마르텔은, 730년대 초반에 피레네산맥을 넘어 침략한 이슬람 세력을 투르 일대에서 격파했다. 북아프리카와 이베리아반도를 점령한 이슬람 세력의 북진이 멈춘 순간이다.

마르텔이 죽은 후, 피핀에 의해 왕권은 카롤링거 가문으로 넘어간다. 권력 투쟁에서 승리한 피핀은 교황과 결탁했고, 751년 교황 보니파키우스에 의해 권력을 공인받는다. 그 대가로 피핀은 이탈리아 일대를 장악한 롬바르드족에 대한 원정을 감행하면서 교황을 보호했다.

피핀의 아들 샤를마뉴는 엄청난 군사적 업적을 통해 중세 서유럽 세계를 확장했다. 작센을 포함한 오늘날 독일 일대를 점령했고, 롬바르드족을 물리치며 중부 이탈리아까지 판도를 확대했다. 귀족들을 지방 관료로 파견했고, 화폐 제도도 창안했다. 교회를 존중했고, 글은 못 읽었지만 신부의 성서 암송을 주의 깊게 들으며 신앙을 배웠다. 프랑크 왕국에 남아 있는 여러 이교의 풍습을 없앴고, 피정복민에게 로마 가톨릭을 강요했다.

앨퀸은 샤를마뉴의 궁정 학교에서 카롤링거 르네상스를 이끌었다. 고전 문예를 부흥시키고, 여러 크리스트교 문헌을 정비하는 등 중요한 지적 역할을 감당했다. 800년, 교황 레오 3세는 서로마 황제 대관식을 열면서 샤를마뉴를 공식적으로 황제로 인정했다.

드레퓌스 사건
프랑스에서 벌어진 반유대주의 대논쟁

1894년 프랑스의 유대인 장교 드레퓌스를 간첩 혐의로 체포하면서 빚어진 사건. 드레퓌스의 유죄 여부를 두고 프랑스는 격렬한 사회적 갈등을 겪었다.

> 유대인은 역겨운 냄새를 풍긴다. (…) 유대인은 (…) 모든 병의 대상이다. (…) 그들은
> 우리와 같은 뇌를 가지고 있지 않다. 그들의 진화는 우리와 다르고 그들로부터 온 모든
> 것은 예외적이고 이상하다.
>
>   – 에두아르 드뤼몽, 《유대인의 프랑스》

당시 프랑스를 비롯한 전 유럽에서 반유대주의가 얼마나 노골적이었는지 알 수 있는 대목이다. 드레퓌스가 체포된 데도 이러한 시대적 배경이 있었다. 프랑스의 군사 기밀이 독일에 흘러 들어가고 있었고, 특별한 증거 없이 단지 유대인이라는 이유만으로 정보 참모국에 있던 드레퓌스가 구속된 것이다. 이후 드레퓌스의 무죄 증거들이 드러났을 때도 상황은 요지부동이었다. 프로이센과의 전쟁에서 패배한 프랑스 군부는 새로운 스캔들로 명예를 실추하고 싶지 않았다. 보수파, 가톨릭 역시 비슷한 이유로 군부의 판단을 지지했다. 더불어 극우파의 집요한 반유대주의가 강력한 영향력을 행사하면서, 드레퓌스 사건은 여러 의심에도 불구하고 묻혀가고 있었다.

> 진실이 전진하고 있고 아무도 그 길을 막을 수 없음을! 진실은 지하에 묻혀서도 자라
> 납니다. 그리고 무서운 폭발력을 축적합니다. 이것이 폭발하는 날에는 세상 모든 것을
> 휩쓸어버릴 것입니다.
>
>   – 에밀 졸라, 〈나는 고발한다〉

조르주 피카르 중령, 오귀스트 쇠레르 상원 의원 등 진실을 지키고 싶어 한 이들의 양심 고백이 이어졌고, 에밀 졸라의 격렬한 논설도 큰 반향을 일으켰다. 드레퓌스 사건은 재심이 열렸으나 명백한 증거에도 다시 한번 유죄가 확정된다. 이후 드레퓌스는 대통령 특사로 사면되고 1906년에 비로소 복권되었다.

독일 사회 민주주의
자본주의와 사회주의의 장점을 모으라

에두아르트 베른슈타인은 독일 사회민주당의 지도자였다. 사회주의의 창시자 엥겔스와 교분을 맺고 평생 사회주의 운동에 헌신한 그는 종래의 입장을 포기하고 새로운 사회주의를 주장한다.

그는 마르크스 이론의 절대성을 부정했다. 자본주의는 마르크스의 예상과 다르게 변화, 성장하고 있었고, 기업과 시장은 마르크스가 생각하지 못한 수준으로 고도화되었다. 단지 마르크스의 뜻을 좇아 당을 조직하고, 노동자의 파업을 주도하며, 폭력 투쟁에 근거한 정치 투쟁을 벌여서는 세상이 바뀌지 않는다고 절감한 것이다.

그는 수정주의를 주창한다. 그의 생각은 이랬다. 사회민주당은 직접적이며 폭력적인 혁명을 포기하고, 점진적이며 평화적인 혁명을 추구해야 한다. 합법적으로 당을 조직하고, 국민의 지지를 얻어 권력을 쟁취해야 한다. 응당 보수파와도 공존할 수 있어야 하며, 합법적으로 얻은 민주적 권리를 바탕으로 법과 제도를 통해 사회주의적 이상을 달성해야 한다.

베른슈타인의 주장은 격한 반발에 직면한다. 카를 카우츠키같이 마르크스 이론을 신봉하는 정통파들은 그의 주장을 이단시했고, 로자 룩셈부르크 같은 인물들은 개혁과 혁명 사이에서 급진적이고 직접적인 혁명을 선택해야 한다면서 그를 개량주의자로 몰았다.

하지만 베른슈타인의 주장은 점차 독일 사회민주당의 주류가 됐으며, 특히 북유럽 정치에 막대한 영향을 미쳤다. 노동자의 권리를 보호하고, 보편적인 사회 복지제도를 강화하는 인간적인 자본주의 발전에 결정적 계기를 제공한 것이다. 하지만 세계 대전에 협력하거나 식민지를 용인하는 등 애초에 사회주의가 꿈꾼 이상과는 거리가 먼 현실주의적 한계를 보이기도 했다. 최근에는 자본의 국제화에 따른 신자유주의 앞에서 무기력한 모습을 보이고 있다.

러시아 혁명

모든 권력을 소비에트로!

1917년 러시아에서 일어난 공산주의 혁명. 레닌이 주도했으며, 인류 역사 최초로 사회주의 국가가 탄생했다. 레닌은 직업적 혁명가와 규율 잡힌 공산당을 강조했다. 공산주의 혁명을 이뤄내려면 강력한 지도력과 투쟁 방식이 필요하다고 봤고, 그 힘의 원천을 혁명가와 당에서 찾은 것이다.

당시 러시아는 차르에 의해 통치됐다. 러시아 정교회가 강력한 전제주의를 옹호했고, 사회는 엄격한 위계질서로 운영됐으며, 농민들의 삶은 비참하기 짝이 없었다. 1905년 피의 일요일 사건은 차르 체제를 위협했다. 빈곤에 시달리는 민중의 평화적 요구에 무차별 학살로 대응하면서 지배 체제가 흔들렸기 때문이다. 설상가상으로 같은 시기 러일 전쟁에서 일본에 패배했다. 그럼에도 상황이 수습됐고, 러시아에서도 산업화가 빠른 속도로 이뤄졌다. 상황을 뒤흔든 것은 제1차 세계 대전이었다. 1,550만 명이 동원된 전쟁에서 165만 명이 죽었고 385만 명이 부상당하고 241만 명이 포로가 되는 등 제정 러시아는 혼돈에 빠지고 만다.

결국 1917년, 2월 혁명이 일어난다. 차르가 전선을 시찰하는 동안 혁명이 일어났고, 노동자와 병사들이 철도 선로를 뜯어내는 등 예상치 못한 저항 가운데 제정 러시아가 붕괴하고 의회가 권력을 장악하게 된다. 당시 의회에서는 자유주의자들이 주도권을 쥐었고, 사회주의자는 케렌스키 한 명뿐이었다. 여러 개혁안을 발표했지만 민중의 삶과 직결된 부분에서 관심을 끄는 조치는 하나도 없었다.

이 와중에 망명 중이던 레닌이 귀국하면서 상황이 급변한다. 그는 4월 테제, 즉 즉각적 종전, 토지 국유화와 재분배, 노동자 평의회의 산업 시설 지배 등 급진적 주장을 했다. 의회는 케렌스키를 비롯한 온건파 사회주의자들인 멘셰비키에게 권력을 넘겼지만, 상황은 안정되지 않는다. 결국 레닌, 공산주의 혁명가들, 병사와 노동자가 중심이 된 소비에트(통칭해 볼셰비키)가 이끄는 10월 혁명이 발생하고 사회주의자들에게 권력이 넘어간다.

권력을 장악한 레닌은 민주 집중제를 실천했다. 혁명가와 당이 권력을 독점하며 민중의 이해관계를 실현해나간다는 발상이었다. 또 그는 제국주의론을 발표하고 금융 자본가들에 의한 세계 지배의 위선을 폭로했으며, 아시아의 민족 해방 운동도 지지했다. 특히 중국의 혁명가 쑨원을 지원했다.

폴리스
그리스의 도시국가

기원전 800년경부터 지중해 그리스 일대에는 폴리스가 등장한다. 해안가에 형성된 작은 단위의 도시 국가 형태로, 내륙과 해안 사이에 높은 산악 지대가 존재하는 등 지역적 경계가 분명했던 것도 폴리스 형성에 영향을 준 것으로 보인다. 폴리스하면 그리스를 떠올리지만, 이탈리아 남부 소아시아(아나톨리아반도) 해안가 일대에 걸쳐서도 광범위하게 발전했다. 기원전 550년에는 흑해 연안, 발칸반도, 이집트 서부, 이베리아반도와 갈리아 일대까지 지중해 상당 부분이 폴리스 혹은 폴리스가 세운 식민 도시로 빼곡했다.

각 폴리스는 저마다 달랐다. 아테네는 상업이, 스파르타는 농업이 발달했다. 인구, 크기, 규모, 정치 체제에서 차이를 보였기 때문에 정형화된 표준은 없었다. 하지만 이들은 자신을 그리스인들이라 부르면서 공동체 유대 의식을 가졌고, 외부인을 바르바로이라고 부르며 경멸했다. 그리스인들은 델포이 신전의 계시를 존중했고, 함께 모여 올림픽 경기를 하며 축제를 즐기기도 했다. 아폴론의 여사제는 유칼립투스 잎을 씹으며 무아의 경지에서 신탁을 전했고, 올림픽 경기는 그리스 최고 신 제우스 신전 근처에서 열렸다. 종목 수도 적었고 반칙과 심판 매수가 횡행했지만, 경기가 치러지는 동안 폴리스끼리의 전쟁은 중단됐고 경기 우승자는 큰 명성을 누렸다.

그리스 역사에서 가장 중요한 사건은 중장 보병의 등장이다. '팔랑크스'라는 8열 종대의 밀집 대형이 새로운 전투 방식으로 등장하면서 상황은 단숨에 뒤바뀐다. 둥근 방패와 칼 혹은 짧은 칼로 무장한 중장 보병은, 왼손에 방패를 들고 옆에 있는 동료의 오른편을 보호하면서 진격했다. 마치 탱크나 장갑차처럼 방패로 무장한 집단이 같은 속도로 밀고 들어가 칼이나 창으로 적을 공격하는 전법이었기 때문에 높은 단결력이 요구됐고, 전사들 사이에서 강한 유대감이 형성될 수밖에 없었다. 무엇보다 전쟁에서 귀족과 평민의 구분이 의미가 없어진 것이다.

중장 보병의 등장 이후 귀족과 평민의 갈등이 본격화되는데, 이때 등장한 것이 참주다. 참주는 대부분 귀족 출신의 독재자들로, 평민들에게 권력을 나눠 주고 중장 보병에게 여러 경제적, 사회적 혜택을 주면서 지지를 얻었다. 참주정은 귀족정에서 민주정으로 나아가는 과도기 문화로, 2대 이상 지속되는 경우가 드물었다.

비잔틴 제국
1453년까지 살아남았던 기독교 세계의 수호자

대서양

프랑크족

슬라브족

카스피해

서고트족

로마

흑해

콘스탄티노플

비잔티움 제국

안티오크

지중해

알렉산드리아

예루살렘

사산조 페르시아

■ 유스티니아누스 황제 시대 최대 영역
■ 10세기 중엽 영역
← 슬라브족의 진출

동로마 제국이 그리스화되면서 1453년까지 1,000년간 존속하는데, 이를 비잔틴 제국이라 한다. 발칸반도, 그리스반도, 아나톨리아반도를 근거로 오랜 기간 페르시아, 이슬람 세력과 싸우면서 존속했다. 비잔틴 제국은 오랜 기간 이슬람 세력의 동진을 막았고, 그로 인해 서유럽 크리스트교 문명권이 생존할 수 있었다.

비잔틴 제국의 황제 유스티니아누스 대제는 기원전 6세기에 명장 벨리사리우스에게 명해 잃어버린 서로마 제국의 영토를 복원하고자 한다. 533년에는 반달 왕국, 536년에는 이탈리아 점령을 시작으로 565년까지 북아프리카, 스페인 일대와 지중해의 모든 섬까지, 완전하지는 않아도 서로마 제국의 영토를 상당 부분 회복했다. 하지만 원정은 무리하게 진행됐고, 잠시 회복했던 서로마 일대의 지배권은 쉽사리 무너진다.

비잔틴 제국은 부활한 페르시아나 새롭게 흥기한 이슬람 제국과 오랜 기간 격렬한 투쟁을 벌인다. 610년 헤라클리우스 황제는 절체절명의 위기 가운데 비잔틴 제국을 구원했으며, 사산조 페르시아가 지배했던 예루살렘까지 제국의 영향력을 회복한다. 하지만 이슬람의 흥기는 비잔틴 제국을 더욱 곤란에 빠뜨렸다. 사산조페르시아를 멸망시킨 후, 717년 이슬람 세력은 비잔틴 제국의 수도 콘스탄티노플을 정복하고자 했다. 하지만 이번에는 레오 3세의 영도 아래 다시 한번 이들을 물리쳤으며, 11세기가 되기까지 발칸반도에서 아나톨리아반도로 이어지는 제국을 유지할 수 있었다. 한때는 시리아까지 점령하는 등 제2의 전성기를 맞기도 했다.

하지만 11세기 새로운 이슬람 제국인 셀주크 튀르크가 비잔틴 제국의 핵심 생산 기반인 아나톨리아반도를 빼앗는다. 비잔틴 제국의 황제는 서유럽 크리스트교 국가에 지원을 요청한다. 그러나 베네치아 상인 등 비잔틴 제국과 동방의 산물에 관심이 많은 이들은 십자군을 악용했고, 제4차 원정 때는 수도 콘스탄티노플을 점령하고 1204년 라틴 제국을 세우는 등 비잔틴 제국의 멸망을 가속화했다. 북쪽에서는 러시아, 불가리아 등 새로운 세력이 흥기했고, 영토는 계속해서 축소됐다. 결국 1453년 오스만 튀르크의 술탄 메흐메트 2세에 의해 멸망했다. 비잔틴 제국은 그리스 고전 문화를 보존하면서 이탈리아 르네상스에 영향을 줬고, 러시아인들에게 크리스트교를 전파했다.

오스트리아와 프로이센
신성 로마 제국의 낳은 절대주의 국가

샤를마뉴 대제가 세운 서로마 제국은 분할 과정을 거쳐 오늘날 프랑스, 독일, 북부 이탈리아 정도로 나뉜다. 독일에서는 오토 1세가 등장해 마자르족을 물리치고 동유럽까지 점령하는 등 큰 활약을 보이자, 교황은 신성 로마 제국이라는 명칭을 붙여줬다. 이후 신성 로마 제국의 황제는 중세 내내 교황과 대립하면서 강력한 영향력을 행사했다.

신성 로마제국의 제후국으로 시작해 독립 국가로 발전한 나라가 오스트리아와 프로이센이다. 오스트리아는 17세기 말 합스부르크 왕가라는 이름으로 중동부 일대에서 가장 강력한 제국으로 성장했다. 1718년에는 헝가리부터 트란실바니아, 세르비아 일대까지 영역을 넓혔고, 1722년에는 폴란드의 요충지 슐레지엔을 빼앗았다. 오스트리아의 수도는 빈이었는데, 18세기 빈은 유럽 문화의 중심지이기도 했다. 한때는 네덜란드, 북부 이탈리아의 밀라노 일대, 이탈리아 남부 나폴리, 사르데냐섬이 모두 합스부르크 왕가의 소유였다. 마리아 테레지아(재위 1740~1780), 요제프 2세(재위 1765~1790) 등 절대 왕정이 등장하면서 오스트리아는 한층 강력한 국가로 성장한다.

비슷한 시기에 오늘날 북독일 지역에서 프로이센이 성장한다. 프로이센은 호엔촐레른 가문의 상속지로 시작해 베를린을 거점으로 발전했다. 스웨덴, 폴란드, 프랑스의 경쟁을 활용해 지배권을 다졌고, '융커'라고 불리던 귀족들과 거래했다. 농민을 농노로 격하시키는 권한을 부여하거나 세금 면제 혜택을 주는 등 융커에게 여러 혜택을 베푸는 대가로 강력한 중앙 집권 정책을 추진한 것이다. 프리드리히 대왕 치세가 되면 프랑스, 오스트리아와 견주는 절대주의 국가로 성장한다. 프랑스의 저명한 계몽주의자 볼테르를 초빙할 정도로 계몽주의의 영향을 받았고, 오스트리아 왕위 계승 전쟁, 7년 전쟁 등에서 탁월한 역량을 발휘하며 국력을 향상시켰다.

오스트리아와 프로이센은 프랑스 혁명을 막고자 진력을 다했고, 영국, 러시아와 연합해 나폴레옹을 무너뜨리기도 했다. 오스트리아의 재상 메테르니히는 빈 체제, 즉 혁명 이전 절대주의 군주의 세계를 복원하려고 했으나 실패했다.

봉건제, 장원제, 농노제
유럽 중세의 사회제도

봉건제, 장원제, 농노제는 중세 서유럽의 사회 구조를 상징하는 대표적 제도다. 봉건제는 정치 측면, 장원제는 경제 측면, 농노제는 계급 측면을 드러낸다. 고대 로마 제국이 황제에 의해 체계적으로 통치됐다면, 중세 유럽의 권력은 일원적이지 못했다. 황제, 왕, 대제후, 제후, 영주, 기사 등 각양의 권력자가 존재했고 교황이나 대주교 역시 정치 권력자들이었다. 중세 내내 어떤 나라나 지배자도 권력을 독점하지 못했고, 오히려 권력자들 간의 이합집산이 주를 이뤘다. 왕이나 제후는 영주와 기사의 충성을 확보하고자 영지를 하사하고 영지 운영의 독립성을 보장했다. 그 대가로 영주와 기사는 왕이나 제후에게 충성을 바쳤다. 이를 '쌍무적 계약 관계'라고 한다. 지방마다 독특한 제도와 문화가 혼재할 수밖에 없었고, 권력 경쟁이 심할 수밖에 없는 구조였다.

이때 주고받은 영지를 장원이라고 한다. 장원에서는 자급자족적 경제생활이 이뤄졌다. 로마 제국 시기에는 대농장부터 자영농, 상업 무역 제도가 정비돼 각종 물품이 유통됐다면 중세의 혼란상은 그러한 경제 유통 구조가 불가능하게 했다. 즉, 각 영지에서 농민들이 농사를 지었고 생산물은 장원 내에서 소비됐다. 영지에는 영주의 성이 있고 제분소, 대장간 같은 공동 시설이 있었으며, 영주의 직영지, 농노들의 소유지가 혼재했고 이 밖에 목초지와 산림으로 구성돼 있었다. 공동 시설은 이용료를 지불해야 했고, 농노들은 자신들의 농토뿐 아니라 영주의 땅도 경작해야 했다. 지력을 유지하기 위해 휴경지를 두는 삼포제도 실시했다. 농업 기술이 낙후된 상황에서 땅을 묵히면서 지력을 회복하려고 한 것이다.

왕이나 제후는 기사와 장원을 통해 군사력과 경제력을 유지했고, 기사와 장원이 크고 많을수록 권력이 강했다. 이에 반해 농노들은 생산의 영역을 떠받치고 있었다. 농노는 농민 노예를 의미하는데, 지위가 애매해 붙여진 명칭이다. 이들은 장원에 소속돼 거주, 이전의 자유가 없었다. 직업 선택의 자유도 제한됐고, 각종 부문에서 영주의 통제를 받았다. 일주일에 2~3일은 영주의 직영지에서 일하고, 각종 세금도 물었다. 하지만 이들은 가족과 일정 정도의 사유 재산을 가졌으며, 장원의 공유지를 이용할 권리를 보장받았다.

북유럽 복지 국가
사회복지란 이런 것이다

사회 민주주의라는 개념은 독일에서 시작해 북유럽에서 완성됐다. 폭력적인 수단으로 기존 체제를 타도하는 방식을 거부하고, 노동자 스스로 계급 정당을 조직해 평화적으로 의회에 진출해 사회주의적 이상을 달성하고자 한 것이다.

1920년대 이후 북유럽의 사회 민주주의 정당은 계속 제1당의 지위를 유지하며 각양의 개혁 입법을 추진한다. 1930년대 덴마크의 사회민주당은 보수 정당인 자유당과 '칸슬레르가데 타협'을 맺는데 실업보험법, 상해보험법, 국민보험법, 복지법 등 복지 제도 마련에 중요한 합의를 본다. 이 타협안에는 신규 주택 건설, 공공근로 사업 실시 등 복지 제도를 위한 부수적 내용까지 포함돼 있었다. 같은 시기 노르웨이에서는 농민들과의 이익 조정이 중요한 화두였다. 농민을 보호하기 위해 국가 보조금, 농작물에 대한 국가 보증 같은 여러 조치를 실시하고, 사본가와 기업에 대한 규제를 강화하는 등 노동자와 농민의 연대를 통해 사회 보호를 강화하는 합의에 도달한다. 스웨덴도 재무 장관 에른스트 비그포르스의 주도 아래, 농민당과의 담판에 성공한다. 보호 무역을 통한 농민들의 이권 보호, 정부의 적극적 경제 개입, 노동자의 일자리와 임금 보장에 대한 합의가 이뤄진 것이다. 이른바 '적녹 연합'인데 적색은 사회민주당, 녹색은 농민당을 상징해 붙여진 별칭이다.

노동자 계급 정당인 사회민주당과 여타 민중의 이익을 대변하는 농민당, 중간당 등의 연합은 북유럽 정치 지형도를 크게 바꿔놓았다. 노동자, 농민 같은 일반 국민의 입장이 정부 정책에 우선적으로 반영될 수 있었기 때문이다. 1938년 스웨덴에서는 살트셰바덴 협약이 맺어지는데, 스웨덴의 기업인연합(SAF)과 노동조합총연맹(LO)이 협상 파트너가 돼 자율적인 노사 관계를 구축하겠다고 선언했다. 사회민주당이 주도하는 개혁 정책에 힘입어, 기업인을 비롯한 자본가들이 종래의 보수 정당이 아닌 사회민주당의 지배 체제를 인정하고, 동시에 노동자와 연대하는 새로운 파트너십을 구축하기에 이른 것이다. 1950년대 이후 북유럽의 사회민주당은 국민 정당으로 거듭난다. 계급 문제가 일단락된 만큼 모든 국가 구성원의 복리 향상을 위한 정책을 추진했고, 무엇보다 '예방적 사회 정책'에 매진했다. 뮈르달 부부의 〈인구 문제의 위기〉라는 논문도 발표되는데, 이는 사회의 변화상을 예측하고 사전에 대응하는 정책 시스템을 구축하는 토대가 됐다.

서양사

영국의 세계 지배
해가 지지 않는 나라의 전성기

서양사

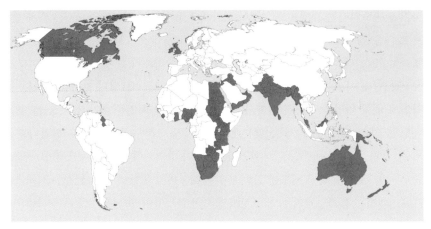

20세기 초반의 대영 제국

"해가 지지 않는 나라." 영국 제국주의의 영광스러운 추억과 관련된 유명한 문구다. 영국은 19세기부터 20세기 중반까지 경쟁자들을 물리치고 세계 최고의 제국주의 국가로 군림했다. 포르투갈과 스페인이 주도한 세계 무역과 해외 식민지 개척의 최종 승리자는 영국이었다. 엘리자베스 1세 치세에 드레이크가 이끄는 영국 해적은 스페인과의 해전에서 승리를 거뒀다. 네덜란드가 포르투갈이 개척한 항로를 점령하자, 영국은 네덜란드와의 전쟁에서 승리를 거두면 서 세계 무역의 중심 국가로 떠오른다. 청교도 혁명을 통해 집권한 공화국의 수장 올리버 크롬웰은 엘리자베스 1세보다 탁월한 능력으로 영국의 해군력과 해외 무역에서의 역량을 끌어올렸다.

비록 미국은 독립했지만 퀘벡을 비롯한 캐나다 일대에서 영국의 식민지는 번성했고, 라틴아메리카의 독립을 후원하면서 아메리카 일대를 영국의 동맹 국가로 만들었다. 죄수 이민 등을 통해 오스트레일리아, 뉴질랜드를 영국령에 편입시키기도 한다.

영국은 17세기에 의회 민주주의를 정착시켰고, 18세기 후반에는 산업 혁명을 주도하면서 성공적인 상업·무역 국가에서 독보적인 공업 국가이자 제국주의의 선두 주자로 거듭난다.

영국은 프랑스의 거센 도전을 물리쳤다. 인도 지배권을 두고 플라시 전투에서 승리를 거뒀고, 인도-미얀마-말레이시아-홍콩-상하이에 이르는 광범위한 영역에서의 우월권을 확보했다. 프랑스는 베트남-라오스-캄보디아 등의 인도차이나 반도에 만족할 수밖에 없었다. 아프리카에서의 경쟁도 치열했다. 프랑스는 알제리-모로코-튀니지 등 북아프리카의 핵심 지역을 장악했고, 마다가스카르섬을 잇는 횡단 정책을 추진했다. 영국은 카이로를 거점으로 이집트 수단 일대를 장악했고, 보어 전쟁을 통해 가혹한 수법으로 네덜란드인을 몰아낸 후 남아프리카를 점령한다. 영국은 이집트 카이로에서 남아프리카 공화국 케이프타운을 잇는 종단 정책을 펼쳤다. 영국과 프랑스는 파쇼다에서 충돌했고, 프랑스의 양보로 마무리된다.

영국 세계 지배의 핵심은 인도양 지배였다. 인도를 중심으로 동쪽으로는 동남아시아와 중국 남부까지, 서쪽으로는 아프리카와 중동을 영향 아래 뒀다. 일부 지역은 식민화했고, 일부 지역은 경제적 이권을 확보하는 형태로 간접 지배했다.

브라질
손꼽히는 영토와 인구를 자랑하는 남아메리카 대표 국가

아르헨티나와 더불어 남아메리카의 대표적인 나라다. 거대한 아마존강과 밀림을 품고 있으며, 세계에서 손에 꼽히는 영토와 인구를 자랑한다. 포르투갈의 식민지였던 브라질은 인근 국가들에 비해 독립 과정이 수월했다. 1807년 나폴레옹이 포르투갈을 침략했고, 영국 해군의 지원으로 포르투갈 왕가가 브라질로 옮겨 온다. 본국을 잃은 채 식민지에서 왕조를 유지한 것이다. 약 7년 후 프랑스 군대가 포르투갈에서 물러나고, 왕실은 본국으로 돌아간다. 다만 주앙 6세의 아들 페드루가 '포르투갈 브라질 연합 왕국'의 섭정 황태자로 현지에 남는다. 하지만 1822년 페드루는 포르투갈과의 관계를 단절하고, 독자적 왕국을 세운다. 브라질의 신흥 세력이 그를 후원했고, 영국의 지원 가운데 독립에 성공한 것이다. 현대 브라질은 군사 쿠데타, 포퓰리즘 등 남아메리카의 고질적 문제들을 온몸으로 경험했다. 브라질은 로마 가톨릭과 개신교의 경쟁이 치열한 나라다. 대부분의 남아메리카 국가들이 스페인, 포르투갈의 식민지였기 때문에 로마 가톨릭의 영향력이 강하고, 브라질 역시 마찬가지다. 하지만 1960년대 이후 개신교 선교사들의 영향력이 확대됐으며, 1990년대 이후 개신교가 크게 부흥했다. 개신교 선교사들은 미디어를 적극적으로 활용했는데, 이에 대응해 로마 바티칸의 후원을 배경으로 마르셀로 로시 신부 중심의 적극적인 가톨릭 부흥 운동이 일어나기도 했다.

브라질은 인종 문제가 심각하다. 미국의 4배 이상의 흑인 노예가 아프리카에서 건너왔고, 여전히 피부색이 사회적 지위에 영향을 미치고 있다. 1970년대 이후 이에 대한 문제의식이 커졌고, 리우데자네이루 주지사 레오넬 브리졸라는 아프리카계 브라질인들을 적극적으로 주정부의 요직에 등용했다. 2003년 대통령 룰라 다 시우바는 조아킹 바르보자 고메스를 대법관에 임명했는데, 오랜 기간 백인들이 독점하던 영역에 비로소 아프리카계가 진입한 것이다.

브라질의 삼바 카니발은 세계적으로 유명하다. 리우데자네이루에서 펼쳐지는 화려한 퍼레이드는 수십만 명이 참여하는 국제적 행사로, 아프리카계의 삼바 학교가 주도한다. 사실 19세기 후반만 해도 삼바 카니발은 탄압의 대상이었다. 그러나 20세기 들어 삼바 음악이 인기를 얻었고, 1935년 국가 차원에서 삼바 학교를 지원하기 시작했다. 관광 사업으로 발전한 것이다.

포에니 전쟁

지중해를 두고 벌어진 로마와 카르타고의 싸움

서부 지중해를 배경으로 로마와 카르타고가 벌인 전쟁. 로마가 승리를 거두며 유럽 문명의 새로운 구심점이 됐다.

로마가 이탈리아반도에서 성장하고 있을 때, 오늘날 튀니지 일대에서는 페니키아의 식민 도시로 출발한 카르타고가 성장하고 있었다. 로마와 카르타고는 100년이 넘는 기간 동안 세 차례 큰 전쟁을 치렀다.

기원전 264년에 제1차 포에니 전쟁이 발발했는데, 이탈리아반도 앞 시칠리아섬의 중요한 항구 메시나에 대한 지배권 때문이었다. 23년간 전쟁을 벌였고, 승리한 로마는 처음으로 시칠리아를 식민지로 거느린다. 기원전 218년에는 제2차 포에니 전쟁이 발발한다. 스페인 일대를 두고 다퉜는데, 카르타고의 명장 한니발의 활약이 대단했다. 코끼리 군단을 이끌고 알프스를 넘어 로마를 직접 포위했기 때문이다. 로마를 궁지에 몰아넣었지만 한니발은 결정적 승리를 거두지 못했고 로마를 함락하지도 못했다. 물자 부족, 주변 정치 집단의 거부감 등 여러 문제가 겹쳤는데, 로마 사령관 스키피오 아프리카누스가 거꾸로 카르타고가 장악한 북아프리카를 침공하면서 상황이 단숨에 역전됐다. 결국 스피키오는 카르타고 인근 자마에서 한니발의 군대를 무너뜨린다. 제2차 포에니 전쟁 역시 로마가 승리했고, 스키피오는 아프리카의 정복자로 불렸다.

하지만 로마는 카르타고의 존립을 용납하지 않았다. 수많은 배상금을 물리고 엄청난 영토를 빼앗음에도 불구하고 카르타고가 다시 성장하자, 로마는 카르타고의 멸망을 목표로 세 번째 전쟁에 돌입한다. 기원전 149년 로마는 명분 없는 전쟁을 시작했고, 카르타고의 성벽을 파괴한 후 엄청난 학살극을 벌인 후, 살아남은 5만여 명의 카르타고인을 노예로 팔았다. 공교롭게도 제3차 포에니 전쟁을 승리로 이끈 인물은 스키피오 아프리카누스의 손자 스키피오 아이밀리아누스였다.

로마는 카르타고를 물리치면서 시칠리아섬, 사르데냐섬, 코르시카섬 등 서부 지중해의 중요한 섬을 장악했고, 오늘날 스페인과 포르투갈의 영토인 이베리아반도 전역, 북아프리카의 주요 거점을 모조리 점령한다. 지중해에 대제국 로마가 등장한 것이다.

예술사

미술 · 조각, 시와 산수화 등
동서양 문화예술의 역사

인상주의
도시와 산업혁명을 낭만적으로 그려낸 미술 운동

모네, 〈양산을 든 여인〉

그들의 성과를 정의하는 한마디 말로 그들의 특징을 나타내고 싶으면 '인상주의자'라는 새로운 용어를 만들어야 할 것이다. 그들은 풍경 자체가 아니라 풍경이 낳은 감각을 묘사한다는 점에서 인상주의자다.

– 평론가 앙투안 카스타나리

마네, 모네, 드가, 르누아르 등 오늘날까지 대중적인 인기를 누리는 인상주의 화풍의 등장은 당시에는 논란거리였다. 당시에는 거친 붓놀림이나 물감의 흔적은 그림의 기초 작업에서나 드러났고, 최종적으로는 치밀하고 매끄럽게 붓질의 흔적을 없애는 것이 보편적이었다.

여러 인상주의 화가와 친밀한 교분을 나눈 문학가 에밀 졸라는 인상주의를 "예술가의 기질을 통해 본 자연의 한 귀퉁이"라고 표현했다. 사물 자체의 묘사에서 벗어나 사물에 대한 예술가의 주관적 인식, 인간의 시각과 감상에 대한 반응이 미술의 주제로 떠오른 것이다.

사실 인상주의는 19세기 사회 문화와 관련이 깊다. 산업 혁명과 도시의 번영이 낭만적이고 감각적으로 표현됐고, 당시 유행하던 자포니즘(Japonism, 일본 문화에 대한 유럽인들의 열광적인 탐닉 현상)에 큰 영향을 받았다. 부르주아의 일상이 소재가 됐고, 은밀한 인간의 욕망이 좀 더 노골적으로 표현됐다. 반면 점증하는 사회 모순, 노동자의 어려운 형편 등에 대한 관심이 부재했다.

여러 작가가 독특한 성취를 일궈냈다. 마네가 도시 일상에 천착했다면, 모네는 농촌과 자연에 집중했고, 드가는 과감하게 정물의 일부를 그림에서 잘라냈다. 르누아르는 여성에 대한 극단적 찬미와 혐오가 공존하는 화가였다.

고딕 양식
높은 천장과 아름다운 스테인드글라스

독일 쾰른 대성당

중세 유럽의 대표적인 건축 양식. 13세기 중세 전성기에 유행했고, 파리의 노트르담 대성당, 샤르트르 대성당, 독일의 쾰른 대성당이 대표적이다. 크리스트교의 핵심은 설교자가 주도하는 예배다. 따라서 많은 신자가 함께 모여서 사제를 바라보며 설교를 듣는 공간이 필수였다.

중세 시대로 들어오면 넓은 예배당을 가진 성당 건축이 유행한다. 문제는 로마 제국이 무너진 후 고전 그리스 로마의 건축술이 유실됐다는 것이다. 따라서 초기에는 큰 돌을 쌓아 올려 거대한 성전을 짓는 양식이 유행한다. 이를 바실리카 양식이라고 하는데, 창문이 없고 빛이 들지 않는 등 문제가 많았다. 그럼에도 돌을 다루는 기술은 나날이 발전했고, 로마네스크 양식을 거친 후 고딕 양식에서 절정을 이룬다.

기둥을 적절히 활용해 무게 중심을 조절했고, 좀 더 얇고 높아졌다. 천장에 부담을 주는 석재를 제거하고, 아치와 궁륭(활이나 무지개같이 한가운데가 높고 길게 굽은 천장이나 지붕)을 적절히 활용하며 넓은 공간을 만들 수 있었다. 고딕 양식의 건축학적인 비법은 부벽(扶壁)에 있었다. 건물 외부에서 기둥과 천장을 받쳐주는 새로운 방식이 고안된 것이다. 이 과정을 통해 중세의 성당은 지극히 크고 화려해진다. 무엇보다 두꺼운 벽이 사라지면서 벽에는 아름다운 스테인드글라스가 만들어졌다. 화려한 색감으로 온갖 성화가 그려진 아름답고 높고 큰 창을 통해 비로소 중세의 예배당에 빛이 들어오게 된 것이다.

고딕 양식의 발전 뒤에는 중세 스콜라 철학을 비롯한 학문적 열정이 있었다. 합리적이고 이성적인 사유, 체계적이고 수학적인 사고방식이 보편화되면서 건축적 성과에 도움을 준 것이다. 건물 외관을 꾸미는 화려한 조각과 성상도 극도로 발전하는데, 유럽 특유의 장식 문화가 만개했다.

베르사유 궁전
절대 군주가 만든 거대한 궁전

태양왕 루이 14세가 1664년부터 1715년에 걸쳐 완성한 바로크 양식의 건물. 베르사유 궁전 하면 통상 바로크 양식의 화려한 실내 장식을 떠올리는 경우가 많다. 하지만 베르사유 궁전은 궁전뿐 아니라 광대한 정원과 궁궐 내외의 공간을 함께 설계했다는 점에서 의의가 크다. 심지어 베르사유 일대의 건물에는 고도 제한이 있었다. 베르사유 궁전의 바닥 높이 이상으로 건물을 지을 수 없었기 때문에 중앙에는 거대한 궁전이 있고, 주변에는 궁전을 우러르는 마을이 어우러졌다. 절대 군주의 이상 도시가 만들어진 것이다.

흥미로운 점은 모자나 검같이 기본적인 격식만 갖추면 누구나 이곳을 왕래할 수 있었다는 것이다. 높은 담을 쌓고 관료와 환관 같은 왕실의 인사들만 드나드는 동아시아의 궁궐과는 차이를 보인다. 베르사유 궁전은 곧장 유명 관광지로 정평이 났고, 이를 구경하고자 전 유럽의 수많은 사람이 몰려들어 호텔업이 번성했으며, 성 앞에서는 검과 모자를 대여하는 가게가 수익을 올렸다. 체스를 하고, 당구를 치며, 일과에 따라 새로운 옷을 입고 정원에서 은밀한 만남을 즐기는 프랑스 귀족 문화가 범유럽적인 유행이 될 정도였다. 베르사유 궁전의 왕실 예배당 천장화가 특히 유명한데, 루이 14세는 아폴론이나 헤라클레스로 그렸다. 어머니는 헤라 여신으로, 아내는 아테나로, 아끼던 신하 마자랭은 아틀라스로 묘사하는 등 그리스 신화를 통해 절대 왕권을 화려하게 표현했다.

루이 14세의 어린 시절은 불우했다. 루이 13세는 온갖 트집을 잡아 사정없이 매질하는 냉혹한 아버지였고, 어머니 안 도트리슈가 20년 동안 임신하지 못했기 때문에 루이 14세는 혈통을 의심받기도 했다. 프롱드의 난(1648~1653년에 걸쳐 일어난 프랑스 내란)이 일어나 전국을 유랑해야 했고, 이 시기에는 궁궐의 하녀조차 무시할 정도로 어려움을 겪었다.

국왕이 된 그는 정부의 모든 일을 꼼꼼히 챙겼고, 온갖 태양 문양으로 자신의 권력을 과시했으며, 아부하는 귀족들을 냉소적으로 대했고, 여성과 음식을 열정적으로 탐했다.

레오나르도 다 빈치

이탈리아의 천재 화가

〈모나리자〉

레오나르도 다 빈치(1452~1519)는 이탈리아의 미술가로, 르네상스 시대를 대표하며 동시에 서양 미술사에 가장 저명한 인물로 인정받고 있다. 그는 당시 피렌체의 저명한 화가이자 조각가인 안드레아 델 베로키오의 공방에서 훈련받았다. 그가 남긴 수천 장의 자료를 보면 그가 얼마나 열정적으로 다양한 분야에서 치열하게 사유하고 미술적 열정을 발휘했는지 짐작할 수 있다. 그중 인체에 대한 관심은 특히 유명하다. 30구 이상의 시신을 직접 해부했고, 여성의 몸속 태아에도 관심을 가졌다. 파도와 조류의 법칙, 나무가 커가는 원리 등을 탐구했고, 곤충과 새에도 관심이 많았으며, 직접 비행기를 고안하기도 했다. 색깔에 미치는 대기와 자연의 영향, 음정의 조화 현상 등 각양의 것들을 연구했고, 이는 그의 예술 세계에 큰 영향을 미쳤다.

많은 작품을 남겼고 그중에서 예수와 열두 제자의 마지막 식사 장면을 그린 〈최후의 만찬〉, 피렌체의 한 여성을 그린 〈모나리자〉가 유명하다. 〈모나리자〉의 경우, 스푸마토 기법을 잘 사용해서 눈가와 입술 가장자리를 미묘하게 묘사했고, 적당하게 그려진 그림자가 표정의 모호함을 살렸다. 호사가들은 〈모나리자〉의 표정을 두고 여전히 논쟁을 벌이곤 한다.

〈모나리자〉는 보는 이의 시선 각도에 따라 인물의 모습이 다채롭게 느껴진다. 배경에는 아름다운 풍경이 그려져 있고, 옷 주름이 상당히 사실적이다.

산수화
동아시아에서 오랫동안 유행한 풍경화

마원, 〈산경춘행도〉

중국 회화는 송나라 때 크게 발전한다. 당나라 때까지만 해도 인물화가 많았다면, 본격적으로 산과 나무, 자연과 경치, 인간의 심상을 투사한 산수화가 그려진 것이다. 불교와 도교 사상의 영향 위에 성리학을 비롯한 새로운 유교 사상이 활기를 띠면서 인간과 자연에 대한 깊은 성찰이 이뤄졌고, 이것이 예술에 영향을 미쳤다. 한편 상업이 크게 발전하면서 도시화가 촉진되는데 그로 인해 번잡한 생활 세계와 대비되는 광활한 자연에 대한 열망 또한 커진다.

북송 대에는 자연을 사실적으로 묘사하는 웅장한 화풍이 인기였다면, 남송으로 가면서 강남 지역의 풍경을 배경 삼아 좀 더 서정적이며 내적인 정서가 충만한 작품이 등장한다. 이 시기에 회화 이론이 발전했고, 전문 화가 외에도 뛰어난 문인 화가가 등장했다. 특히 먹과 붓으로 산과 바위를 입체적으로 표현하기 위해 피마준, 운두준, 부벽준, 수직준 등 각양의 '준법'이 등장하며 산수화에 생동적인 아름다움을 더했다. 범관, 곽희, 마원 같은 걸출한 화가가 배출됐다.

중국의 성
중국문화의 상징, 성(城)

고대 주나라의 예법서인 《주례》는 중국 전통 왕조는 물론 유학 사상을 국가 이념으로 삼는 나라에서 가장 중요한 문서다. 《주례》〈고공기〉에는 수도를 건설하는 방법이 적혀 있는데, 도성 중앙 북편에는 궁전이 있어야 하고, 왼쪽에는 종묘(왕실의 위패를 모시는 곳), 오른쪽에는 사직이 있어야 한다고 했다. 또 동서남북 각 면에 문이 3개씩 있어야 하고, 도성 안 도로는 가로세로로 9개씩 길이 나 있고, 구역에 따라 관청과 시장, 민가가 있어야 했다. 《주례》〈고공기〉에 나오는 도성 건축의 원리에는 중국 전통 사회의 관념이 반영돼 있다. 방위상 북쪽이 가장 중요하기 때문에 왕의 거처가 있어야 하고, 왕과 관료가 중심이 돼 국가를 운영하되 지혜롭고 질서 있게 운영해야 한다는 위계적이며 민본적인 통치 사상이 드러나 있는 것이다.

이러한 사상을 거의 그대로 구현한 성이 당나라의 장안성이다. 동서 9.7㎞, 남북 8.6㎞에 달하는 직사각형 공간의 중앙에는 폭 150의 주작대로가 이어져서 북쪽의 태극궁에 도달한다. 콘스탄티노플보다 7배나 컸다고 하는데, 전체는 108개의 구역으로 나뉘었으며 동서 양쪽에 54개의 구역이 있고 동시, 서시라는 시장이 있었다. 각각의 구역은 2 높이의 담장으로 막혀 있었고, 저녁에는 사방의 문이 닫히면서 출입하지 못했다. 연등 축제가 열리는 정월 보름의 사흘만 자유롭게 돌아다닐 수 있었다.

유교적 공간이었지만 불교 문화의 영향력도 엿볼 수 있다. 궁궐의 북쪽에 귀족들이 살았고, 동쪽에는 한족 부유층이, 서쪽에는 서역에서 온 상인들이 주를 이뤘다. 신분제가 공간에 고스란히 드러난 것이다. 성의 남문을 주작문, 북문을 현무문이라고 이름 지었는데, 이는 도교와 풍수 사상 때문이다. 명나라를 세운 주원장은 난징에서 무려 28년에 걸쳐 도성과 성벽을 짓는다. 현재는 일부 성벽만 남았지만, 당시에는 외성이 60㎞, 경성이 35㎞였으니 세계 최대 규모였다. 흥미로운 것은 경성인데, 13개의 성문이 시계 방향으로 이어진다. 이 중 6개의 성은 남두육성, 7개의 성은 북두칠성을 상징한다. 난징성을 만든 주원장의 무덤 효릉은 북두칠성 위에 위치하니 별자리 모양에 우주의 원리가 있으며, 황제가 우주의 원리를 구현한다는 중국 제왕의 소망이 그대로 발현된 것이다.

이백
중국을 대표하는 당나라의 시인

황금 술잔에는 만 말의 청주

구슬 쟁반에는 만금의 성찬

술잔 놓고 수저 던진 채 먹지 못하며

칼 뽑고 사방 돌아보니 마음 아득해

황하를 건너자니 얼음이 강을 막고

태항산 오르자니 흰 눈이 가득하다

한가로이 푸른 계곡에 낚싯대를 드리우고

배 위에서 홀연히 해님의 꿈꾸노라

길 가기 어려워라 길 가기 어려워라

갈림길 많으니 지금 여기 어디멘가

바람 타고 파도 넘을 날 반드시 오리니

구름 높이 돛 올리고 푸른 바다 건너리

– 이백, 〈길 가기 어려워라〉

이백(701~762)이 쓴 같은 제목의 다른 시에는 그의 심사가 정확히 반영돼 있다. "인생길은 푸른 하늘처럼 넓고 넓은데 어찌해 나만이 갈 길 몰라 헤매나. 부끄럽다! 장안의 귀족들과 어울려 빨간 닭 흰 개 부려 도박 타령하고 있으니"가 그 내용으로, 마흔이 넘어 명성을 인정받아 황제 현종의 부름을 받고 수도 장안에 불려갔으나 궁정 시인에 머문 자신의 삶을 한탄한 것이다.

이백은 당나라의 대표 시인이자 중국 역사에서 최고의 시인으로 추앙받는 인물이다. 젊은 날에 주유천하하며 중국 대륙의 구석구석을 살펴봤고, 위대한 작품을 수없이 남겼다. 장안에서는 황제와 귀족 앞에서 당당한 태도를 보였으나, 그러한 모습 때문에 당대의 권력자 고력사와 사이가 나빠진다. 현종과 양귀비가 꽃 구경을 할 때 이백에게 시 한 수를 쓰라고 하는데, 고력사가 그 내용을 문제 삼아 양귀비에게 일렀고, 양귀비의 미움 가운데 이백은 장안을 떠난다. 이후에도 전국을 방랑하며 시를 지었고 또 다른 시성 두보와 인연을 맺기도 한다. 안사의 난이 일어나자 환갑이 넘은 나이에 난을 진압하기 위해 여러 노력을 하다 죽음을 맞았다.

우키요에

일본 에도막부에서 유행한 컬러 판화

기타가와 우타마로, 〈찻집 위층 방의 연인들〉

일본 에도 막부 시절에 유행한 목판화. 상인 문화가 발전하면서 각양의 대중문화가 쏟아져 나왔다. 시작은 가부키 공연 홍보 전단 정도였으나 가쓰시카 호쿠사이, 도슈사이 샤라쿠, 안도 히로시게 같은 대가들이 등장하면서 독보적인 예술 장르로 발전했다. 동양 화풍에서는 볼 수 없는 각양의 색감을 사용했고, 일본의 일상적인 생활 모습과 천연의 자연환경을 독특한 예술적 감각으로 묘사했다. 샤라쿠는 사람의 얼굴을 그림의 중앙에 배치한 후 각양의 표정을 묘사하는 화풍으로 파란을 불러일으켰다. 호쿠사이의 작품 〈가나가와 해변의 높은 파도 아래〉는 세계적으로 알려진 우키요에 대표작이다.

위의 그림은 기타가와 우타마로의 〈찻집 위층 방의 연인들〉이라는 작품이다. 전면에 목덜미를 드러낸 여성의 뒷모습과 남성의 반쯤 가려진 얼굴이 묘사된 파격적인 구도의 그림이다. 우키요에는 유럽에 소개되면서 크게 인기를 끌었고, 특히 인상주의 화가들에게 많은 영감을 줬다. 고흐의 경우, 여러 작품을 따라 그리기도 했다.

미켈란젤로
르네상스를 대표하는 천지창조의 조각가

미켈란젤로(1475~1564)는 르네상스 시대를 대표하는 미술가이자 서양 미술 역사에서 가장 중요한 인물이다. 다재다능했고 여러 분야에서의 예술적 성취를 이뤄 따를 자가 없을 정도였다. 한참 선배였던 레오나르도 다 빈치와 비견됐고, 세간에서 둘의 경쟁을 부추겼다. 〈다비드상〉, 〈천지창조〉, 〈피에타〉 등 수많은 역작이 있다.

미켈란젤로는 최초의 현대적 미술가로 평가받는다. 본인이 작품의 모든 부분을 책임졌고, 저작권을 분명히 했다. 미켈란젤로 시대에 미술가의 지위가 크게 향상됐는데, 마치 베토벤 시기에 작곡가의 위상이 높아진 것과 유사하다.

그는 특별히 뛰어난 스승에게서 배움을 얻지는 못했다. 하지만 탁월한 실력으로 일찍부터 성공했고 조토, 마사초, 도나텔로 같은 탁월한 선배들의 작품과 메디치 가문 등이 소장한 고전 그리스 로마의 조각 등을 연구하면서 끊임없이 실력을 연마했다.

레오나르도 다 빈치의 경우 수많은 주제에 관심을 뒀다면, 미켈란젤로는 해부학에 집중했다. 그러한 노력 끝에 그는 당대 어떤 미술가나 조각가도 도달하지 못한 수준으로 인체를 묘사했다. 최고의 예술가들도 꺼리던 자세나 각도를 묘사하는 데 거침이 없었다.

교황 식스투스 4세는 시스티나 예배당의 천장에 그림을 그려달라고 부탁한다. 작은 규모였지만 벽면에는 보티첼리, 기를란다요 같은 거장들의 작품이 그려져 있었다. 처음에는 격렬히 거부했지만 결국 4년간의 수고스러운 작업 끝에 〈천지창조〉로 더욱 유명한 천장화를 완성한다.

레오나르도 다 빈치는 완성작이 적고 특유의 게으름으로 유명했다면, 미켈란젤로는 엄청난 작업적 욕망과 성실함, 독선적이면서도 독실한 신앙으로 유명했다. 다 빈치는 조각 작업에 흥미를 느끼지 못했고 비판적이었다면, 미켈란젤로에게 조각은 미술과 버금가는 영역이었다. 두 대가가 이탈리아 르네상스의 절정을 이끌 때 젊은 화가 한 명이 등장하는데, 그가 〈아테네 학당〉, 〈성모상〉 등으로 유명한 라파엘로다. 르네상스 시대에는 수많은 화가가 활약했고 보기 드물게 위대한 예술가들이 쏟아져 나왔다.

낭만주의

이성과 합리주의를 넘어, 감정과 민족주의로!

외젠 들라크루아, 〈사르다나팔루스의 죽음〉

18세기 말부터 19세기 중반까지 낭만주의가 전 유럽을 풍미했다. 낭만주의는 계몽주의, 신고전주의 같은 이전 시대의 주류 사조를 격렬하게 거부했다. 인간의 이성과 합리성에 대한 신뢰, 그리스 로마 문화에 대한 숭배가 한 시대를 풍미했다면 낭만주의는 이러한 경향에 반발하고 근본적인 측면에서 저항했다.

《레 미제라블》,《파리의 노트르담》 등 문학 분야에서 걸출한 작품을 쏟아낸 빅토르 위고는 이러한 경향의 대표 주자였다. 그는 이전의 엄격한 형식을 거부했다. 세계를 직접 체험하며 얻는 작가 자신만의 통찰과 감정적 성찰을 중요시했고, 고전적인 아름다움을 넘어 추악함, 기괴함 같은 새로운 감각에 관심을 기울였다.

외젠 들라크루아는 〈사르다나팔루스의 죽음〉을 통해 낭만주의 미술의 극치를 선보였다. 아시리아의 훌륭한 통치자 사르다나팔루스와 그를 따른 첩의 비극적인 죽음을 전혀 새롭게 해석한 것이다. 여성들의 죽음에 냉담한 국왕을 그리면서 기존의 통념을 거부했고, 스토리도 새롭게 구성했다.

서유럽의 합리주의를 뛰어넘고자 한 독일 철학의 심오한 내적 세계도 낭만주의에 큰 영향을 받았다. 작가 개인의 창조성도 낭만주의와 밀접한 관련을 맺는데 J. M. W. 터너의 〈눈보라: 항구 어귀에서 멀어진 증기선〉, 카스파르 프리드리히의 〈안개 바다 위의 방랑자〉 등이 대표적인 미술 작품이다.

파르테논 신전

페리클레스가 만든 고대 그리스의 신전

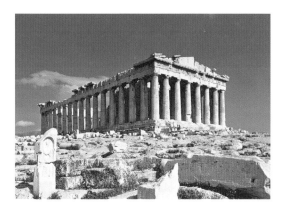

그리스 아테네의 아크로폴리스에 있는 신전으로, 고전 그리스 문화유산을 상징한다.

파르테논 신전은 도시 국가 아테네의 전성기를 이끌던 페리클레스의 작품이다. 페리클레스는 델로스 동맹에 참여한 여러 폴리스의 기부금을 아테네로 가져와 공공사업에 투자했다. 명분은 페르시아의 페르세폴리스에 비견되는 화려한 도시를 건설하겠다는 것이었다. 페르시아와의 전쟁이 끝난 지 얼마 되지 않고 그리스 대표단이 직접 페르세폴리스를 방문한 후에 벌어진 일이다. 실제 목적은 대규모 공공사업을 통해 아테네 경제를 발전시키고, 페리클레스 개인의 지지를 확보하려는 데 있었다.

사업 계획은 웅대했다. 대리석, 구리 등 고급 재료를 사용해 아크로폴리스 전역을 좀 더 화려하게 치장했고, 새로운 도로 체계를 도입하는 등 대규모 건설 사업의 일환으로 파르테논 신전도 지어졌다.

신전의 기둥에는 엔타시스 기법을 사용했다. 중앙을 볼록하게 하는 배흘림 기법으로 오목하게 보이는 시각의 왜곡을 방지한 것이다. 파르테논 신전은 규모와 웅장함에도 불구하고, 애초에 감상을 목적으로 한 작품은 아니었다. 163에 걸쳐 신전 외벽을 장식한 띠 모양의 부조 '프리즈'는 지나치게 높은 곳에 새겨져 있어 제대로 감상하기 어려웠고, 지붕을 장식한 조각상을 입체적으로 감상할 방법이 없었다. 프리즈는 현재 영국 대영 박물관이 소장하고 있고, 그리스 정부에서 반환을 요구하고 있는 실정이다.

두보
이백과 쌍벽을 이루는 시성(詩聖)

날 저물어 석호 마을서 자게 됐더니
관리들이 한밤중 장정을 잡아간다
할아버지는 흙담 넘어 도망을 치고
할머니는 문밖에서 관리를 맞이한다
관리의 고함 소리 어찌 저리 거센가
할머니 울음소리 어찌 저리 가련한가
할머니 나서서 하는 말 귀 기울여보니
'세 아들놈 업성으로 출정했답니다
한 놈이 인편에 편지를 보냈는데
두 놈이 며칠 전에 전사했다 하오
산 놈도 겨우 목숨 부지하고 있고
죽은 놈은 이미 모든 것이 끝났지요
(…)
흐느껴 우는 소리 들려오는 듯
날이 밝아 내 갈 길 다시 나서다 보니
할아버지 홀로 남아 이별을 고한다

– 〈석호의 관리〉

두보(712~770)는 당나라 때 시인으로, 이백과 비견되는 중국 최고의 시인이다. 하지만 두보는 이백과 대조된 삶을 산 것으로 유명하다.

10대 때 문인으로 두각을 나타냈고 대륙 곳곳을 여행했는데, 20대 초반 과거에 낙방했다. 다시 과거에 응시했으나, 재상 이림보가 "재야에는 인재가 남아 있지 않습니다"라며 단 한 명도 합격시키지 않아 또다시 떨어지고 말았다. 이후 10여 년간 장안에서 미관말직을 얻어 분주히 생활하면서 당시 온갖 사회 모순에 눈을 떴고, 이백과 다르게 사회성이 강한 시를 남긴다. 753년 흉년이 들어 자녀가 굶어 죽기도 했다. 안사의 난 때 황제를 따라나서 관직을 얻었으나 쉽사리 좌천됐고, 이후에도 말직과 방랑 생활을 반복했다.

원반 던지는 사람
아름다운 남성의 인체를 조각으로 만들다

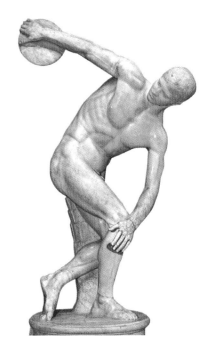

미론은 기원전 5세기 그리스의 조각가다. 그가 청동으로 만든 〈원반 던지는 사람〉은 현재 로마 시대에 대리석으로 복제한 작품만 남아 있다. '절제와 조화'를 지향하는 대표적인 그리스 작품으로 추앙받고 있는데, 문헌에 따르면 〈전속력으로 달려가는 단거리 선수를 표현한 청동상〉 역시 걸작이었다고 한다.

고전 그리스 미술에는 남성 누드가 주요 소재로 활용됐다. 많은 폴리스에서 '미남 선발 대회'가 열렸고, 육체미를 남성의 아름다움으로 평가했다. 달리기, 레슬링 등이 권장됐고, 나체로 운동하는 체육관이 만들어졌으며, 플라톤 역시 그러한 체육관 근처에 아카데메이아를 세웠다. 남성의 신체에 대한 이해도가 높았고, 복부 근육부터 대퇴부에 이르는 건장한 인체 묘사가 활발했다.

사실 〈원반 던지는 사람〉은 인체를 고스란히 묘사하지는 않았다. 드러날 수 없는 척추 뼈마디를 뚜렷이 묘사하고, 등과 허리가 하나의 뼈처럼 이어지게 만들었는데, 좌우 대칭과 질서 정연한 모습을 보여주기 위한 시도였다.

그리스 조각 예술은 로마는 물론 인도까지 전파됐다.

겐지 모노가타리
일본을 대표하는 고대 문학

8세기부터 11세기는 일본 고대 문화의 전성기였다. 다이카 개신 이후, 나라와 헤이안 일대에서 천황과 귀족 주도의 문화가 번성한 것이다. 당나라의 장안성을 모방한 헤이조쿄, 헤이안쿄 같은 도성이 만들어졌고, 《고사기》, 《일본서기》 같은 역사책이 편찬되기도 했다. 불교가 흥성하면서 도다이지 같은 훌륭한 절도 건립됐다. 도다이지는 현존하는 가장 오래된 목조 건축물로, 여전히 높은 위상을 자랑한다. 문화적으로는 이중적이었다. 한편에서는 견당사를 파견하는 등 중국 문화를 습득하려는 노력이 이어졌지만, 이에 대한 반발로 견당사가 폐지되고 고유문화를 강조하는 '국풍 문화'가 등장했다. 국풍 문화의 결정체는 '와카'와 '모노가타리'라는 일본 고유의 문학 장르다.

이 시기 일본에서는 '가나 문자'가 등장해 기존의 한자를 보완하며 독자적인 언어 체계가 발전한다. 와카는 가나로 쓴 시로, 귀족 사회에서 선풍적인 인기를 끌었다. 이를 통해 남녀 간에 연모의 마음을 전하기도 했고, 와카에 대한 이해가 교양을 결정지었다. 와카 쓰기 시합도 벌어졌고, 비평학도 발전했으며, 가문마다 독특한 와카풍을 만들기도 했다. 기노 쓰라유키의 《고금 와카집》이 대표작이다.

이 시기 모노가타리라는 장르가 유행하는데, 일본 문학의 시작이었다. 모노가타리는 대부분 궁궐 여성들에 의해 개척됐다. 그중 가장 유명한 인물은 무라사키 시키부로, 대표작은 《겐지 모노가타리》다. 히카루 겐지의 70년간의 사랑 이야기가 54권으로 펼쳐지는 《겐지 모노가타리》에는 미녀, 추녀, 사랑스러운 여자, 똑똑한 여자, 원한이 있어 귀신이 된 여자, 60이 넘은 할머니 등 다양한 여성들이 등장한다. 그리고 겐지는 온갖 여성들과 사랑을 나눈다. 겐지는 어린 시절 어머니를 일찍 여의었기 때문에 어머니와 닮은 여성을 좋아했다. 무라사키 노우에가 어머니와 가장 닮았기 때문에 어릴 때부터 키워서 아내로 삼고 죽을 때까지 함께했다. 겐지는 의붓어머니 후지쓰보와도 사랑을 나눴고, 그녀는 아이까지 낳는다. 또 겐지의 아내 온나 산노미야도 가시와기라는 남자와 간통해 아들을 낳았고, 그 죄책감으로 승려가 된다. 언뜻 보면 온갖 불륜 이야기가 가득 담긴 것처럼 보이지만 실상은 그렇지 않다. 도덕적 판단을 벗어나 사랑의 미, 아름다움 자체에 집중하기 때문이다. 더구나 사랑의 덧없음, 서글픔 같은 어두운 일면조차 아름다움으로 승화하려 했다.

가부키
상인들이 주도했던 일본의 전통 공연

에도 막부 시기 조닌 문화의 등장은 일본 역사에서 중요한 의의를 지닌다. 이전까지는 천황이나 귀족, 사무라이 같은 지배층 문화가 주를 이뤘다면, 이 시기 상인 계급인 조닌들의 경제력이 크게 향상되면서, 서민들이 직접 문화를 창조하고 유행을 선도한다. 하이쿠, 우키요에, 분라쿠, 가부키 등 새로운 형식의 시, 그림, 인형극, 공연 등이 크게 번성했고, 분야별로 탁월한 예술가들이 등장하면서 독보적인 문화적 성취를 거뒀다. 또 이는 자포니즘이라는 이름으로 유럽에 소개돼 큰 인기를 얻기도 했다.

분라쿠는 인형극으로, 주요 인형마다 세 명의 사람이 인형의 얼굴과 손과 발을 적절하게 조종하며 각종 기교를 선보였다. 아름다운 여성이 갑자기 여우로 변신하거나 밝은 표정에서 어두운 표정으로 갑자기 바뀌는 등 다양한 표현 방식으로 관객들의 흥미를 끌었다.

가부키는 음악, 무용, 기예가 어우러진 공연이었는데, 후대로 갈수록 정교한 서사가 강조됐다. 처음에는 여성 극단의 노골적이고 관능적인 춤이 중심이었다. 하지만 가부키를 '유녀 가부키'라고 부를 정도로 풍기 문란해지자, 막부는 여성 배우의 출연을 금지했다. 그러자 이번에는 15세 이하의 미소년을 여성으로 꾸며 공연했는데 이것도 문제가 된다. 결국 소년티가 나지 않는 청년이 온나가타(女方, 여장 남자 배우)가 돼 성적인 탐닉보다는 인간사의 희로애락을 중심으로 이야기하면서 가부키가 일본의 전통 공연으로 정착한다.

지카마쓰 몬자에몬은 애절한 남녀의 사랑을 주제로 감동적인 작품을 만들어 가부키의 수준을 더했고, 이치카와 단주로, 사카타 도주로 같은 저명한 가부키 배우도 등장한다. 이치카와 단주로의 후손들은 가부키를 계승하면서 현재도 활약하고 있다. '가부키 18번'이라는 말이 있는데, 이치카와 단주로 집안이 만들어온 18개의 작품을 말한다. 일본에서 '18'은 뛰어난 재주를 의미한다. 이치카와 단주로는 특유의 과장되고 용맹한 연기를 펼치기 위해 특수 분장을 개발하기도 했다.

삼국지와 수호지
명나라 때 완성된 중국의 대표 고전

중국 명나라 때 고전 문학의 완성이 이뤄진다. '4대 기서'라고 불리는 《삼국지연의》, 《수호지》, 《서유기》, 《금병매》가 모두 이때 등장했기 때문이다. 그중 《삼국지연의》는 역사 소설, 《수호지》는 영웅 전기를 대표하는 작품이다.

《삼국지》는 조조, 유비, 손권이 삼국을 정립해 쟁패를 벌이는 가운데, 제갈량, 주유, 관우 같은 탁월한 인재들이 기량을 뽐내지만 누구도 천하를 제패하지 못한다는 이야기로, 오랫동안 중국인들에게 사랑받아왔다. 이미 수나라 때부터 조조, 유비와 관련된 공연이 행해졌고, 원나라 때는 40~50여 종의 잡극이 존재할 정도였다.

《삼국지연의》가 《삼국지》를 다룬 최초의 문학 작품은 아니다. 원나라 때 《삼국지 평화》라는 작품이 정식으로 인쇄, 출판됐기 때문이다. 하지만 《삼국지 평화》는 8만 자 정도 되는 단권 분량이었고, 진수의 《정사 삼국지》, 배송지의 《삼국지 주해본》 등 역사책과 다양한 자료를 참고하여 75만 자에 달하게 쓴 것이 대하소설 《삼국지연의》였다. 나관중의 엄청난 문학적 성취로, 70%가 사실이고, 30%는 허구인 '연의 소설'의 모범을 제시했다.

《수호지》의 경우 저자에 대한 논란이 있는데, 나관중이 썼다고도 한다. 《수호지》는 영웅의 일대기를 묶은 것으로, 송강, 양지, 무송, 임충, 노지심 등 여러 호걸이 양산으로 모여드는 내용이다. 모여서 무엇을 하는지보다 각 영웅의 개인적인 일화들이 흥미롭다.

《수호지》도 오랜 세월에 걸쳐 등장한 작품이다. 송강이라는 영웅은 실제 북송 말에 농민 봉기를 이끌던 인물이다. 원나라 때 잡극 주제로 다뤄지기도 했는데, 송나라와 원나라를 거치면서 다양한 인물의 이야기, 각양의 민중 문화, 이를 주제로 삼았던 당시 문화 예술인들의 노력이 결합한 산물이 《수호지》다.

파란색
색깔에도 역사가 있다

서양사에서 파란색의 역사는 독특하다. 고대 사회에서는 전혀 선호되지 않는 색이었다가 시대의 변화에 따라 가치가 비약적으로 높아졌기 때문이다. 그리스 로마 고전 사회에서 파란색은 특별한 의미가 없었다. 붉은색, 흰색, 검은색이 상징적인 색깔로 활용됐기 때문이다. 고대 도시 폼페이의 벽화를 분석해보면 파랑은 기껏해야 바탕색 정도로 쓰였음을 알 수 있다. 이집트를 비롯한 고대 근동 지역에서 파란색이 녹색과 더불어 악을 몰아내는 부활의 색이었던 것과 대조된다. 이러한 경향은 중세 시대에 들어서도 마찬가지였다. 흰색은 순결, 검은색은 금욕과 회개, 빨간색은 그리스도의 피, 순교 등을 상징하면서 여전히 중요한 색이었고, 그 밖에 여러 색이 활용됐음에도 불구하고 파란색은 여전히 무관심의 영역이었다.

하지만 중세 전성기 이후 파란색은 극적으로 중요해진다. 1140년 생드니 수도원의 스테인드글라스 제작 과정에서 새롭게 만든 영롱한 청색이 각광받기 시작한 것이다. '생 드니의 청색', '샤르트르의 청색', '르망의 청색' 등으로 불리며 12세기 후반부터 스테인드글라스에서 빨간색을 밀어내기 시작했다. 같은 청색이지만 이전과는 색감 자체가 다르다. 이 시기에 파란색이 성모 마리아의 색으로 정착되는데, 중세 말 성모 마리아 숭배 열풍과 더불어 파란색의 지위도 격상됐다. 경건왕 루이 9세는 프랑스 왕 최초로 청색 옷을 입었고 이것이 이후 유럽 국왕의 옷이 된다. 19세기 이후 성모 마리아가 로마 가톨릭에서 높은 지위를 얻으며, 순결과 처녀의 상징인 흰색이 마리아의 상징이 된다. 파란색의 지위가 박탈당한 것이다.

그렇다고 파란색의 인기가 시들해지지는 않았다. 종교 개혁을 거치면서 개신교도들이 검은색을 비롯해 감색, 회색 등 어두운 계열의 색을 경건의 상징으로 여겼고 짙은 파란색도 관심받았다. 무엇보다 뉴턴이 스펙트럼을 발명한 후 빛의 색감이 정확히 밝혀졌고 따라서 파란색과 녹색은 과학적 기초 위에서 중요한 색으로 대접받기 시작했다. 또 페르시안 블루 같은 새로운 염료 기법의 탄생으로 파란색은 다시 한번 매력을 인정받는다. 바로크 시대 이후 귀족들은 옅은 색감을 좋아하기 시작했는데, 이 또한 파란색이 다양한 매력으로 대중에게 다가갈 기회를 제공했다. 파란색은 프랑스 혁명 당시 대유행했고, 18세기 이후 현재까지 가장 사랑받는 색깔로 군림하고 있다.

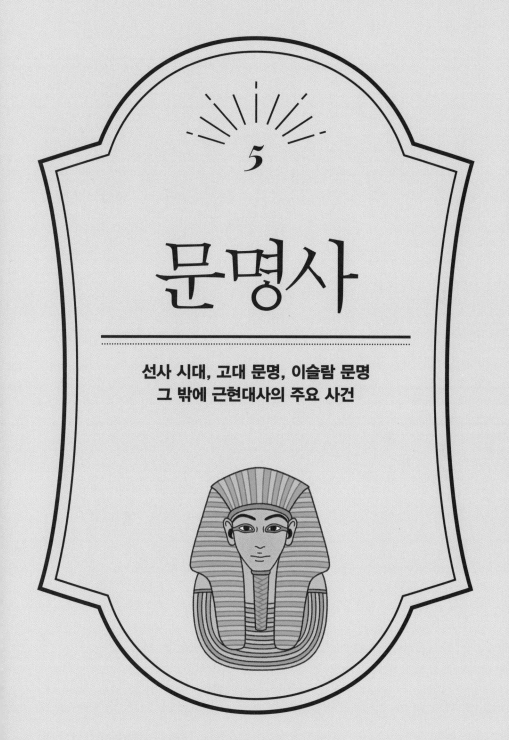

5

문명사

선사 시대, 고대 문명, 이슬람 문명
그 밖에 근현대사의 주요 사건

길가메시 서사시
유럽에 충격을 준 메소포타미아 신화

우트나피시팀이 길가메시에게 말했다. "길가메시 그대에게 신들의 비밀을 밝혀주리라. 위대한 신들은 홍수를 내리도록 결정했다. (…) 모든 산 자를 배에 태워라. (…) 나는 배에 모든 것을 실었다. 모든 생물을 배에 실었다. (…) 이레째 되는 날 나는 비둘기 한 마리를 날려 보냈다. 비둘기는 멀리 날아갔으나 앉을 곳을 찾지 못한 채 돌아왔다.

-《길가메시 서사시》

이 이야기는 기원전 7세기 니네베의 아슈르바니팔 왕궁 서고에서 출토된 토판에 기록된 것으로, 성경의 '노아의 홍수' 이야기와 유사하다. 니네베는 당시 근동 지역의 지배 국가였던 아시리아의 수도로, 국왕 아슈르바니팔은 왕궁에 대규모 도서관을 짓고 학문을 후원했다. 따라서 근동의 여러 지식이 보존될 수 있었는데, 19세기 중반 역사가 조지 스미스가 관련 점토를 연구하면서 길가메시에 관한 자료가 세상에 알려졌다. 영국이 이 지역을 침략했고, 대규모 토판을 자국으로 가져갔기에 가능한 성과였다.

길가메시는 실존 인물로 우루크의 왕이었는데, 사후 신화적 인물이 돼 메소포타미아 문명의 신화와 전설이 덧입혀졌다. 서사시는 상당히 흥미롭다. 그는 전쟁에서 큰 승리를 거두고 존경받는 제왕이었다. 길가메시는 신들을 무시했고 신들은 그를 심판하기 위해 엔키두라는 영웅을 보낸다. 하지만 길가메시와 엔키두는 대결 가운데 우정이 싹터 가까운 친구가 된다. 길가메시가 엔키두의 도움을 받아 숲의 괴물 훔바바를 무찌르고 더욱 강성해진 데다 엔키두가 하늘의 황소까지 죽이자 신들은 엔키두를 죽인다. 이후 길가메시는 불멸의 비법을 찾아 헤매다 우트나피시팀을 만나 대홍수를 비롯한 옛날이야기를 듣는다.

《길가메시 서사시》 발굴 당시 논란이 많았다. 성경 내용을 베꼈거나 영향받았다는 주장도 있었지만, 고고학적으로 《길가메시 서사시》가 먼저 만들어졌기 때문에 이런 주장은 설득력을 잃었다.

길가메시는 불로초를 구했지만, 한눈을 파는 사이에 잃는다. 길가메시는 삶의 무상함을 노래하고 현세적인 삶을 예찬하는데, 이 또한 성경의 《전도서》의 "해 아래 새것이 없다", "헛되고 헛되고 모든 것이 헛되도다" 식의 세계관과 상통한다.

동굴 벽화
구석기 시대 사람들, 동굴에 그림을 그리다

프랑스 라스코 동굴에는 1만 7,000년 전 구석기 시대의 벽화가 남아 있는데, 종교적 소망, 풍요와 번영에 대한 기원을 담고 있다. 또한 동굴 자체가 신성 공간이었을 것이다. 라스코 동굴의 '황소의 방'이라 불리는 곳에는 뿔 달린 황소, 거대한 황소, 붉은 사슴 등이 생동감 있게 묘사돼 있다. 석회 동굴이기에 벽면은 회색 혹은 흰색이었고, 구석기 시대 사람들이 기름 램프를 들고 와서 당시 구현 가능한 여러 기법으로 생동감 있게 그림을 그렸다. 개중에는 입으로 안료를 뿌리는 방식, 즉 스프레이 기법으로 그려진 말도 있다. '엑시알 갤러리'라 불리는 곳에는 검정 소와 야생마 등이 묘사돼 있는데, 동굴 표면이 울퉁불퉁해 역동성이 더해졌다. 큰뿔사슴이라는 멸종된 동물도 그려져 있다. '샤프트'라는 곳에는 황소에 받혀 내장이 쏟아진 사람이 묘사돼 있는데, 이를 어떻게 해석할지를 두고 의견이 분분하다. 사슴 떼를 그릴 때 뿔 묘사가 섬세하고, 검은 암소를 묘사한 장면에서는 격자무늬가 발견되기도 했다. 들소의 뒷다리가 겹쳐져 그려졌거나 동물 형상에 맞게 색감이나 터치 기법을 달리 썼다는 점에서 예술적 수준이 탁월하다.

구석기 시대 벽화 예술은 라스코 동굴 외에 여러 곳에서 살펴볼 수 있다. 스페인 알타미라 동굴 벽화는 1만 4,000년 전에 그려진 것으로 추정되는데, 붉은빛의 들소 그림이 인상적이다. 2만 2,000년 전에 그려진 프랑스 페슈 메를 동굴의 벽화에는 점박이 말 두 마리가, 3만 2,000년 전 벽화가 남겨진 프랑스 쇼베 동굴에는 곰이 그려져 있다. 쇼베 동굴에는 곰의 머리뼈가 동굴 중앙의 제단으로 추정되는 바위에 올려져 있는데 이 또한 궁금증을 자아낸다. 벽면 한편에 수십 개의 손바닥 자국이 찍혀 있기도 하다.

일부 학자들은 벽화를 호모 사피엔스의 승리를 상징한 것으로 본다. 호모 사피엔스가 네안데르탈인에 비해 언어 사용 능력과 예술적 감각이 앞섰기 때문이다.

아프리카의 역사
거대한 대륙, 지역마다 다르게 번성하다

오늘날 '아프리카'라는 지리적 개념으로 그들의 역사를 설명하는 것은 불가능하다. 지리적으로 아프리카가 하나의 개념으로 통합된 것은 유럽인의 식민 지배 때문이고, 이 또한 그리 오래된 일이 아니다. 아프리카의 지리적 특성도 고려해야 한다. 북반구에서 남반구까지 거대한 규모로 이어지며 사하라 사막, 적도 지대, 열대 우림 등 각양의 자연환경이 존재했기 때문에 단일한 역사는 물론 거대한 제국, 고도의 문명 발전 같은 것이 지속적으로 일어나기 어려운 구조였다. 고대 이집트나 북아프리카를 제외하고 대부분 지역에서는 수만 개의 부족 사회가 주를 이뤘다는 것도 고려해야 한다.

고대 이집트인들은 누비아(오늘날 수단 북동부로, 고대 아프리카 북동부에 있던 지역)에 대한 기록을 남겼다. 그들은 원정대를 누비아에 파견해 노예, 소, 동물 가죽, 목재 등 그들이 필요한 것을 빼앗았다. 하지만 기원전 1000년경 누비아인들은 쿠시 왕조를 세웠고, 나아가 기원전 730년에는 이집트를 정복했다. 기원전 690~664년까지 이집트를 다스린 파라오 타하르카는 이집트를 다스린 흑인 파라오였다.

오늘날 에티오피아 일대에는 악숨 왕국이 들어선다. 기원전 4세기부터 기원후 9세기까지 매우 오랜 기간 존속된 왕조로, 기원과 활동상에 대해서는 논란이 많다. 현재 북서부 아프리카에는 이슬람교도가 주를 이루는 데 반해 에티오피아에는 여전히 크리스트교인이 많다. 이는 악숨 왕국 때문이다. 350년 에자나 왕이 크리스트교를 국교로 선포했고, 비잔틴 제국과 유대 관계를 형성하기도 했다. 구약 성서에는 이 일대를 다스린 시바의 여왕이 유다 왕국을 방문해 솔로몬 왕과 만났다는 기록이 있고, 신약 성서에는 에티오피아 왕국의 내시에게 예수의 제자 빌립이 크리스트교를 전하는 내용이 나올 정도로 독특한 유대 관계를 형성한 것이다.

서아프리카에는 600년경부터 왕국이 형성되는데, 9세기부터 13세기 사이에는 가나 왕국, 다시 13~14세기까지는 말리 왕국, 15~17세기에는 송가이 왕국이 번성했다. 말리 왕조는 이슬람 왕조로, 국왕 만사 무사가 유명하다. 그는 노예 1만 2,000명과 아내 800명을 거느리고 메카를 순례했는데, 엄청난 황금을 뿌리고 다녀서 전 세계 금값이 떨어졌다는 일화도 전해진다. 서아프리카에서 황금이 많이 나왔고, 이슬람 상인들이 낙타를 이용해 사하라 사막을 가로질러 서아프리카와 교류하는 대상 무역이 번성하면서 나타난 현상이다.

카스트 제도와 자이나교
여전히 존재하는 인도의 신분제와 고행의 종교

인도의 계급 제도로, 원래는 '바르나 제도'였으나 서양인들에 의해 '카스트 제도'로 불리며 오늘날에 이른다. 기원전 1500년경 아리아인들이 인더스강 유역의 펀자브 지역을 점령했고, 다시 500년이 흐르면서 갠지스강에까지 이른다. 북부 인도에 새로운 지배 계급이 생긴 것으로, 이들은 브라만교를 받들었다. 브라만교는 우주와 자연에서 벌어지는 신적인 현상을 찬미하는 종교로, 사제 그룹을 '브라만'이라 했다. 아리아인의 침략, 브라만교의 확대 등을 통해 인도에는 카스트라는 독특한 신분 제도가 만들어진다.

신분은 사제 계급인 브라만, 귀족 계급인 크샤트리아, 평민 계급인 바이샤, 노예 계급인 수드라로 나뉜다. 그 밖에도 불가촉천민이 존재하는데, 불가촉천민은 문자 그대로 '손댈 수조차 없는 천박한 사람들'이라는 의미다. 현대 인도에는 불가촉천민으로 분류된 인구가 1억 명이 넘는다. 극도로 천시되는 계층이기 때문에 낮에 돌아다닐 수 없고, 따라서 일자리를 구하지 못해 야밤에 쓰레기통을 전전하면서 생계를 유지하는 등 카스트 제도로 인한 문제가 끊임없이 발생하고 있다.

브라만교의 영향력이 지속되는 가운데 기원전 8세기에서 6세기 사이, 여러 사상과 종파가 등장한다. 정교한 찬미 의식을 발전시킨 브라만교의 지나친 형식화를 비판하며 등장한 아트만, 참된 자아를 강조한 우파니샤드 철학이 그것이다. 우파니샤드는 우주와의 일치를 추구하기 위해 고행을 강조했다. 자이나교는 마하비라 바르다마나가 창시했는데, 우파니샤드 철학의 영향을 받아 극단적인 고행을 강조하는 분파로 유명하다. 살생을 엄격히 금지하기 때문에 빗자루를 들고 다니면서 내딛는 길을 쓸기도 한다. 무의식중에 벌레를 밟아 죽일 수 있기 때문이다. 또 일체의 무소유를 강조했기 때문에 완벽하게 나체로 생활하는 수도승도 많다. 식사는 신도들의 자발적 공양에 의지하기 때문에 굶는 경우가 허다하고, 한겨울에도 대나무 돗자리를 덮고 잔다. 이러한 극단적 고행과 브라만교를 비판하며 등장한 종파가 불교다. 불교는 소승 불교와 대승 불교로 분화되는데, 기원전 4세기에 등장한 마우리아 왕조에서는 소승 불교가, 기원 전후에 등장한 쿠샨 왕조에서는 대승 불교가 국가의 후원 아래 크게 성장한다.

이슬람의 역사
칼리프에서 술탄으로, 아라비아에서 터키로

6세기경 예언자 무함마드의 주도로 아라비아 일대에 이슬람 세력이 흥기한다. 아라비아는 비옥한 초승달 지대에서 벗어나 있기 때문에 고대 근동사에서 그다지 중요한 공간이 아니었다. 하지만 아라비아반도를 활보하는 상인들이 등장하고, 메카, 메디나 같은 홍해 연안의 도시들이 번성하기 시작한다. 특히 비잔틴 제국과 사산조 페르시아 간의 대립이 격화되면서 이곳은 새로운 무역로가 된다.

무함마드 사후에 이슬람 세력이 크게 번성하면서 일대의 제국으로 발전한다. 무함마드의 후계자를 '칼리프'라고 하는데, 정통 칼리프 시대에서 세습 칼리프 시대로 변화된다. 정통 칼리프 시대에는 사산조 페르시아를 멸망시키면서 동부 지중해에서 중앙아시아에 이르는 제국이 됐고, 세습 칼리프 시대가 되면 북아프리카는 물론 지중해를 넘어 이베리아반도 일대까지 진출한다. 중앙아시아에서 근동과 북아프리카를 잇는 새로운 형태의 제국이 등장했고 이들은 지중해에서 가장 강력한 세력이 된다. 정통 칼리프 시대에는 무함마드의 제자 중 후계자를 선출했고, 세습 칼리프 시대에는 우마이야 가문이 권력을 독점했기 때문에 우마이야 왕조라고도 한다. 우마이야 왕조는 다마스쿠스를 중심으로 발전했다.

이후 아바스 왕조가 등장하면서 이슬람 세계는 분열한다. 우마이야 왕조의 정통성을 인정하는 수니파와 부정하는 시아파로 나뉜 것이다. 아바스 왕조는 바그다드를 중심으로 번성했고, 탈라스 전투에서 중국 당나라에 승리를 거두며 실크 로드 지배권을 장악한다. 이때부터 중앙아시아와 오아시스 국가(중앙아시아에 오아시스를 중심으로 발달한 도시 국가), 중국 서북부 신장 위구르 지역의 이슬람화가 진척됐다.

11세기, 튀르크족 터키인들이 아랍 세계를 침략하면서 이슬람 사회는 변화한다. 셀주크 튀르크인은 중앙아시아에서 유목 생활을 했는데, 바그다드를 침략해 아바스 왕조를 굴복시켰다. 이때 셀주크 튀르크의 지도자는 술탄이 된다. 종교적 지도자인 칼리프, 세속적 지도자인 술탄으로 권력 구조가 변한 것이다. 셀주크 튀르크의 지위는 오스만 튀르크 제국이 계승한다. 한편 이슬람은 해상 실크 로드를 통해 동남아시아 일대에도 널리 퍼졌다. 현재까지 중동, 아프리카, 동남아시아, 중앙아시아 등에서 강력한 교세를 발휘하고 있다.

토지 개혁
고단한 농민의 삶을 해결하기 위한 오랜 노력

농민의 토지 소유 문제는 인류사를 관통하는 가장 중요한 문제다. 귀족 세력이 자신들의 권리를 남용해 백성의 토지를 점탈하는 일이 빈번했기 때문인데, 자본주의가 발전한 근현대 역사에서도 토지 문제는 여전히 중요하다. 토지 개혁을 통해 균등한 재산권을 확립할 수 있고 소유 관계가 정확해지는 만큼 중국, 일본, 한국 등토지 개혁에 성공한 동아시아의 여러 국가는 산업화에서 크게 두각을 나타내기도했다.

하지만 이란, 필리핀, 인도 등 아시아 국가들은 물론 라틴아메리카를 포함한 세계 유수의 나라들은 토지 개혁에 실패한 후 경제 성장이 사회 성장, 건전한 국민 경제 발전으로 이어지지 못하고 있다.

1951년 당시 인도는 농업 인구 2% 미만의 지주들이 전체 토지의 60%를 차지하고, 소작인이나 임금 노동자가 전체 인구의 70%에 이를 정도로 심각한 상황이었다.

네루가 이끄는 인도 정부는 이를 극복하기 위해 토지 개혁을 추진했지만, 그다지 성공적이지 못했다. 토지 소유의 상한선을 정하거나, 중개인 제도를 비롯한 소작 제도의 문제만 일부 시정했기 때문이다. 정부의 안이한 태도는 현장에서 많은 문제를 일으켰다. 지주들은 정부 정책에 저항하거나 악의적으로 해석하면서 자신들의 권리를 포기하지 않았다.

소작인의 어려운 형편을 악용한 지주들의 고리대 사업도 심각한 문제였는데, 이는 인디라 간디 정권 시절 신용 은행 등을 만들면서 상당 부분 해소된다. 이후 인도 정부는 녹색 혁명을 추진해, 토지 모순이라는 구조적 문제를 생산력 향상으로 해결하고자 했다. 성장과 분배 문제에 대한 모호한 태도가 현대 인도를 더욱 복잡하게 만들고 있다.

로제타 스톤
샹폴리옹 이집트 상형문자를 해독하다

나폴레옹의 이집트 원정 중에 발견된 돌. 프랑스의 언어학자 샹폴리옹은 로제타 스톤에 새겨진 글귀를 분석해 이집트 상형 문자를 해독했다.

1798년 나폴레옹은 328척의 배에 3만 8,000명의 병력과 167명의 과학자를 데리고 이집트 원정에 나선다. 원정대는 기자의 피라미드, 스핑크스부터 필레 지역의 신전 내부까지 고대 이집트의 중요한 유적을 살펴봤다. 그러던 중 나일강 삼각주 로제타 일대에서 바윗덩어리를 발견하는데, 여기에 세 가지 형태의 글이 함께 쓰여 있었다. 이집트 신성 문자, 이집트 민중 문자, 그리스 문자가 그것이다. 그리스 문자는 해독할 수 있었다. 바위에 쓰인 내용은 기원전 196년 프톨레마이오스 5세가 내린 명령으로, 아마도 같은 내용을 여러 언어로 적어놓은 듯했다. 따라서 그동안 해독할 수 없던 이집트 문자에 대한 실마리가 생긴 것이다.

나폴레옹의 이집트 원정은 영국 해군에 의해 실패했고, 로제타 스톤도 영국에 빼앗기고 만다. 하지만 비문 탁본은 확보했는데, 당시 영국의 저명한 언어학자 토머스 영과 프랑스의 젊은 무명 학자 샹폴리옹 간에 이집트 문자 해독 경쟁이 벌어진다. 토머스 영은 이집트 문자가 표음 문자라는 가능성을 부정한 데 반해, 샹폴리옹은 표음 문자임을 확신했다. 샹폴리옹은 이집트 상형 문자에는 모음이 없고, 자음 하나를 나타내는 24개의 부호가 있으며, 그것이 알파벳 기능을 한다는 것을 알아낸다. 글은 오른쪽에서 왼쪽으로 쓰이고, 띄어쓰기가 없다는 것도 확인했다. 결국 문자 체계 전체를 해독한다.

샹폴리옹의 경이적인 성과는 곧장 많은 비판에 시달렸고, 42세에 일찍 죽는 바람에 그의 언어학적 성과가 공인되는 것을 지켜보지 못했다. 그가 죽은 지 15년이 지난 1845년이 돼서야 그의 문자 해독이 공인되었다.

사실 이때만 해도 이집트 유물을 비롯한 근동 지방의 고대 문물은 연구의 대상이라기보다 약탈과 도굴의 대상이었다. 하지만 샹폴리옹이 중요한 학문적 개가를 올렸고, 이후 존 가드너 윌킨슨 같은 탁월한 학자가 등장하면서 '이집트학'이라는 전문 분과가 생긴다. 윌킨슨은 샹폴리옹의 오류를 밝혀내는 등 고고학 발전에 중요한 성과를 냈다. 이를 계기로 유물과 유적이 학문 연구의 대상이 됐으며, 이집트학은 오늘날에도 가장 각광받는 주제로 남아 있다.

스키타이
인류 최초의 유목 민족

스키타이 황금 유물

역사상 최초의 유목 민족. 유목민이 등장하기 위해서는 말을 길들이고 마구를 활용하는 기술이 발전해야 한다. 기원전 1000년경부터 재갈, 마구, 활, 양날 단검, 사슴돌과 같은 독특한 문화가 중앙아시아의 초원 지대에서 등장한다. 그리고 기원전 7세기에 스키타이가 등장하는데, 중앙아시아에서 발원해 서아시아부터 동부 지중해 연안까지 다양한 곳으로 이동했다.

그리스인들 사이에서 스키타이인이, 헤라클레스와 하반신이 뱀인 여성 사이에 태어난 세쌍둥이였다는 설화가 떠돌았다. 그리스의 역사가 헤로도토스는 스키타이에 대해 상세한 기록을 남겼는데, 아케메네스조 페르시아가 스키타이를 정벌하기 위해 대군을 이끌고 흑해 일대를 원정했다고 한다. 하지만 스키타이는 원정군과의 대결을 피하면서 초원 지대로 숨어들었고, 결국 변변한 전투를 벌이지 못한 원정군은 아무 소득 없이 돌아오고 말았다.

스키타이는 주로 흑해 북쪽 드네프르강, 부그강 일대에 여러 나라를 세웠다. 크림반도 북쪽에 위치하는 지역이다. 기원전 4세기 아테아스 왕 당시 다량의 곡물을 그리스에 수출하면서 번성했는데, 이는 스키타이 중 일부가 농경에 종사했다는 말이다. 유목 스키타이가 아닌 농경 스키타이가 존재했다는 말로, 이를 두고 학계에서는 논쟁이 분분하고, 이들을 유목민이 지배하던 토착 슬라브인으로 추정하기도 한다.

농경 민족이 토지를 중요하게 여겼다면, 이동을 일삼는 유목 민족은 황금을 귀하게 여겼다. 스키타이의 청동기, 황금 유물 등은 흑해 연안, 시베리아 남부, 서아시아와 지중해 등 다양한 문화와의 교류를 통해 형성됐고, 중앙아시아는 물론 중국, 한반도까지 전파돼 영향을 미쳤다.

사우디아라비아

아랍의 대표적인 산유 국가

아라비아반도에 있는 나라로, 대표적 산유국이자 이슬람 국가다. 서아시아의 많은 나라가 그렇듯 사우디아라비아 역시 현대에 만들어진 신흥 국가다.

사우디아라비아는 와하브 운동과 연관을 맺는다. 18세기 후반 이븐 압둘 와하브는 이슬람 개혁을 주장하며 아라비아반도에 영향력을 행사한다. 그는 알라의 절대적 권위를 강조하며 특정 인물을 예언자나 성자로 취급하는 행동을 다신교로 규정해 가혹하게 비판했고, 동시에 신비주의에 대해서도 비판적이었다. 그의 가르침은 1745년 아라비아의 작은 부족 국가의 지도자 무함마드 이븐 사우드에게 영향을 줬고, 이븐 사우드는 와하브 운동을 전파하기 위해 일대에서 정복 전쟁을 펼치는 등 적극적으로 행동했다.

주변 세력과의 여러 갈등을 벌인 끝에 1902년, 압둘 아지즈가 와하브 운동의 '이맘', 즉 지도자를 자처하며 아라비아 일대를 평정한다. 이라크, 요르단, 예멘 등 주변 국가의 경계선이 확정된 것도 이때다. 사우디아라비아가 탄생한 것이다.

사우디아라비아는 1930년대 산유국이 되면서 급부상했다. 제2차 세계 대전 이후 전 세계의 석유 수요가 많아지면서 급성장했고, 오일 머니를 바탕으로 기간산업이 광범위하게 발전했다. 그에 따라 예멘, 오만 같은 주변 국가는 물론 이집트, 파키스탄 등 이슬람권의 많은 인력이 몰려들어 일자리를 구했다. 이 시기부터 사우디아라비아는 이슬람권의 지도 국가로 활발한 행보를 보인다. 전 세계에 이슬람 신자들을 지원하는 프로그램을 만든 것이다. 미국, 영국 등 선진국에 이슬람 신자가 살고 있다면 대학부터 모스크까지 각종 물적 지원을 아끼지 않았고, 코소보, 체첸, 아프가니스탄 등 이슬람과 관련된 분쟁 지역 문제에도 적극적으로 관여했다. 사우디아라비아식 이슬람교 전파에 매우 적극적임에도 불구하고 미국을 비롯한 서구 국가들과 협조적인 관계를 구축하고 있다.

사우디아라비아의 사회 제도는 매우 보수적이다. '마즐리스'라는 사우디 왕가의 가족회의가 모든 것을 결정하기 때문이다. 이들은 지방의 수장들과 긴밀한 관계를 구축하고, 거의 전 분야에서 월급과 보조금을 지원한다. 오일 머니가 있기 때문에 가능한 시스템이다.

이란
페르시아를 계승한 이슬람 국가

현대 이란은 페르시아를 계승한 나라다. 고대 페르시아 제국으로 크게 흥기했고, 조로아스터교의 발상지이기도 하다. 하지만 현재는 대부분 이슬람을 믿고 있다. 중세 기간 여러 제국의 영역이었고, 사파비 왕조를 세우기도 했다.

현대 이란의 역사는 극적이다. 이란은 위치상 북쪽으로는 중앙아시아, 남쪽으로는 페르시아만을 마주하는 요충지이기 때문에 영국과 소련의 이권 다툼이 격렬했다. 1919년 '영국·페르시아 조약'을 통해 이란은 영국의 지배를 받게 된다. 이 시기 소련은 이란 공산당과 분리주의 운동을 적극적으로 지원했다. 결국 소련의 도움으로 영국과의 불평등 조약 폐지에 성공한다.

1925년 이란은 레자 칸의 주도로 독립한다. 이때 세워진 나라가 팔레비 왕국으로, 레자 칸은 이란의 '샤(왕을 의미하는 페르시아어)'가 된다. 팔레비 왕국은 철저하게 서구화를 지향했다. 서구식 교육 제도를 도입했고, 이슬람 세력을 통제하고자 했다. 기존의 종교 교육 대신 테헤란 대학을 설립하고, 각양의 근대식 전문학교를 세웠으며, 행정력과 국방력을 강화하고자 했다. 프랑스, 벨기에, 미국, 독일 등 여러 나라의 지원을 받으며, 근대적인 재정 인프라도 확충했다. 제2차 세계 대전 종전 이후 이란은 미국의 지원을 받는다. 미국은 군사 원조의 대가로 석유를 요구했고, 이란 북부의 분리주의 운동 세력을 몰아냈다.

외국 자본의 석유 침탈은 1950년대 이란의 정치 사회에서 중요한 화두였다. 국민전선을 이끌던 모사데크는 국민의 지지를 등에 업고 앵글로-이란 석유 회사를 국유화하는 등 강력한 석유 민족주의 정책을 추진했다. 하지만 서구 국가들은 이란 석유 불매 운동으로 대응했고, CIA의 지원으로 모사데크는 축출당한다.

1970년대 이란은 또 한 번의 대변혁을 맞이한다. 아야톨라 루홀라 호메이니를 중심으로 이슬람 혁명이 촉발됐기 때문이다. 1971년 호메이니는《이슬람 정부》라는 책을 썼는데, 왕정 제도, 서구화 정책은 모두 이슬람 경전의 뜻을 위배하는 것이므로 이슬람 중심의 새로운 사회를 건설해야 한다고 주장한다. 정교일치를 외친 주장으로, 이는 이란의 민족주의를 자극하며 혁명에 성공한다. 그로 인해 서구화 정책은 모두 철폐됐으며, 여성들이 누리던 기회는 말살됐다.

주먹 도끼
인류 최초의 도구

주먹 도끼는 오늘날 구석기 시대의 대표적인 유물로 분류된다. 수십만 년 전부터 인류는 돌을 활용했다. 돌끼리 부딪치게 하거나 큰 바위에 작은 돌을 충돌시켜 단면이 날카로운 석기를 만들어 활용했다.

1797년 영국의 존 프레어는 혹슨에서 인부들과 벽돌을 만들다 오래된 돌도끼와 동물의 뼈를 발견한다. 지질학에 식견이 있던 그는 지층을 파고 들어가 주먹 도끼를 비롯한 여러 석기와 멸종된 코끼리의 뼈까지 찾아낸다. 그는 금속을 사용하기 이전 시대의 유물을 발견했다고 주장했는데, 이것이 사실로 받아들여지기까지는 반세기 이상이 필요했다. 그때까지는 선사 시대를 이해할 수 있는 체계적인 학문적 성과가 없었기 때문이다.

이후 물길을 연구하던 운하 전문가 윌리엄 스미스는 지층에 대한 획기적인 생각을 전개한다. 대지에 광범위한 퇴적층이 있다는 것을 발견했기 때문이다. 그는 '지층 스미스(Strata Smith)'라는 별명을 얻었는데, 지층이라는 개념이 정식화된 것이다. 비슷한 시기, 오랜 기간 지층 활동이 지구에서 반복적으로 이뤄졌고 지금도 이뤄진다는 주장인 '동일 과정설'이 제기됐고, 영국의 지질학자 찰스 라이엘은《지질학 원론》에서 당시로서는 혁신적인 이론을 공식화했다.

연대를 확인할 수 없는 다양한 형태의 석기와 이미 멸종된 동물의 뼈가 벨기에, 프랑스 등에서 계속 발굴됐고, 이러한 유물 확보와 지질학의 발전이 결합해, 결국 역사 시대 이전의 선사 시대, 구석기 시대와 신석기 시대가 공식화된 것이다.

메소포타미아 문명
인류 최초의 문명

티그리스강과 유프라테스강 사이에서 발원한 문명. 기원전 약 3,000~3,500년 사이에 흥기했는데, 이집트 문명과 더불어 인류 최초의 문명에 속한다. 이 지역은 두 강이 흐르는 매우 비옥한 지대였고, 라가시, 우루크, 우르 같은 도시 국가들이 등장했다. 도시 국가 간의 경쟁이 치열했고 지형이 개방적이었기 때문에 이민족의 침략도 잦았다.

메소포타미아 일대는 석재가 귀하고 진흙이 많았다. 진흙을 이기고 말려 벽돌을 만들었고, 벽돌로 각양의 건물과 웅대한 신전을 건축했다. 현재는 지구라트라는 거대한 신전이 여럿 남겨져 있는데, 기록에 따르면 우루크의 경우 벽돌로 쌓은 신전의 표면을 백색으로 칠했다고 한다. 5,000년 전에 화려하고 웅대한 백색 신전이 만들어진 것이다.

이들은 쐐기 문자를 발명했다. 갈대로 첨필(尖筆)을 만들고 진흙으로 서판을 만들어, 적당히 눅눅할 때 기록을 남긴 후 불에 구웠다. 당시에는 단단한 토판이 책이었던 셈이다. 〈길가메시 서사시〉, 〈함무라비 법전〉 같은 것들이 이런 문자와 기록 문화유산의 결정체였다. 또 이들은 60진법을 창안했다. 메소포타미아인은 숫자가 세상의 비밀을 담고 있다고 봤다. 60진법은 시간을 계산할 때 유용한 동시에 원을 측정하는 방법이었다. 1시간은 60분의 원으로 표현할 수 있고, 하루는 60분이 24번 반복되어 이뤄진다. 이런 식으로 계산하면 1년은 360일이 되는데, 5일은 신을 찬양하는 축제 기간이라 여겼다. 이들은 60을 기준으로 각양의 숫자를 계산했고, 4,320,000이라는 숫자를 신성하게 여겼다. 대홍수가 발생하기 전까지 하늘에서 내려온 10명의 왕이 인간계를 다스린 시간으로, 당시 신화적인 세계관과 수학 발전이 결합돼 나타난 현상이다. 바퀴 활용에 능했고, 맥주를 좋아했으며, 지극히 현세적인 문화를 누렸다.

기원전 1792년 집권한 함무라비는 메소포타미아 일대를 통합해 구바빌로니아 제국을 세웠다.

어떤 사람이 다른 사람의 눈을 멀게 만들었다면 그 사람의 눈도 멀게 해야 한다. 만일 신분이 같은 사람의 치아를 부러뜨렸다면 가해자의 치아도 부러뜨린다. 평민의 치아를 부러뜨렸다면 은화 3분의 1미나를 지불해야 한다.

함무라비 법전에 나오는 내용이다. 징벌적·신분 차별적 성격이 강하지만 법으로 정의를 이루겠다는 발상으로 만들어졌다.

파나마 운하

문명사

아메리카 대륙을 관통하는 무역로

중앙아메리카 파나마 지협을 통과하는 운하다. 하나로 연결된 아메리카 대륙에서 파나마 운하의 등장은 의의가 크다. 대서양과 태평양을 가로지를 때, 이전처럼 남아메리카 최남단을 거칠 필요가 없어졌기 때문이다.

애초에 파나마 일대는 콜롬비아의 영토였다. 프랑스는 19세기 후반 콜롬비아 정부의 승인 아래 운하를 건설하려 했고, 미국의 지원 아래 니카라과(중앙아메리카 중부에 있는 공화국) 역시 비슷한 시도를 했으나 모두 실패했다.

20세기 초반 미국은 콜롬비아의 내전을 빌미로 군대를 파병해 오늘날 파나마 일대를 점령했다. 콜롬비아는 이를 주권 침해로 여기며 격렬히 반발했다. 하지만 당시 대통령 시어도어 루스벨트는 프랑스 기술자 필리프 뷔노 바리야를 사주해 파나마 지역민의 봉기를 부추긴다. 결국 봉기는 성공했고 파나마는 독립 국가가 됐다. 뷔노 바리야는 신생 정부의 지도자가 됐고, 미국과 파나마는 파나마 운하 폭 16 km 일대에 대한 지배권을 미국에 영원히 양도하는 조약에 서명했다. 파나마 운하는 1970년대 후반 미국 카터 대통령에 의해 파나마에 반환됐다.

비슷한 사례로는 수에즈 운하가 있다. 이곳은 지중해, 홍해, 인도양을 연결하는 이집트의 영토로, 프랑스와 영국이 일대를 두고 격렬한 경쟁을 벌였다. 대서양을 통해 아프리카 남단을 거친 후 인도양으로 갈 필요 없이 곧바로 지중해에서 인도로 이르는 길이 열린 것이다. 프랑스와 영국이 실권을 유지하다가 1950년대 이집트가 국유화했다. 세계 무역이 보편화되고 해군력이 중요시되는 현대 역사에서 두운하는 중요한 지리적 거점이다.

정통 칼리프 시대
이슬람 정통왕조, 페르시아와 북아프리카를 지배하다

이슬람의 창시자 무함마드의 사망 이래 칼리프(무함마드의 계승자라는 의미)의 시대가 도래한다. 칼리프는 무함마드 같은 예언자는 아니지만, 무함마드의 뜻에 따라 이슬람교를 보존하고 이슬람 세계를 지켜나갈 의무가 있는 존재다. 무함마드 당시 이미 아라비아 일대에서 군사적 성공을 거둔 이슬람 세력은 칼리프 시대를 맞이해 서아시아와 북아프리카, 이베리아반도에서 엄청난 군사적 성공을 거둔다.

당시 지중해에서 가장 강력한 세력은 비잔틴 제국이었다. 이슬람 세력은 634년 아즈나다인 전투에서 비잔틴 제국을 격파한 후, 636년 다마스쿠스, 638년 예루살렘, 641년 시리아와 메소포타미아 일대를 장악한다. 같은 시기 알렉산드리아, 트리폴리 등 북아프리카의 핵심 도시를 장악했고, 이집트 전역을 손에 넣는다. 고작 10년의 기간 동안 시리아와 이집트를 정복하면서, 일대에서 비잔틴 제국의 영향력을 제거했다. 그럼에도 불구하고 발칸반도, 그리스반도, 아나톨리아반도를 장악하던 비잔틴 제국은 굳건했다.

하지만 비잔틴 제국의 경쟁 국가인 사산조 페르시아는 그렇지 못했다. 637년 카디시야 전투에서 수도 크테시폰을 점령당하면서 단숨에 왕조가 무너지고 만 것이다. 칼리프는 641년 모술, 644년 이스파한, 아제르바이잔, 654년 호라산 등을 점령하면서 사산조 페르시아 전역을 수중에 넣는다. 군사 원정은 끝나지 않았다. 7세기 중반부터 8세기 초까지 새로운 군사 원정이 계속되면서, 북아프리카와 이베리아 반도가 이슬람의 영역이 된다. 이 시기 캅카스, 사마르칸트 등 흑해부터 중앙아시아 일대까지 영토를 확장하는데, 660년, 668년, 717년 대규모의 군대를 파견해 비잔틴 제국의 수도 콘스탄티노플을 점령하려던 시도는 모두 실패한다.

엄청난 군사적 성공은 이슬람 제국의 내부를 요동치게 했다. 제국을 어떻게 통치할 것인가, 제국에 사는 수많은 이민족을 어떻게 대우할 것인가, 이슬람 전파와 개종 사업은 어떻게 진행할 것인가 등 온갖 난제가 쌓여 있는 상황에서 정통 칼리프로 등극한 알리가 암살당한 후, 우마이야 가문이 권력을 장악한다. 세습 칼리프 혹은 우마이야 왕조 시대가 열린 것이다.

산치대탑과 간다라 미술
탑과 불상을 만든 인도 문화

불교는 인도 마우리아 왕조와 쿠샨 왕조에서 크게 흥성했다. 마우리아 왕조의 3대 국왕인 아소카왕은 불교의 이상적인 군왕인 '전륜성왕'으로 불린 인물이다. 불교를 받아들이기 전까지 정복 전쟁을 일삼던 용맹한 군주였는데, 자신의 욕망 때문에 수많은 사람이 전장에 끌려나와 고통받는 것에 죄책감을 느껴 불교에 귀의한 후 백성을 위하며 훌륭히 통치했다.

탑의 전 단계라고 할 수 있는 스투파가 이때부터 제작되는데, 산치대탑이 유명하다. 또 그의 통치 방향과 각종 칙령을 담은 높이 15, 무게 50톤의 석주를 전국에 세웠는데, 석주 꼭대기에 만들어진 사자상도 인상적이다. 이 시기 소승 불교는 실론섬과 태국 등으로 전파된다. 소승 불교의 동남아시아 전파가 본격화된 것이다.

그 이후 등장한 쿠샨 왕조는 북인도부터 중앙아시아 일대에서 발전했다. 카니슈카 왕이 대표적인 군주로, 그 또한 불교의 적극적인 후원자였고 이 시기에 대승 불교가 크게 발전했다. 따라서 대승 불교가 중앙아시아에도 전파되어 중국과 동아시아의 불교 발전에 가교 역할을 했다. 쿠샨 왕조 당시 북부 도시 간다라에서는 '불상 제작'이라는 독특한 장르가 발전한다. 원래 불교에서는 사람의 형상으로 부처를 조각하지 않았다. 하지만 그리스 조각 기술이 소개됐고, 그리스의 조각 기법으로 불상을 제작하기 시작한다. 인도 문화와 그리스 문화가 결합하면서 새로운 종교 문화가 발전한 것이다.

서양인의 얼굴 모습, 그리스 로마인의 의복을 입은 간다라풍 불상을 보면 매우 낯설다. 하지만 이러한 불상 제작 기법이 이후 굽타 왕조로 들어서면서 인도화됐으며, 오늘날 동아시아의 대표적인 불교 예술로 발전했다.

아시리아와 페르시아

오리엔트 최초의 통일 국가

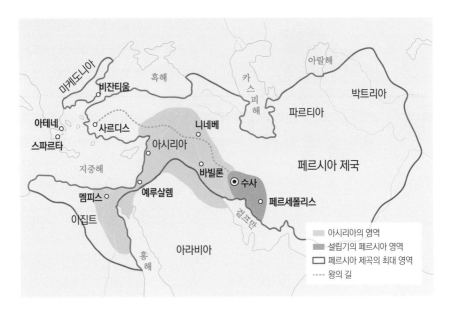

기원전 7세기 고대 근동 지역은 아시리아의 강력한 도전으로 기존의 낡은 세계가 철저하게 파괴된다. 이전까지만 해도 메소포타미아, 이집트, 페니키아, 히브리 왕국 등으로 나뉘어 교류와 전쟁을 반복하는 수준이었다. 하지만 아시리아의 등장은 기존의 질서를 바꿔놓는다. 우르, 바빌론 같은 페르시아만 일대부터 타르수스, 비블로스, 예루살렘 등 비옥한 초승달 지대, 테베, 멤피스 같은 이집트의 주요 도시까지 모두 아시리아에 점령당했기 때문이다.

아시리아는 철기로 무장한 압도적인 군사력을 자랑했다. 이미 기원전 9세기에 일대에서는 찾아볼 수 없던 다양한 공격 무기와 긴 방패로 무장한 상비군을 10만 이상 보유한다. 말이 끄는 두 바퀴 전차에는 궁수 둘과 방패를 든 병사 둘이 타는데, 전차와 궁수가 결합한 형태는 당시에는 혁신적인 전투 방식이었다. 투석기, 공성, 탑 등 성벽을 무너뜨릴 수 있는 대규모 장비를 만들었고, 중무장한 기마 부대가 전장을 종횡무진했다. 아시리아의 군대는 잔악하기로 유명했는데, 점령지에서 포로를 태워 죽이거나 신체를 절단하거나 심지어 살가죽을 벗기기도 했기 때문이다.

아시리아 이후 근동 지역은 과거로 돌아가지 못한다. 페르시아라는 새로운 제국이 등장해 근동 지역은 물론 인도 북부에서 오늘날 그리스, 불가리아, 루마니아 일대까지 더 큰 제국을 건설한다. 하지만 페르시아는 아시리아와 같은 공포 정치를 거부했다. 메소포타미아 일대를 점령한 키루스 2세는 바빌로니아에 끌려온 히브리인들이 고향에 돌아가 그들의 공동체를 건설하게 허락했고, 여러 피정복 민족에게 자치권과 종교적 자율성을 부여했다. 그의 아들 캄비세스 2세는 이집트를 정복했고, 다리우스 1세 때가 되면 수도 페르세폴리스를 중심으로 최고 전성기를 맞이한다. 그리고 방대한 제국이었기에 새로운 행정 시스템을 도입한다. 제국을 20개의 행정 구역으로 나눠 '사트라프'라고 불린 총독을 파견했다. 화폐와 도량형을 통일했고, 나일강에서 홍해에 이르는 운하도 건설했으며, 페르시아 고원이나 시리아 사막 근처에는 관개 시설을 개선해 농업 발전을 장려했다. 무엇보다 2,500㎞가 넘는 '왕의 길'을 만들어 제국의 도로망을 정비했는데 그로 인해 최초의 우편배달부, '왕의 눈과 귀'로 불린 정보국이 만들어지기도 했다.

페니키아, 팔레스타인, 히브리

작지만 인류 문명에 큰 영향을 미치다

이스라엘과 레바논 일대에는 과거에도 작은 나라들이 있었다.

이들 나라는 주변국에 비해 크게 번성하지 못했으나, 인류 역사에 중요한 자취를 남겼다. 페니키아는 한때 이집트의 지배를 받았으나 독립에 성공했고, 여러 상업 도시를 건설하면서 큰 성공을 거둔다. 페니키아의 도시 비블로스는 파피루스의 중계 무역항이었고, 고가의 자주색 염료, 직물, 삼나무, 유리 생산으로 유명했다. 이들은 배를 타고 지중해 전역을 돌아다니면서 새로운 도시를 개척했다. 이탈리아 근처의 시칠리아, 사르데냐뿐 아니라 이베리아반도와 북아프리카 일대에 많은 도시를 세웠는데, 그중 카르타고는 본국보다 훨씬 강한 국가로 성장한다. 페니키아인들이 쓰던 22개의 알파벳으로 이뤄진 편리한 표음 문자는 근동의 여러 왕국뿐 아니라 그리스인, 로마인들에게 전파돼 오늘날 영어 등의 기원이 됐다. 소수의 사제나 귀족이 쓰던 어려운 뜻글자가 아닌 소리글자가 등장하면서, 일대의 문자 사용은 물론 회계나 상업 분야에도 큰 변화가 일어났다.

팔레스타인인에 대해서는 히브리인들의 기록을 통해 간접적으로 확인할 수 있다. 기록을 남기지 않았기 때문에 고고학 유물과 유적으로 가늠할 뿐이다. 히브리인들은 이들이 잘못된 종교를 믿으며, 히브리인들의 정체성을 위협하는 난폭한 민족이라고 묘사했다. 실제로 오랜 기간 두 민족은 치열한 전쟁을 벌인다. 하지만 그만큼 다양한 문화 교류가 있었던 것도 사실이다.

히브리인은 구약 성서를 남겼고, 크리스트교의 탄생과 유럽 문명의 발전에 지대한 영향을 미쳤다. 이를 '헤브라이즘'이라고 한다. 히브리라는 말은 '노예', '유목민' 등의 의미로 쓰였는데, 근동 일대와 이집트의 노예 등을 지칭했다. 모세라는 걸출한 지도자가 신의 부름을 받고 여러 이적을 일으키며 히브리인들과 탈출에 성공했고, 이후 팔레스타인인들과의 치열한 투쟁 끝에 다윗 왕국을 세우면서 전성기를 맞이한다. 그의 아들 솔로몬 때는 중계 무역 등을 통해 크게 번성하지만 이내 북이스라엘과 남유다로 분열됐고, 아시리아와 바빌로니아에 의해 각각 멸망한다. 작은 민족의 1,000년간 이어진 역사적 경험과 신앙적 체험을 묶은 것이 구약 성서다.

이집트 문명
나일강과 피라미드 그리고 파라오

그리스의 역사가 헤로도토스는 나일강을 "신이 이집트인들에게 준 선물"이라고 했다. 나일강은 세계에서 가장 긴 강으로, 에티오피아, 수단, 이집트를 거쳐 지중해로 흘러나가는데, 그 길이가 6,700㎞가 넘는다. 우기 때 나일강은 범람한다. 하지만 그로 인해 상류에서 엄청난 토사가 밀려 내려오기 때문에, 별도로 비료를 만들거나 힘들여 땅을 깊게 팔 필요가 없다. 농사를 짓기에 천혜의 조건이다. 영국의 역사가 토인비는 나일강의 범람을 보고 '도전과 응전'이라는 개념을 만들었다. 나일강의 범람은 인간에 대한 자연의 도전이다. 인간은 이를 견뎌야 한다. 범람을 이겨내면 토사를 활용해 풍성한 농업 경제를 일굴 수 있다. 그는 자연의 도전이 지나치게 강하면 문명이 싹틀 수 없고, 자연이 지나치게 풍요로워도 문명은 발전하지 못한다고 봤다.

나일강 주변에는 녹지가 형성되는데, 좁게는 수백 미터에서 넓게는 23㎞ 정도다. 그 이상 벗어나면 생존할 수 없는 사막이나 황무지였다. 생존과 죽음의 무대가 정확히 나뉘어 있었고, 이러한 생활 조건은 그들의 문화와 종교에 큰 영향을 준 듯하다.

이집트의 상형 문자는 오랫동안 해독되지 못했다. 하지만 18세기 후반 나폴레옹의 이집트 원정과 로제타 스톤의 발견으로 비밀이 풀린다.

피라미드는 이집트 문명의 상징과 같다. 고왕국 시대 파라오 조세르를 위해 이모텝이 지은 것을 시작으로 더욱 크고 정교한 피라미드를 짓기 위한 노력이 계속됐다. 피라미드가 무엇을 의미하는지 완벽하게 알 수는 없지만, 죽음과 내세에 대한 신앙, 태양신 숭배와 엄청난 파라오의 권력이 결합된 산물이라는 것은 분명하다. 원래는 외벽 전체를 흰 석회석으로 덮었고, 꼭대기에는 금박 입힌 돌을 놓았다. 중세 시대에 카이로가 이슬람의 수중에 들어갔는데, 도시 건축과 요새 확충을 위해 피라미드의 석회석을 사용했다.

이집트 문명은 기원전 3500년경부터 기원전 332년까지 무려 3,000년 이상 지속됐다.

러시아
몽골을 물리치며 등장한 슬라브인들의 나라

러시아는 슬라브인들이 세운 나라다. 2~4세기 사이 고트족이 남하하고 다시 4~5세기 사이 훈족이 서진한 데 영향을 받아 슬라브족들이 오늘날 동유럽 일대에 정착했다. 가톨릭을 받아들이면서 서유럽 사회에 일찍 편입된 폴란드, 체코, 슬로바키아와 비잔틴 제국의 영향을 받으며 성장한 세르비아, 크로아티아, 슬로베니아, 불가리아 그리고 좀 더 동북쪽에 정착한 러시아가 슬라브인들이 세운 나라다.

하지만 러시아의 등장은 좀 더 복잡한 과정을 거친다. 9세기에서 11세기 사이에 노르만족이 대거 남하했으며, 이들 간의 복잡한 상호 작용을 통해 올레크가 이끄는 키예프 공국이 주도권을 장악한다. 키예프 공국은 일대의 슬라브인과 노르만인들을 복속시켰고, 비잔틴 제국과 경쟁했으며, 소아시아 일대까지 영향력을 행사했다. 블라디미르 공 당시 러시아는 비잔틴 제국과의 교류를 강화했으며, 무엇보다 그리스 정교회를 국교로 받아들인다. 이 시기 그리스 정교회 선교사 키릴로스 형제가 슬라브어에 어울리는 문자를 만들었는데, 그의 제자들이 이를 키릴 문자로 발전시킨다. 비로소 마케도니아, 세르비아, 불가리아, 러시아의 역사가 문자로 기록되기 시작한 것이다.

하지만 번창하던 키예프 공국은 몽골의 침략으로 처참하게 몰락했고, 당분간 러시아 일대는 몽골의 수중에 들어간다. 몽골의 지배를 무너뜨리며 러시아의 새로운 역사를 주도한 나라는 모스크바 공국이었다. 1380년 드미트리 돈스코이는 쿨리코보 전투에서 몽골이 세운 킵차크한국을 물리치는 전과를 올린다. 이후 이반 3세가 집권해 러시아 땅에서 몽골을 영구히 몰아냈고, 주변의 수많은 공국을 지배해 러시아 왕국으로 발돋움한다. 노브고로트 공국과의 여러 차례 싸움에서 승리했고, 트베리 공국, 리투아니아 공국 등을 점령했으며 리보니아 기사단, 카잔한국과의 싸움에서도 승리를 거두면서 러시아를 단일한 지배 체제로 만든다. 같은 시기 비잔틴 제국이 오스만 제국에 의해 멸망하는데, 교황의 주선으로 비잔틴 제국의 마지막 황제 콘스탄티누스 11세의 조카 조에와 결혼한다. 이를 통해 이반 3세는 로마 가톨릭의 지지는 물론 비잔틴 제국의 후계자라는 지위까지 얻는다. 이반 3세는 머리가 둘 달린 독수리 문장을 만들었고, 자신을 '차르'라고 부르게 했다.

청동기
신분과 계급이 등장한 석기 다음의 시대

인류의 역사를 설명할 때 몇 가지 기준이 있다. 우선 선사 시대와 역사 시대로 나눌 수 있다. 선사 시대는 말 그대로 역사 이전 시대를 말하는데, 핵심 기준은 문자 사용 여부다. 문명의 발전에서 문자의 발명은 핵심적이었고, 무엇보다 문자로 쓰인 여러 기록이 남겨진 시대와 그러지 못한 시대는 확연히 구분될 수밖에 없었다. 따라서 선사 시대는 주로 고고학자가, 역사 시대는 역사학자가 연구를 담당한다. 고고학자는 유적과 유물에 근거해 선사 시대를 해석하고, 역사학자들은 문헌 연구를 통해 역사 시대를 분석한다.

역사 시대는 통상 고대, 중세, 근현대로 분류하는데, 단순한 시간순이 아니고 사회 성격을 분석해서 구분한 것이다. 도구를 기준으로 인류의 역사를 분류하기도 하는데, 석기 시대, 청동기 시대, 철기 시대로 분류하는 것이 대표적이다. 청동기 시대에는 문자를 사용하는 문명이 등장했고, 철기 시대에는 문자 사용이 보편화됐기 때문에 선사 시대를 석기 시대, 역사 시대를 청동기·철기 시대로 분류하는 것도 가능하다. 석기 시대는 돌을 활용하는 수준과 그 밖에 여러 생활 양식을 검토해 구석기 시대와 신석기 시대로 나눈다.

역사를 도구 사용으로 분류하는 방법은, 1816년 덴마크의 고고학자 크리스티안 위르겐센 톰센이 제안했다. 그는 석기·청동기·철기 시대로 분류했다. 고고학이 본격적으로 발전하면서 온갖 유물이 땅속에서 모습을 드러냈는데, 이를 해석하고 정리할 기준이 마땅치 않았다. 톰센은 덴마크 역사를 연구하면서 일일이 유물을 목록화하고 각양의 석기를 수집, 분류했다. 톰센은 무덤에서 나오는 부장품에 주목했다. 석기, 도기가 시신과 함께 매장됐다는 사실, 시대나 문화에 따라 매장 방식에 차이가 있고 매장 문화, 매장 유물이 달라진다는 사실, 더구나 청동기, 금 장식품 등이 들어간 무덤과 들어가지 않은 무덤 등을 보면서 인류 역사 연구에 무덤과 도구가 중요하다는 사실을 절감했다. 청동기 시대에는 사회 조직이 발전하고, 청동기를 활용한 무기가 만들질 뿐 아니라, 지배층이 청동 제기를 만들어 자신들의 지위를 신성화하는 모습이 등장한다. 특히 중국의 초기 왕조에서는 어마어마한 수량과 고도의 기술을 자랑하는 청동기가 집중적으로 만들어졌다.

인도 국민회의
영국을 향한 인도의 치열한 독립운동

인도 독립운동사에 가장 중요한 역할을 한 단체는 인도 국민회의다. 사실 이 단체는 영국에 협조적이었고, 심지어 영국인이 주도해 만든 단체이기도 하다. 앨런 옥타비안 흄이라는 인물이 인도에서 30년간 근무하면서 영국인과 인도인의 적극적 협력을 위해 창설을 추진했기 때문이다. 1885년 봄베이(오늘날 뭄바이)의 산스크리트 대학에서 창립한 국민회의는 초기에는 영국 충성파 집단이었다.

하지만 조지 커즌 총독의 벵골 분할안을 계기로 국민회의의 성격이 급변한다. 시작은 단순한 행정 조치였다. 애초에 벵골은 힌두교가 압도적인 주였는데, 벵골이 둘로 나뉘면 동벵골에서 이슬람이 다수가 되기 때문에 힌두교도들이 반발한 것이다. 더구나 힌두교인들이 야만시하던 아삼인까지 동벵골에 통합되는 형태였기 때문에 분노가 더했다. 인도 지식인들은 이러한 조치가 힌두교와 이슬람교의 갈등을 고조시킨다고 여겼고, 비판적일 수밖에 없었다.

결국 국민회의 내의 급진파가 벵골 분할안에 반발하면서 상황은 급박해진다. 1903년부터 약 2년간 3,000여 회의 항의 집회가 열렸고, 영국산을 거부하고 인도산 제품을 쓰자는 스와데시 운동이 벌어진다. 스와데시 운동은 성공적이었다. 전국적으로 퍼져 나가 영국 상품의 판매량이 급격히 떨어졌다.

민족주의적인 국민 교육 운동도 주창됐는데, 인도의 대표 시인으로 알려진 라빈드라나트 타고르도 열정적으로 참여했다. 인도인에 의한 국민 대학을 만들자는 의견이 모아졌고, 결국 벵골 국민 대학, 벵골 공과 대학 등이 만들어진다. 국민회의의 지도자 아우로빈도 고시가 기존의 좋은 일자리를 포기하고, 보수가 10분의 1 미만이었던 벵골 국민 대학으로 옮길 정도였다.

당시에 가장 뜨겁게 논의된 주제는 '자치'였다. 이 문제를 두고 온건파와 급진파가 갈등을 벌인다. 온건파는 영국의 지배를 인정하는 자치를 주장했고, 급진파는 지배를 벗어난 자치를 주장했다. 결국 1907년 급진파가 국민회의에서 쫓겨나고, 이후 10여 년간 온건파가 상황을 주도한다. 하지만 간디가 등장하면서 국민회의는 완전한 자치, 독립을 주장하는 단체로 다시 한번 변화한다.

동아시아 홀로코스트
전쟁 국가 일본이 저지른 만행

시아크완 부두에서 시체가 거대한 산을 이루고 있는 것이 어슴푸레 보인다. 50~100 명에 이르는 사람들이 시체를 끌어내려 양쯔강에 던지고 있다. 시체들은 피로 흠뻑 젖어 있었고 목숨이 붙어 있는 몇몇은 사지를 뒤틀며 신음하고 있다. (⋯) 방파제에는 진흙탕이 달빛을 받아 반짝인다. 그런데 그것은 진흙이 아니라 피였다. (⋯) 잠시 후 쿨리(중국인 노동자)들이 시체를 다 끌어내리자 군인들이 이들을 강가에 일렬로 세운다. 타-타-타! 기관총 소리가 들린다. (⋯) 강물이 이들을 집어삼켰다. (⋯) 일본인 장교는 여기서 처형된 사람이 2만 명 정도 될 것이라고 추정했다.

– 아이리스 장, 《난징의 강간》

1937년 중일 전쟁 초반에 벌어진 난징 대학살은 인류 역사에서 가장 끔찍한 사건 중 하나였다. 당시 중화민국의 수도를 점령한 일본군은 피난 가지 못한 시민들을 대상으로 약탈, 살인, 겁간 등 온갖 끔찍한 일을 저질렀다. 3개월간 대략 30만 명이 죽었다고 추정한다.

일본의 군국주의로 자행된 동아시아 홀로코스트는 그다지 알려지지 않았다. 미국이나 유럽인들의 관심 대상이 아닐뿐더러 피해자들이 대부분 조선, 타이완, 중국, 동남아시아 등 비유럽권 사람들이기 때문이다.

일본 제국주의 혹은 군국주의자들에 의한 홀로코스트는 식민지와 점령지에서 오랜 기간 광범위하게 행해졌다. 1923년 간토 대학살을 그 효시로 볼 수 있다. 도쿄 일대에서 대지진이 일어나서 10만 이상의 일본인들이 죽자, 약 1주일간 분풀이 삼아 인근의 조선인 노동자 1만여 명을 무작위로 학살했다. 일본 정부는 이를 부추겼고 군경과 민중이 만든 자경단이 조직적으로 학살을 자행했다.

관동 대학살이나 난징 대학살이 일시적인 대학살이었다면, 이시이 시로가 주도해 만든 하얼빈의 731부대는 좀 더 조직적이며 끔찍한 일을 저질렀다. 소년병을 동원해 만주 일대에서 항일 투쟁을 벌인 이들을 잡아 와 각양의 생체 실험을 했다. 여러 균을 배양해 신체에 주입한 후 병과를 지켜보기도 했고, 사람들을 십자가에 묶어두고 항공기를 이용해 생체 폭탄을 쏘기도 했다.

마르코 폴로
몽골이 만든 교통로를 타고 세계를 여행한 인물

베네치아 상인 마르코 폴로(1254~1324)는 20년이 넘는 기간 동안 실크 로드와 해상 실크 로드를 통해 서아시아부터 중국 원나라까지 기행했고, 그 경험을 바탕으로 《동방견문록》을 남겼다. 이는 아마 세계에서 가장 유명한 세계 여행가의 기록이겠지만, 오늘날 그의 여행에 의문을 제기하는 학자도 많다. 마르코 폴로가 실은 서아시아 일대까지만 다녀왔고, 나머지는 당시 유통된 여러 책을 참고해 이야기를 꾸며냈다는 주장이 있다. 여러 근거가 제시됐지만 이에 대한 반론도 만만치 않은 형편이다.

마르코 폴로의 세계 여행이 가능했던 데는 몽골인의 세계 지배가 결정적이었다. 서아시아와 중앙아시아에 수많은 한국(汗國)이 있었고, 특히 쿠빌라이 칸이 이끄는 원나라의 영향력이 강성했기 때문에 구대륙 대부분이 단일한 통신·도로 체계로 운영됐다. 특히 몽골어로 '잠(jam)'이라고 불린 역참 제도는 규모와 속도에서 비교 불가한 수준이었다. 몽골의 역참제는 제2대 칸 오고타이 때부터 시작됐다. 당시 몽골의 수도 카라코룸부터 중국 사이에는 총 37개의 역참이 30km마다 있었으며, 매일 500대의 수레가 식량과 음료를 실어 옮겼다. 아케메네스 페르시아의 '왕의 길'의 역참이 총 111개, 길이가 2,757km였는데, 몽골은 중국 방면의 직할 역참만 1,400개에 6만km가 넘는 길이였다. 내륙에는 말과 수레가, 바다에는 배, 북방 설원 지대에는 개가 끄는 눈썰매가 상시 대기돼 있었다.

실크 로드, 해상 실크 로드 등을 통한 세계 여행이 마르코 폴로의 전유물은 아니었다. 교황의 친서를 갖고 크리스트교를 전파하고자 했던 카르피니 역시 몽골의 수도를 찾았고 〈몽골의 역사〉라는 보고서를 남겼다. 네스토리우스 크리스트교도였던 랍반 사우마는 내몽골 지역에 살았는데, 서아시아까지 순례했고 다시 비잔틴 제국, 이탈리아 로마, 프랑스, 영국 등을 다녀왔다. 이븐 바투타는 모로코 출신으로, 메카를 비롯한 이슬람 순례를 하던 중 세계를 여행하게 된다. 그는 오늘날 이란, 이라크 일대를 넘어 중앙아시아의 부하라, 사마르칸트, 북인도의 인더스강 일대까지 여행을 거듭했다. 이후 일대의 지배자였던 술탄 무함마드의 명령을 수행하기 위해 인도 남부를 거쳐 중국 베이징에 다녀오기도 했다. 고향으로 돌아온 그는 스페인, 사하라 사막을 관통하는 아프리카 서부를 여행했다.

팔레스타인
유대인들에 의해 고통받는 고난의 땅

유대인의 팔레스타인 침략은 1881년에 시작됐습니다. 이주민의 첫 번째 거대 물결이 밀려들기 시작하기 전까지 팔레스타인 인구는 50만 명이었습니다. 대다수 인구가 이슬람교도나 크리스트교도였고, 2만 명만이 유대교도였습니다. 주민들은 저마다 우리 문명 고유의 특징인 종교적 관용을 누렸습니다.

(…) 분할 결의안에서 식민주의 정착민들에게 팔레스타인 땅의 54%를 부여해줬는데도 그들은 그 결정에 불만스러워했고, 급기야 아랍 민간인에 대한 공포의 전쟁이 촉발됐습니다.

(…) 팔레스타인 문제의 뿌리는 바로 여기에 있습니다. 팔레스타인이 내세우는 명분의 뿌리는 두 종교나 두 민족주의 사이의 충돌이 아닙니다. 두 이웃 간의 국경 분쟁도 아닙니다. 고국을 빼앗기고 뿔뿔이 흩어져 뿌리를 잃은 채 대부분 망명 생활을 하거나 난민 수용소에 살고 있는 민족으로서의 명분입니다.

(이스라엘은) 제국주의와 식민주의 세력의 지지를 등에 업고 UN 회원국으로 받아들여졌습니다. 그뿐만 아니라 팔레스타인 문제를 UN의 의제에서 삭제하고 우리의 명분을 공상적 박애주의자의 자선을 구하거나 자기들 땅도 아닌 땅에 정착하려 하는 난민의 문제로 알리면서 세계 여론을 호도하는 데 성공하기도 했습니다.

1974년 UN 총회에서 야세르 아라파트가 연설한 내용의 일부다. 그는 1969년 팔레스타인해방기구(PLO)를 설립했고, 이 단체는 비정부 기구 최초로 UN 옵서버의 지위를 인정받았다. 유대인들은 유럽에서의 정치·경제적 영향력을 바탕으로 영국 정부를 설득했고, 1917년 팔레스타인 지역에서의 독립 국가 건설을 지지하는 밸푸어 선언을 이끌어 낼 수 있었다. 또 제2차 세계 대전 이후 1948년 미국의 승인을 받으며 이 지역에 이스라엘을 건국한다. 하지만 밸푸어 선언 2년 전, 영국은 맥마흔 선언을 통해 팔레스타인인들을 위한 독립 국가 건설을 인정했다. 일종의 이중 계약으로, 유대인들의 입장만 반영한 선언이었기에 오랜 기간 자신들의 땅에 살던 팔레스타인인들의 입장에서는 날벼락일 수밖에 없었다.

아방궁과 병마용
진시황이 만든 거대한 지하 세계

병마용갱

중국 대륙을 통일한 최초의 황제 진시황은 엄청난 노동력을 동원해 아방궁과 여산릉(진시황릉)을 짓는다. 아방궁은 위수 남쪽에 새롭게 지은 궁궐로, '아방'은 지명이다. 기존의 진나라 왕들은 함양궁에 살았는데 진시황은 위수를 기준으로 북쪽에 함양궁, 남쪽에 아방궁을 두고 긴 이중 복도로 두 궁궐을 잇게 했다. 거대한 위용을 자랑했는데, 당시의 천문관을 반영한 구조다. 아방궁은 천극(天極, 북극성), 위수는 천한(天漢, 은하수), 함양궁은 영실(營室)이라는 별자리를 상징했다.

진시황은 자신의 무덤인 여산릉도 같은 방식으로 설계했다. 지하 깊은 곳에 묘실을 만들기 위해 세 차례나 지하수층을 뚫고 내려갔으며, 지하에 거대한 방을 만들었는데 신하들의 자리까지 만든 후 각종 보물로 채웠다. 또 도굴 방지 장치를 만들었고, 묘의 위쪽으로는 일월성신이 보이게 하고, 아래쪽으로는 수은으로 큰 하천을 만들었다니 죽어서도 지하에서 천하를 통치하고 싶어 한 것이다. 무려 70여만 명이 동원됐으며, 돌은 위수 북방에 있는 북산, 목재는 오늘날 쓰촨성과 후베이성에서 가져왔다.

그런데 1974년 여산릉과 약 1.5km 떨어진 지점에서 우물을 파던 농민에 의해 중요한 유적이 발굴된다. 병마용갱(도기로 만든 병사, 병마가 지하 갱도에 배열된 거대한 유적)이 세상에 드러난 것이다. 1호 갱에서는 사실적인 모습으로 만들어진 6,000여 개의 병사용과 32개의 마용이 출토됐고, 다른 갱에서도 독특한 유물이 쏟아져 나왔다. 병마용갱은 문헌이나 구전으로는 알 수 없던 것이 밝혀진 20세기 고고학의 우연한 쾌거라고 할 수 있다. 1980년 여산릉 근처에서는 진시황의 전용 수레를 본떠 만든 청동 마차가 발굴됐는데, 4필의 말이 끌고 있는 모습으로, 3,400여 개의 부품으로 만든 고도로 정교한 부장품이었다.

대학

지식의 역사, 대학의 역사

동서양 대학 문화에는 근본적인 차이가 있다. 중국을 중심으로 한 동아시아의 최고 교육 기관은 왕이 관료를 양성하기 위해 만든 국가 기관이었다. 중국 한나라 때부터 태학, 국자감 등의 이름으로 최고 교육 기관이 만들어지기 시작했는데, 한반도나 베트남에도 유사한 이름의 기관이 순차적으로 탄생했다. 이들 교육 기관은 과거 시험과 궤를 같이한다. 유교 경전과 한문학에 정통해야 입학할 수 있고, 입학한 이들이 과거 시험을 본 후 관료가 되거나 관료가 입학해 일정 기간 공부하는 방식으로 운영됐다. 따라서 지적 세계는 관료들이 독점했고, 이는 근대 개항기 이전까지 계속된다.

서양의 대학은 조합이었고, 중세 전성기에 출현했다. 중세 유럽에는 교회, 수도원 등 지적 요람 역할을 하는 다양한 기관이 있었다. 그럼에도 불구하고 대학이 별도로 출현했고, 학교마다 운영 방식에 차이를 보이는 등 한층 자율적으로 성장했다. 파리 대학 등은 교수 조합으로, 말 그대로 가르치려는 사람들이 단체를 결성해 학생을 모집하는 방식이었다. 이에 반해 볼로냐 대학 등은 학생 조합으로 운영됐는데, 학생들이 운영비를 내고 교수를 초빙하는 방식이었다. 파리 대학을 중심으로 한 북유럽, 볼로냐 대학을 중심으로 한 남유럽의 대학 전통이 만들어진 것이다. 재정적으로 어려워 도시 구석의 사창가 2층 건물에 입주하기도 했다. 동양의 교육 기관이 관청과 같은 모습이라면, 서양의 대학은 도시 구석구석에 여러 건물에 나뉘어 있는 이유가 이 때문이다.

13세기에 대학은 대표적 고등 교육 기관으로 명성을 떨치기 시작한다. 볼로냐 대학은 법학으로 유명했고, 파리 대학은 저명한 신학 연구 기관이었다. 옥스퍼드, 케임브리지, 몽펠리에, 살라망카, 나폴리같이 유명한 기관들이 전 유럽에 만들어졌고, 인문학을 가르치는 학부, 법학, 의학, 신학 전공 과정이 있었다. 현재의 대학 학제가 여기에서 기원한다. 파리 대학에는 매년 7,000명, 옥스퍼드에는 2,000명 정도의 학생이 다녔고, 양피지에 필사한 책을 통째로 암기하거나 공개 토론을 통해 복잡하고 추상적인 논변 방식을 익혀야 했다.

오스만 제국
터키인들이 만든 이슬람 최후의 전통 왕조

몽골이 셀주크 튀르크를 멸망시킨 이래, 수많은 튀르크인이 아나톨리아반도로 몰려든다. 이곳에는 여러 왕국이 들어서는데, 1280년경 오스만 제국에 의해 통합된다. 오스만 제국은 매우 호전적이었고, 어마어마한 군사적 성공을 거둔다. 1345년 발칸반도에 진출해 마케도니아, 불가리아 등을 정복했으나, 1402년 티무르 제국과의 전투에서 패배해 속국이 되는 수모를 겪기도 했다. 하지만 재기에 성공해 세르비아 일대를 정복했고, 1453년 결국 비잔틴 제국까지 점령하면서 아나톨리아반도, 그리스반도, 발칸반도를 잇는 대제국이 된다.

동부 지중해에서 거점을 확고하게 만든 오스만 제국은 지중해, 흑해, 서아시아 전역으로 세력을 확장한다. 오스만 제국의 가장 유명한 정복자는 메메트 2세였다. 그는 비잔틴 제국을 점령했고, 북아프리카와 서아시아, 아라비아의 중심 도시인 카이로, 다마스쿠스, 메카, 메디나를 모두 점령했다. 메메트 2세 사후에도 정복 전쟁은 멈추지 않았다. 1517년 동아프리카의 아덴, 아라비아반도의 최남단 예멘 등에 무역 기지를 설치했고, 16세기 중반에는 바그다드, 바레인, 페르시아만 일대를 지배한다. 당시 포르투갈이 인도 항로를 장악하고 있었기 때문에 대립 관계가 지속됐으나, 포르투갈은 무역에, 오스만 제국은 점령지의 세금에 관심이 컸기 때문에 큰 충돌은 발생하지 않았다.

같은 시기 오스만 제국은 동유럽에서 오스트리아 제국과 격전을 벌인다. 루마니아 공국을 합병했고, 17세기 초반 헝가리, 트란실바니아 등을 병합한다. 하지만 오스트리아는 무너지지 않았고, 1683년 오스트리아의 수도 빈을 마지막으로 포위 공격했지만 실패한다. 흑해와 크림반도, 캅카스 초원, 우크라이나 일대를 두고 폴란드, 러시아와 경쟁을 벌였고, 1676년 오스만 제국은 이 지역을 일부 장악하는 데 성공한다.

이집트부터 모로코까지 북아프리카 일대를 장악한 오스만 제국은 끝내 지중해를 지배하지 못했다. 레판토 해전에서 패배하는 등 베네치아와 교황령 국가, 스페인 등의 저항이 만만치 않았기 때문이다. 1580년 이래 현재까지 지중해의 이슬람 문명과 크리스트교 문명의 구분선이 유지되고 있다.

도교
당나라 때 발전한 민중 종교

춘추 전국 시대 제자백가 중 하나인 도가는 위진 남북조 시대를 거쳐 당나라 때 민중 종교인 도교로 크게 발전한다. 여러 분파가 생겨나는데 그중 대표적인 집단은 모산파와 영보파다. 모산파는 삼국 시대에 등장한 오두미도를 계승한 측면이 크다. 신선술을 강조했고 질병 치료에 적극적이었는데, 무엇보다 민중들이 이해하기 쉬운 영적 세계를 설파했다. 이승에서 죄를 지은 영혼은 저승 법정에서 심판을 받고, 이승에서 피해를 봤다면 저승 법정에서 이를 문제 삼을 수 있고, 상황에 따라 친척들이 대신 고통받기도 한다는 것이다. 신도들 간의 비밀스러운 결속을 강조했고, 비싼 보수를 지불하고 교육받는 등 결속력 있게 발전해갔다.

영보파는 불교의 영향을 많이 받았다. 승려같이 체계적으로 교육받고 계율을 지키는 도관들이 존재했고, 부처 같은 존재를 섬기며 불로불사를 추구했다. 불사는 영적으로 영원한 삶을 산다는 의미인데, 모산파처럼 영적 세계의 다양한 서사가 존재했다.《도덕경》이나《장자》같은 도가의 경전들은 관심의 대상이 아니었다.

당나라 때 도교는 한층 번성한다. 도가의 비조 노자가 이씨였고, 당나라 황실이 노자의 후예라는 점을 강조하며 도교를 비호하고 나섰기 때문이다. 당나라 때는 왕중양이라는 인물이 창시한 전진파가 발전한다. 유교, 불교, 도교의 교리를 통합하고자 했는데,《도덕경》은 기본이고 유교 경전인《효경》과 불교의 가르침을 담은《반야심경》을 강조했다. 정기적인 단식, 채식과 금주, 독신 등 좀 더 체계적인 방식으로 도관을 양성했다. 불로불사 같은 종래의 교리에서 벗어나 영적 수행, 내적 각성을 강조하는 새로운 경향의 도교가 등장한 것이다.

도교는 중국 민중들에게 가장 가까운 종교로, 혼란기에는 민중 봉기의 주체가 되기도 했다. 현재까지도 각종 도교 사원이 중국과 동남아시아 전역에서 크게 번성하고 있다.

시베리아

유목 민족의 땅, 러시아가 지배하다

우랄산맥 동편에서 연해주까지 이르는 광대한 지역을 통칭하는 말. 시베리아 일대는 자연환경이 혹독해 소수의 원주민을 제외하고는 사람이 거의 살지 않는다. 그러나 이반 4세 때 러시아가 이곳에 진출하면서 상황이 급변한다. 이반 3세 때 단일왕국을 이룬 러시아는, 그때까지는 우랄산맥 서편에 존재하는 유럽의 한 나라에 불과했다. 하지만 이반 4세 때 러시아 변경에 살던 카자흐 기병대가 선봉이 돼 시베리아에 진출한다. 1630년에는 레나강 일대 야쿠츠크에, 1639년에는 태평양에, 다시 1648년에는 베링 해협을 통해 신대륙의 알래스카에 진출한다. 당시 시베리아 일대에 영향력을 행사할 수 있는 국가는 청나라뿐이었다. 결국 두 나라는 무력 충돌했고, 네르친스크 조약, 캬흐타 조약을 맺으면서 국경선이 확정된다. 러시아는 시베리아의 모피 산업에 관심이 많았고 따라서 원주민들에게 우호적인 정책을 펴며 지배력을 강화해나갔다.

시베리아를 장악하며 유라시아 일대의 대제국으로 성장하던 17세기 러시아는 동방뿐 아니라 서방 세계에 대한 영향력도 강화하고자 했다. 절대 군주 표트르 대제는 발트해를 비롯한 북해에서 영향력을 확보하고 대서양으로 나아가는 정책을 추진했다. 초기 표트르 대제의 도전은 실패의 연속이었다. 1695년 흑해 연안에서 오스만 튀르크에 패했고, 1700년에는 나르바에서 스웨덴에 패배했다. 이 경험을 바탕으로 그는 해군을 만들었고, 비로소 핀란드만의 네바강 하구를 점령한다. 이곳에 해군 기지와 조선소 등 중요한 시설이 들어섰고, 결국 수도마저 옮겨 이곳을 상트페테르부르크라고 불렀다. 여러 준비 끝에 1709년부터 10여 년간 스웨덴을 상대로 북방 전쟁을 벌였고, 결국 발트해 연안에 대한 확고한 지배권을 확보한다. 동쪽으로는 시베리아, 서쪽으로는 발트해로 이어지는 유라시아 대제국이 탄생한 것이다. 표트르 대제는 영국, 프랑스 등 서유럽을 모델로 삼아서 개혁에 박차를 가했다. 심지어 귀족의 턱수염을 강제로 자르고 수염세까지 부과할 정도였다.

제정 러시아는 19세기 내내 영국, 프랑스 등과 경쟁하며 강력한 제국주의 국가로 발전한다. 시베리아를 통해 중앙아시아와 중동, 중국 북부까지 진출했으며, 제2차 아편 전쟁을 명분으로 청나라로부터 연해주를 할양받는 등 만주에 대한 영향력도 확대했다.

북아프리카와 알제리

프랑스 제국주의에 대항한 알제리인들

대륙의 기준으로 보면 지중해 남단인 북아프리카 일대는 아프리카의 영역에 속하지만, 실상 중부, 남부 아프리카와의 인연은 크지 않다. 거대한 사하라 사막이 가로막고 있고, 이집트, 카르타고 같은 고대 문명이 일찍 번성한 곳이기 때문이다.

중세 내내 이슬람 세력이 이곳에서 번성했다면 근대에 들면서는 프랑스와 영국의 침탈로 새로운 국면을 맞는다. 프랑스 남부에서 지중해를 가로지르면 바로 만날 수 있는 나라가 모로코, 알제리, 튀니지 등이다. 모두 프랑스 식민지였는데, 알제리는 혹독한 제국주의의 탄압과 독립의 과정에서 큰 고통을 감내해야 했다.

1832년 압둘 카디르가 알제리 해안 지대를 점령한 프랑스에 대항해 성전을 일으켰지만 패배한다. 1844년에는 모로코가 지원에 나서지만 이슬리 전투에서 패배했다. 1847년 프랑스는 알제리의 저항 세력을 모조리 무너뜨렸고, 카빌리부터 음자브, 북부 해안부터 사하라 일대까지 점령한다. 1890년에는 영국이 이를 보증하는 조약을 맺었다.

알제리를 점령한 프랑스의 통치는 가혹했다. 동화주의 원칙을 내세우면서 수많은 기존 교육 기관을 없앤 후 알제리인에게 교육이나 사회 진출의 기회를 주지 않았다. 극소수만이 하급 관리가 될 수 있었다. 토지 약탈도 심각했다. 소유주가 불분명한 땅을 몰수했고, 새로운 법령을 제정해 기존 토지의 소유 관계를 무력화시키면서 무려 270만 헥타르(1940년 기준), 즉 알제리 전체 경작지의 40%에 달하는 토지를 빼앗아 프랑스에서 넘어온 이주민들에게 줬다.

프랑스의 가혹한 식민 통치에 대한 알제리인들의 집요한 저항은 수십 년에 걸쳐 진행됐다. 1954년 알제리 민족해방전선(FLN)을 결성하고 11월부터 프랑스 당국에 대한 게릴라 공격을 감행하면서 알제리 혁명의 서막이 열린다. 1958년에는 알제리공화국임시정부(GPRA)를 구성하고 국제 승인을 요청했고, 아랍 국가와 공산주의 국가의 도움을 요청했다. 프랑스의 진압 작전은 잔혹했다. 1957년경이 되면 민족해방전선은 와해 단계에 들어간다. 하지만 당시 프랑스 정부는 여러 이유로 혼란을 거듭했고, 알제리를 식민 통치할 여력이 없었다. 결국 현대 프랑스의 초석을 세운 드골이 정계에 복귀해 대통령이 되는데, 그는 알제리 민족해방전선과 화해를 도모한다. 이에 1962년 알제리는 주권을 회복한다.

6

빅히스토리

인류의 삶을 바꾼
중요한 역사 이야기

전신, 전화, 전기
인류의 삶을 완전히 뒤바꾼 도구들

19세기 후반부터 20세기 초반 미국은 물리적인 기술 시스템 도입으로 엄청난 사회 혁명을 경험한다. 전신, 철도, 석유, 전화, 전기 등 신기술이 정교한 기술 시스템과 결합했기 때문이다. 모스는 길고 짧은 전류 펄스를 방출하는 송신기를 개발하고, 커뮤니케이션이 가능한 모스 부호도 창안했다. 전신의 도입은 엄청난 변화를 일으켰다. 남북 전쟁은 물론 새롭게 형성된 미국 금융 시장의 운영 시스템, 철도 운영 시간 조정과 신호 전송 등 광범위한 분야에 활용됐고, 교통 시스템의 효율성과 속도를 근본적으로 바꿨다. 1866년에는 대서양을 횡단하는 전신선이 깔리면서 국가 간 통신과 외교 협상은 물론 국제 무역 성장에도 큰 영향을 미쳤다.

1876년 벨이 개발한 전화는 이러한 경향을 확대, 강화한다. 벨의 전화 사업은 영리하게 구성됐다. 벨이 만든 전화 회사에서 제품 생산과 시스템 구축을 담당하고 지역 회사에서 전화 교환기를 운영하는 방식으로, 전화 서비스는 물론 통신 가격도 통제했다. 첫해에 3,000대의 전화기가 임대됐고, 4년 후에는 6만 대, 1893년에는 26만 대로 늘어났다. 16년 만에 1만 명당 1대에서 250명당 1대꼴로 보급됐고, 병원, 약국, 술집, 공장, 회사, 법률 사무소 등 주요 기관에 전화기가 설치됐다.

전신과 전화가 속한 전기 분야에서는 발명가와 사업가들의 치열한 경쟁이 벌어졌다. 지속적이고 강한 전류를 만들기 위한 발명가들의 투혼 가운데 에디슨이 승리를 거두는데, 곧장 사업권을 두고 싸움이 벌어진다. 웨스팅하우스 같은 대규모 전력 보급 회사부터 각종 소규모 전기 제품 회사들이 우후죽순으로 생겨났기 때문이다. 1880년 에디슨의 전기 조명 회사는 사무실이 밀집한 맨해튼 일대에 전력을 보급하는 발전소를 만들었는데, 1920년까지 미국 전역에 4,000개의 발전소가 들어섰다. 전기 모터는 산업체에서 다양하게 활용됐는데, 테슬라가 교류 모터를 개발하면서 활용도가 더 커졌으며 전기 출력량도 종전보다 강화됐다. 나이아가라 폭포에는 장거리 송전을 위한 대규모 발전소가 최초로 만들어졌다.

전력 보급은 전기 제품 등장에 든든한 기초가 됐고 선풍기, 전기다리미, 진공청소기 등이 가정에 보급되기 시작했다. 전기는 가스나 석유 조명을 밀어냈고, 영화 산업, 순도 높은 광물 채취, 운송 수단 등 각양의 분야에서 강력한 에너지원으로 여전히 위력을 발휘하고 있다.

기업
유럽이 만들고 미국이 키운 '이윤' 제조기

기업은 이윤 획득만을 목적으로 만들어진 조직이다. 상업과 무역의 발달로 자연스럽게 만들어지기도 했지만 신대륙의 발견, 제국주의의 성장, 자본주의의 일반화 등 좀 더 거대한 역사 변화와 긴밀한 관계를 맺으며 성장했다.

근대 형태의 기업이 만들어진 계기는 17세기 네덜란드의 식민 활동과 관련이 깊다. 이들은 포르투갈인들이 개척한 동방 항로를 하나씩 빼앗으며 성장했다. 네덜란드인들은 수탁 회사, 유한 회사, 주식 회사, 선물 거래, 증권 거래소 같은 중요한 경영 기법을 발명한다. 수탁 회사는 정부의 지원을 받으며 사업권을 확보하는 방식의 회사로, 동인도회사가 시초다. 또 네덜란드인들은 주주를 모으고 주식을 팔면서 자본을 확보하고, 모험적인 시장 개척을 감행하며 근대적 기업은 물론 금융 기법까지 만들어냈다. 한편으로 새로운 기업 운영 방식도 모색했다. 해외 무역에서 발생하는 전쟁, 질병, 직원의 부정부패 등을 극복하기 위해 기업 위계를 확고히 했고, 합리적이며 후한 월급을 지급했다. 무엇보다 술, 도박, 방탕한 생활을 배격하고 근면한 생활을 강조했다. 동시에 영업 실적 분석, 평가서 제출 등 사업 실적을 꼼꼼히 분석하는 기법도 만들었다.

기업의 두 번째 도약은 19세기 후반 미국에서 일어난다. 카네기, 테일러, 포드, 록펠러 등이 새로운 경영 기법을 도입해 엄청난 혁신을 일궜기 때문이다. 카네기는 작업 과정을 표준 공정에 맞게 규격화했고, 규모의 경제의 가치를 파악했다. 생산량이 늘어날수록 생산 단가가 절감되고 따라서 이윤이 확대되기 때문에, 체계적인 기업 운영과 생산량 확대를 통한 매출 증대를 기업의 목표로 인식한 것이다. 이러한 경향을 좀 더 체계화시킨 인물이 테일러와 포드다. 이들은 노동 과정의 모든 부분을 규격화했고, 업무 성취도에 따라 임금을 다르게 지급하면서 노동자의 이윤 성취 욕구를 극대화했다. 포드는 대량 생산과 대량 판매를 동시에 이루겠다는 발상으로 좀 더 다양한 생산 공정을 확보하려 했다. 쉽게 말해 자동차를 생산하기 위해 철강 생산, 석유 생산, 섬유 생산 영역까지 진출한 것이다. 일종의 집합 생산 방식을 통한 이윤의 극대화로, 록펠러는 기업 합병이라는 과정을 통해 좀 더 쉽고 거대한 자본 확장을 가능케 했다. 지주 회사 제도 등을 통해 기업의 인수 합병과 그로 인한 규모의 경제를 달성한 것이다.

빅
히스토리

불
인간이 동물이 아닌 이유

불은 자연적 존재라기보다 사회적 존재에 더 가깝다. (…) 김이 모락모락 나는 웨이퍼
가 내 입속에서 부서질 때, 나는 불을 먹었다. 그 황금빛을, 그 냄새와 심지어 그 탁탁거
리는 소리를 먹었다. 그리고 그것은 항상 그러한, 일종의 사치스러운 쾌락을 띤 경험이
었다. (…) 불은 인간성을 입증한다. 불은 비스킷을 익힐 뿐만 아니라 바삭하고 노릇하
게 만들어준다. 불은 인간의 축제 분위기에 물질적 형태를 부여한다. 시대를 아무리 멀
리 거슬러 올라가도 음식의 미각적 가치는 언제나 그 영양적 가치를 압도하며, 인간은
고통이 아닌 기쁨 속에서 기운을 찾는다.

– 철학자 가스통 바슐라르

불은 인류사에 지대한 영향을 미쳤다. 지구상 어떤 생명체도 불을 제대로 다루지
못한 반면에 인류는 매우 이른 시점에 불을 다뤘고, 현재까지도 불에 의존해 문명
을 일구고 있다. 불을 다룸으로 인해 얻을 수 있는 유익은 말할 수 없이 많다.

불로 음식을 조리해 먹는 문화도 그중 하나다. 인류가 불을 다루면서 다른 생명
체와 다른 식습관을 갖게 됐으니 말이다. 고기 근육에는 섬유질이 많지만 익는 과
정에서 섬유의 단백질 덕분에 콜라겐이 젤라틴으로 바뀌고, 아민 성분과 당 성분
이 결합해 육즙이 만들어진다. 열을 통해 녹말이 분해돼 당을 방출하는데, 같은 시
간 녹말의 덱스트린이 갈색으로 바뀌면서 먹음직스러워진다. 불에 의존한 조리 방
법을 통해 영양소가 발산되고, 요리 문화가 형성되는 것이다. 심지어 독성이 강해
날것으로는 먹을 수 없는 음식의 독성이 열기 때문에 사라지기도 한다. 아마존 일
대에서 여러 음식에 주로 쓰이는 카사바에는 청산이 많이 들어 있지만 빨고, 갈고,
물에 담근 후 불로 조리하는 과정에 독성이 사라진다. 돼지고기에는 기생충이 많
아 선모충증에 걸릴 위험이 있지만, 이 또한 높은 온도에서 사멸된다.

불의 온도를 높이는 기술은 문명 발전에 가장 중요하다. 철제 농기구를 제작하
거나 수십 층에 이르는 철조 건축물 제작 등 인류사의 가장 중요한 부분이 결국 불
과 관련된 기술들이기 때문이다.

노동자
산업혁명이 만든 새로운 계층

산업 혁명의 결과로 노동자가 대거 등장한다. 도시와 공장의 발전에 따라 노동자의 수가 농민을 압도하는 지경에 이르렀다. 산업 혁명은 일자리와 임금을 제공했지만, 과거 농민들이 토지 경작을 통해 누린 안정감과는 비교할 수 없는 불안 가운데 생존을 도모하게 했다. 농민들이 뜻하지 않은 자연재해와 지배층의 착취 가운데서 어려움을 겪었다면, 노동자들은 자본주의의 복잡한 메커니즘, 자본가의 철저한 이윤 추구 태도, 정치가들의 무능과 무책임 가운데서 허덕였다.

노동자의 생활 공간은 도시였다. 19세기 중반에 런던은 230만 명, 파리는 130만 명의 대도시가 됐고, 유럽의 여러 도시는 런던과 파리를 따랐다. 도시 계획이라는 개념은 존재하지 않았고 도시는 무질서하게 변화했다. 상하수도가 정비되지 않았고, 포장도로도 찾아보기 힘들었고, 적절한 수준의 거처를 구하기도 어려웠다. 도시 문제는 노동자들의 삶에 치명적인 악영향을 미쳤다. 잦은 화재에 노출되거나 비위생적인 환경에 의해 각종 질병에 고통받았고, 거주 공간은 비참한 수준이었다. 파리의 노동자들은 1년에 두 번 이상 목욕하지 못했고, 런던에서는 25만 개의 가정용 정화조가 처리되지 못했으며, 맨체스터에는 화장실 없는 주택이 전체의 3분의 2를 넘었다고 한다. 석탄으로 인한 스모그 문제부터 콜레라, 장티푸스, 결핵 같은 각종 전염병이 반복적으로 창궐했다. 실업으로 인한 경제적 고통 외에도 10대 초반에 노동자가 돼 하루 15시간 이상 노동하고 그로 인해 노동자의 자녀들이 방치되는 등 노동자의 삶을 옥죄는 문제는 한두 가지가 아니었다.

여성 노동자도 많았는데 이들은 공장보다 집이나 사설 작업장에서 일했고, 그만큼 낮은 임금과 모진 노동 규율에 시달렸다. 미혼 여성은 하녀로 일하는 경우가 많았는데, 이들은 성폭력에 노출되기 일쑤였다. 성매매 문제도 심각했다. 지방에서 갓 올라온 젊은 여성이나 재취업에 실패한 여성 수만 명은 남성 노동자가 몰린 도시에서 성매매로 생존을 도모했다.

일련의 상황은 사회 문제 해결을 위해 각종 개혁안을 모색하는 것으로 집중됐다. 상하수도가 정비된 새로운 도시 설계, 노동자와 도시 빈민들의 처우 개선을 위한 사회 복지 시스템 마련, 노동 시간을 통제하는 공장법 등이 다방면으로 모색됐다. 노동 운동과 사회주의의 등장 역시 이러한 변화의 결과다.

신대륙의 발견
콜럼버스가 만들고 스페인이 점령한 원주민의 땅

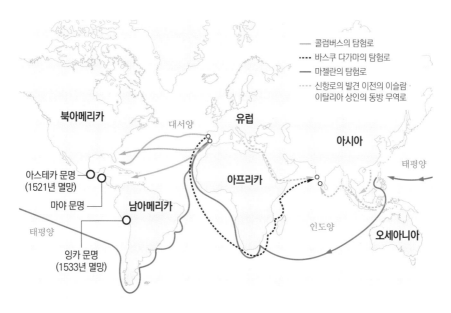

대항해 시대 신대륙의 발견은 유럽 역사를 뒤바꿨다. 스페인의 이사벨 1세 여왕은 콜럼버스를 후원해 선발 주자인 포르투갈을 따라잡으려 했다. 대서양을 가로지르면 포르투갈보다 먼저 인도에 도착할 것이라고 잘못 생각한 콜럼버스는 카리브 해안에 도달했다. 이후 바스코 누녜스 데 발보아가 파나마 일대에서 태평양을 발견했다. 신대륙을 아메리카라고 부르게 된 이유는, 아메리고 베스푸치가 이곳이 신대륙임을 확증했기 때문이다. 페르디난드 마젤란은 대서양을 횡단해 남아메리카 최남단을 돌아 태평양을 가로지른 후, 동남아시아에서 유럽까지 포르투갈 선단과 정반대로 항해했다. 지구가 둥글다는 것이 실증된 순간이다. 다섯 척의 배 중 한 척에 탄 265명 중 18명만이 귀환했고, 마젤란 역시 필리핀에서 죽었다.

코르테스, 피사로 같은 모험적 정복자들이 아즈텍, 잉카 등 현지 제국을 무너뜨렸고, 이후 신대륙은 광산 개발의 무대가 된다. 스페인인들이 퍼뜨린 천연두는 물론 과도한 노동 폭력과 학대 등으로 원주민 인구가 극적으로 줄었다. 최초의 금광이 발견된 히스파니올라의 인구는 1492년 100만 명에서 1538년 500명이 됐다.

노동력 보충을 위해 스페인은 아프리카로부터 흑인 노예를 사들인다. 유럽, 아메리카, 아프리카로 이어지는 삼각 무역이 본격화된 것이다.

신대륙 발견은 유럽 역사에 전무후무한 영향력을 행사했다. 엄청난 양의 은은 유럽의 은 부족을 해결하는 것을 넘어 강력한 인플레이션 효과를 일으켰다. 전 유럽의 물가와 곡물가를 상승시켰고, 임금 폭락을 비롯한 여러 혼란을 발생시켰다. 이를 가격 혁명이라고 한다.

이후 신대륙에서는 광산 개발뿐 아니라 플랜테이션 농업이 발전한다. 광대한 대지에 값싼 노예를 동원해 사탕수수, 커피 등 단일 작물을 심으면서, 새로운 이윤을 창출한 것이다. 무역의 중요성이 강조됐고 농업이 아닌 상업 가치가 부각되는데 이를 상업 혁명이라 한다.

유목민
농경민과 대조되는 삶의 방식, 중앙아시아에서 번성하다

유목민들이 활동한 세계는 넓고 광대하다. 이들은 만주 심안림산맥부터 중국 북부 몽골 초원, 이란 북부 카스피해, 흑해 부근의 남러시아 초원, 헝가리의 푸스타, 시베리아 타이가를 활동 무대로 삼았다.

유목민은 드넓은 초원에서 가축을 끌고 다니면서 가축에 의존해 생존하는 무리다. 가축에서 고기와 젖을 얻고, 가축의 털과 가죽으로 의복을 만든다. 하지만 오로지 가축에 의존하는 순수한 유목 생활은 유목 민족의 역사에서 극히 부분적이다. 유목민도 농경민 못지않은 문화적 욕구를 지녔으며, 농경민이 누리던 각양의 것을 사용했다. 비단과 면을 소비하고 차를 마셨으며 각종 사치품을 누렸다. 하지만 이런 것들은 유목 사회에서 얻을 수 없는 것으로, 결국 풍족한 농경 사회와 관련을 맺어야 얻을 수 있었다. 따라서 유목민과 농경민 사이, 유목 국가와 농경 국가 사이에서 교역과 전쟁은 필수 불가결했다.

최초의 유목 국가는 기원전 7세기 러시아 남부에 등장한 스키타이다. 이들은 청동기, 철기 제작에 능했으며 인류의 금속 문화 발전에 여러모로 기여했다. 기원전 3세기경에는 중국 북부에서 흉노족이 출현해 강성한 제국을 이뤘다. 결국 이들은 중국에 패배하는데, 서쪽으로 이동해 게르만족의 이동을 촉발하면서 로마 제국의 멸망에 기여했다. 유럽에서 흉노는 '훈족'이라 불렸다.

6세기 이후 돌궐, 위구르 등 새로운 유목민이 흥기하는데, 이들은 중앙아시아의 유목 국가를 기반으로 활동하는 소그드 상인들과 협력 관계를 도모했다. 소그드 상인들은 풍부한 지역 정보를, 유목민들은 강력한 무력을 소유했기 때문에 서로 도움을 주고받았다. 소그드 상인들은 새로운 상권을 확보하고자 유목민의 힘을 이용했고, 유목민들도 소그드 상인들을 통해 세력 범위를 넓혔다. 돌궐은 소그드 문자를 이용해 유목 국가 최초로 돌궐 문자를 만들었다. 위구르는 당나라가 안사의 난으로 혼란에 빠졌을 때 지원 병력을 보내 당나라를 위기에서 구한 후, 막대한 비단을 요구하는 등 중국 역사에 간섭하기도 했다. 중국 북부에서 밀려난 돌궐은 서아시아에서 '튀르크'가 됐고, 유연은 '아바르'가 됐다. 중국 북부 초원 지대에서는 강력한 유목 국가가 여럿 등장한 것에 반해 다른 지역에서는 그러지 못했다는 것도 특징적이다. 유목 민족의 절정은 칭기즈 칸이 이끈 몽골 제국이다.

말라카
해상 교통의 요충지

동남아 국가들과 말라카 해협

인류 역사에서 해상 실크 로드는 육상 실크 로드와 더불어 가장 중요한 문명의 교통로였다. 이곳을 통해 불교와 이슬람교가 전파되고, 유럽 문명이 세계화될 수 있었다. 해상 실크 로드는 중국 남부, 동남아시아, 인도를 중심으로 형성된 바닷길이다. 명나라 때 정화는 이 길을 통해 아프리카 북부까지 도달했고, 유럽인들은 대서양을 돌아 인도에 거점을 마련한 후 일본까지 왕래했다.

해상 실크 로드는 일찍이 발달했다. 이미 메소포타미아 문명과 인디아 문명 사이에 교류가 있었기 때문에, 기원전 8세기 말에는 인도 남부의 드라비다족이 페르시아만까지 올라와서 바빌론과 교역했고, 거꾸로 아케메네스 페르시아의 다리우스 1세가 인더스강부터 홍해에 이르는 해로를 탐험하라는 명령을 내리기도 했다. 기원전 325년에는 알렉산드로스 대왕이 장군 네아르코스를 시켜 유프라테스강부터 인더스강 일대를 조사하게 했다.

한편 인도와 동남아시아, 중국과 동남아시아의 교류 역시 문헌을 통해 확인할 수 있다. 기원전 3세기에 이미 인도 동부에 있던 칼링가 왕조는 미얀마, 말레이반도 등에 진출해 해상 무역을 했고, 이 시기 중국인들도 베트남부터 말레이반도, 남인도의 동부 해안까지 항해했다. 일부 사람들은 현지에 정착하기도 했는데, 기원전 1세기가 되면 중국, 동남아시아, 인도, 로마까지 해상 실크 로드를 통한 교역이 이뤄졌다.

해상 실크 로드는 이후에도 꾸준히 발전한다. 동서양의 문명이 번성하면서 왕과 귀족들의 사치품 수요가 높아졌고, 인도의 향신료, 중국의 비단, 도자기 등이 세계적인 명성을 얻었기 때문이다. 9세기 이전에는 주로 동남아시아의 특산물이 교역을 주도했다면, 9세기 이후부터는 중국산 도자기가 가장 중요한 무역 품목이 되었다.

말라카(오늘날 플라카)는 이러한 해상 실크 로드의 핵심 거점이었다. 중국에서 인도로 가든, 인도에서 중국으로 가든, 말레이반도 남단의 말라카를 통과해야 했기 때문이다.

말라카에 대한 지배권은 15세기 이후 대항해 시대 초미의 관심사였다. 말라카를 장악한 나라가 세계 무역을 통할했기 때문이다. 16세기 초에는 포르투갈 상인, 17세기 중반에는 네덜란드가 이 지역을 장악했고, 19세기에는 영국이 장악한다.

미국의 세계주의
영국·프랑스의 뒤를 잇는 미국의 세계 정책

영국, 프랑스 등 유럽의 열강들은 해외 식민지를 개척한 후, 식민지의 여러 이권을 본국에 귀속시키는 형태로 번성했다. 따라서 더 많은 식민지를 획득하기 위한 경쟁이 치열했고, 그로 인해 국가 간 갈등, 끝도 없는 전쟁과 나아가 세계 대전까지 이른 것이다. 한편에서 식민지 체제에 대한 반감은 피압박 민족들의 민족주의를 고양시키고 공산주의의 영향력을 강화했다.

제1차 세계 대전 이후 미국 대통령 윌슨은 민족자결주의를 주창하며 식민주의를 자유 무역주의로 대체하고자 했다. 식민지를 포기하고 아시아, 아프리카 민족의 자유를 허락하면 과도한 민족주의와 공산주의의 영향력이 차단될 테고, 국제기구를 중심으로 안정적이면서 자유로운 세계 무역 체제를 운영하면 서양 열강들의 경제적 우위를 유지할 수 있었기 때문이다. 또 이를 통해 불필요한 폭력과 전쟁을 혁파하고, 평화의 시대가 도래할 것이라 여겼다.

윌슨의 기대는 영국과 프랑스에 의해 무참히 파괴된다. 이들은 전쟁을 일으킨 독일, 오스트리아, 오스만 제국에 막대한 배상금을 요구하고 가혹한 보복을 가했고, 자신들의 식민지는 그대로 유지한 채 패배한 나라들의 식민지만 독립시켰다. 하지만 제2차 세계 대전을 거치면서 영국, 프랑스가 몰락의 길을 걷자, 윌슨의 구상은 프랭클린 루스벨트 대통령의 주도로 재현된다. 대서양 헌장을 통해 탈식민지 체제를 공식화했고, 브레턴우즈 체제를 통해 미국이 주도하는 자유 무역 체제가 확립됐다. 금을 통화 기준으로 삼았으나, 실상 미국 달러를 기준으로 세계 통화를 관리했다. 국제통화기금(IMF), 세계은행(WB) 등을 만들었고, 세계무역기구(WTO)를 비롯한 각양의 국제기구를 통해 달러 주도의 자유 무역 체제를 유지한다.

국제연합(UN)도 만들어지는데, 미국을 비롯한 강대국의 우월한 지위를 인정하고 적절한 무력 사용을 허용하면서 세계 질서를 유지하려 했다. 대부분의 국제기구는 미국 자본으로 유지되기 때문에 미국의 이익과 세계 평화 유지 사이에서 종종 갈피를 잡지 못한다.

벤츠와 포드
자동차의 역사

19세기 중엽 종래의 증기 기관, 즉 외연 기관에서 내연 기관으로의 중요한 기술적 진보가 이뤄진다. 외연 기관은 연료와 보일러, 연료와 엔진, 보일러와 엔진이 분리된 구조로, 열역학의 발달에 따라 좀 더 효율적인 기관, 연료의 폭발이 곧장 에너지로 전달되는 내연 기관의 발전을 가능하게 했다. 내연 기관의 개발은 여러 난항을 겪었다. 작은 실린더에서 일어나는 효율적인 폭발과 그로 인해 발생하는 에너지가 피스톤 운동으로 구동되는 문제부터, 공기와 연료의 적절한 혼합 과정이 연속적으로 일어나야 하는 문제, 점화 작용 이후 발생하는 행정 운동의 타이밍 등 난해하기 짝이 없는 기술적 문제를 풀어야 했기 때문이다. 여러 발명가의 노력에 따라 4행정 주기의 피스톤 운동을 하는 엔진이 개발됐는데, 고틀리프 다임러, 빌헬름 마이바흐는 1883년에 분당 600~900회 회전이 가능한 엔진 개발에 성공한다. 비슷한 시기 카를 벤츠 역시 독자적인 전기 점화 시스템을 만들어낸다. 유럽에서 내연 기관이 성공을 거두는 사이, 미국에서는 제임스 패커드에 의해 H 모양의 기어 장치가 개발됐다.

자동차 개발에 결정적 전기를 마련한 이는 미국인 헨리 포드였다. 그는 '대량 생산'이라는 개념을 구조화하면서, 자동차 생산에서 경이적인 변혁을 이뤄냈다. 1912년 그가 세운 하일랜드파크 공장에서는 컨베이어 벨트 시스템을 통해 자동차 제조의 전 과정이 하나로 통합됐다. 이렇게 만들어낸 자동차가 '모델 T'였다.

생산 공정은 많은 변화를 가져왔다. 자동차 한 대를 조립하는 시간은 초기 12시간 30분에서 2시간 40분으로 단축됐고, 이를 통해 막대한 비용 절감을 도모하고 소비자는 더욱 싼 가격에 차를 구매하게 됐다. 1908년 850달러에 팔린 모델 T는 8년 후에는 360달러까지 하락했고, 6,000대 정도 팔리던 차는 57만 대까지 생산이 늘었다. 대량 생산이 대량 소비를 선도한 것이다. 컨베이어 벨트로 구동되는 첨단 시스템에서 숙련 노동은 의미가 없었다. 대부분 미숙련 노동자가 쉽게 배울 수 있는 단순 반복 작업이 주를 이뤘는데, 그럼에도 포드는 노동자의 임금을 획기적으로 높였고 유럽의 이민자, 흑인들을 고용했다. 이를 통해 노동자의 소득이 향상했고 다시금 자동차 판매 시장이 넓어지는 선순환 효과가 일어났다. 포드의 혁신을 '포디즘'이라 불렀는데, 생산 방식에 큰 변화를 초래했다.

수용소
끔찍한 인권 유린의 역사

그자들이 예순다섯이나 된 노쇠한 이 몸을 때리기 시작했소. 바닥에 엎드리게 하더니 꽈배기처럼 꼰 고무 채찍으로 내 발바닥과 척추를 때렸다오. 그러고는 의자에 앉혀 내 다리를 위에서부터 세차게 때렸소. 채찍에 맞은 다리 부위에 넓게 멍이 생기고 나니 다음 날부터는 붉으락푸르락 노랗게 멍든 그 자리에 또다시 채찍질했지. 차라리 죽는 편이 이보다 참기 쉽겠다는 말이 내 입에서 절로 나옵디다. 결국 빨리 처형대로 오르길 바라는 마음에 나 자신을 비방했소.

이는 소련의 저명한 연극 연출가 프세볼로트 메이예르홀트의 탄원서다. 스탈린이 이끈 인류 최초의 공산주의 국가 소련은 시작부터 어마어마한 인권 유린을 자행했다. 1925년부터 1953년 인명 피해만 1,200만에서 2,000만 명으로 추정된다. 특히 1937년부터 1938년 사이 대공포의 시대에는 무려 70만 명이 총살당했고, 40만 명이 굴라크(Gulag)라 불린 시베리아 수용소에 보내졌다. 제2차 세계 대전 때는 250만 명의 소수 민족이 강제로 이주해야 했고, 1940년대 말부터 스탈린이 사망할 때까지는 집요하게 반유대인 정책이 추진됐다.

난 손끝부터 팔꿈치까지 피가 묻어 있네. 이것이 내 영혼을 짓누르는 최악의 일이라네.

스탈린의 뒤를 이은 소련 서기장 흐루쇼프의 회고로, 그는 참혹한 파국을 잊지 않고 참회하고자 노력했다. 1956년 2월 흐루쇼프는 스탈린을 공개 비판했고, 수용소에 보내진 이들의 귀환을 허락했다. 하지만 살아남은 자들의 고통은 계속됐다. 뿔뿔이 흩어진 가족들의 재회는 쉽지 않았다. 숙청 과정에서 생존을 위해 아내는 남편을 버렸고, 수용소 생활로 망가진 아내를 남편이 버렸다.

더구나 흐루쇼프 실각 이후 브레즈네프가 집권했는데, 그는 열정적인 스탈린주의자였다. 《이반 데니소비치의 하루》, 《수용소 군도》 등 당대 현실을 고발한 솔제니친은 국제적인 명성에도 불구하고 1974년 소련에서 추방당했고, 브레즈네프 집권 기간 동안 생존자들은 침묵해야 했다. 1991년 고르바초프가 집권하면서 비로소 희생자들의 공식 복권이 선포됐다.

베스트팔렌 조약
국제 관계의 원칙이 만들어진 조약

제국의 모든 공국은 (…) 법률을 만들고 해석할 권한, 전쟁을 선포할 권한, 세금을 매길 권한, 병사들을 징집할 권한, 영지 내에 새로운 요새를 건설하거나 강화할 권한이 있다. (…) 무엇보다 제국의 모든 공국은 자체의 보전과 안전을 위해 외국과 자유롭게 동맹을 맺을 권한이 있다. 다만 그런 동맹이 황제, 제국, 제국의 평화 그리고 이 조약 내용을 해치는 것이어서는 안 된다. 또 각자 황제 및 제국과 맺은 맹세와 어긋나도 안 된다. 신교와 구교를 가리지 않고, 이 조약에 서명한 당사자들은 이 조약의 내용을 반드시 지켜야 한다. (…) 누가 이 조약의 내용을 어기는 일이 있다면, 피해자는 가해자에게 직접 보복을 자제하고 우호적인 이웃들의 중재를 호소하거나 재판 절차를 밟아야 한다. (…) 3년의 조정 기간을 거쳐도 피해가 보상되지 않는다면, 이 조약에 서명한 당사자들이 모두 힘을 합쳐 피해자의 편에서 가해자에게 보복해야 한다.

30년 전쟁의 결과로 맺어진 베스트팔렌 조약(1648)의 일부다. 베스트팔렌 조약은 국가 간 주권 평등의 원칙, 내정 불간섭의 원칙 등 근대 국가의 외교와 국제 관계에 관한 중요한 원칙을 담고 있다. 각 국가는 법률, 세금, 선전 포고 등 내정에 관한 독자적인 권리를 존중받는다는 내용과 외국과의 동맹, 동맹 국가 간의 원칙 등을 규정하고 있다. 특정한 국가가 왕성한 무력 활동을 통해 다른 나라를 점령하는 방식이 아닌 국가 간 균형과 협력을 도모한다는 점도 주목할 부분이다. 이러한 방식은 현재의 국제법이나 외교 관계에 그대로 적용되고 있다.

토지
땅을 둘러싼 귀족과 농민의 역사

조서를 내려서 천하의 토지를 골고루 나눠 줬다. 남자 15세 이상은 농사지을 땅 40묘를 받고 부인은 20묘를 받는다. (…) 백성들의 나이가 많아져 70세가 넘거나 사망했을 때는 땅을 돌려받는다. 뽕나무밭은 남자 1인당 20묘를 받는다. 뽕나무를 심기 부적합한 토지는 장정에게 1묘의 땅을 줘서 법에 따라 느릅나무나 대추나무를 심는다.

동아시아 전통 사회에서 토지만큼 중요한 문제는 없었다. 농사를 짓기 위해서는 땅이 필요했고, 땅에서 소출되는 곡식은 먹거리이자 세금 징수의 과정을 거쳐 국가 재정이 됐기 때문이다. 동시에 땅은 부의 원천이기도 했다. 농민 소유의 땅은 자영농으로 자립해서 살 수 있는 기반이었고, 귀족이나 지배층은 농장을 확대하거나 토지를 확보해 농민들에게 소작을 주면서 막강한 부를 획득할 수 있었기 때문이다. 따라서 농민들이 자기 토지를 보유하고 생산된 곡식으로 세금과 먹거리를 충당하는 안정적인 경제 구조를 창출하는 것이 국가 운영에서 핵심 요소였다. 하지만 귀족 입장에서 토지 지배권을 높여 자신의 권력을 강화하는 것 또한 절박한 문제였기 때문에, 토지 문제를 둘러싼 황제와 귀족, 백성 간의 갈등이 빈번했다.

귀족의 토지 지배를 억제하기 위한 정책은 끊임없이 나왔다. 중국의 전설적인 왕조 하·상·주나라에서는 '정전제'를 실시했는데, 토지를 공평하게 분배하는 것을 이상으로 삼았다. 맹자는 정전제를 강조했고, 토지 분배, 자영농 육성, 귀족 계급의 통제, 안정적인 국가 운영은 오랫동안 동아시아 국가의 통치 원리로 각광받았다. 삼국 시대 위나라의 조조는 둔전제를 실시했다. 정복지의 토지를 농민들에게 분배해 그들의 경제적 기반을 마련했고, 유사시에 농민들은 군인 역할을 했기 때문에 둔전제는 조조의 국가 운영에 크게 기여했다. 당나라는 균전제를 실시했다. 구분전과 영업전으로 토지를 구분해, 결혼한 부부에게는 구분전을 지급하고 그 대가로 세금과 군역 등의 의무를 지웠다.

여성 참정권
남성과 동등하게 투표권을 달라!

지금까지 아주 많은 변화가 이뤄지면서 노동자들의 투표권과 관련해서는 많은 진전이 있었습니다. 하지만 여성 관련 입법은 예나 지금이나 사실상 교착상태에서 벗어나지 못하고 있어요. (…) 어떤 미혼모는 자신이 낳은 사생아를 제대로 돌보지 않은 죄로 치안 판사들 앞으로 불려 갔어요. 가정부 일을 다니느라 아이를 유모에게 맡긴 딱한 처지의 미혼모였죠. (…) 치안 판사단은 그 미혼모에게 급여를 얼마나 받는지, 아버지는 누구이며 그 아버지가 아이의 양육에 도움을 주는지는 묻지 않은 채, 자식을 유기한 죄만 물어 3개월 형에 처했습니다. (…) 남성 유권자와 남성 입법자들은 남성의 욕구를 우선시하며 여성의 욕구는 무시하고 있습니다. 여성이 투표권을 얻기 전까지는 앞으로도 이런 현상이 계속될 것입니다.

에멀라인 팽크허스트의 연설이다. 20세기 초반 영국에서 가장 뜨거운 화두 중 하나는 여성 참정권 문제였다. 19세기 중반 차티스트 운동을 통해 재산세를 내지 않는 성인 남성 노동자들의 보통 투표권 요구 주장이 활발했고, 한편에서는 메리 울스턴크래프트, 존 스튜어트 밀 등의 선구적인 노력으로 여성의 권리 문제 또한 꾸준히 제기됐다. 에멀라인 팽크허스트는 여성 참정권 역사에서 중요한 역할을 했다. 1897년 여성 참정권협회국민동맹이 결성돼 격렬한 여성 참정권 운동을 펼쳤으나 뜻깊은 성과를 내지 못했다. 에멀라인 팽크허스트와 그녀의 딸 크리스타벨은 이 단체를 탈퇴하고, 여성사회정치동맹, 여성자유연맹을 연이어 결성하며 좀 더 과격한 투쟁을 펼쳐나간다. 남성들이 주도하는 정치 연설회에 난입해 방해하는 등 다양한 형태로 소란을 피우면서 여권 운동을 주도했는데, 경찰에 의해 폭력적으로 진압당하거나 구속당하는 등 여러 어려움을 겪었다. 1913년에는 에밀리 데이비슨이 여성 참정권을 부르짖으며 경기 중인 승마장에 난입해 사망하기도 했다.

하지만 여성들이 참정권을 확보하게 된 계기는 놀랍게도 제1차 세계 대전의 여파였다. 물자 생산에 동원되면서 여성의 사회적 역할이 증대됐기 때문이다.

기사도

왜 기사는 용과 싸우며 공주를 구출할까?

중세 기사는 오늘날 미국 애니메이션에서 묘사하는 것과 큰 차이를 보인다. 다양한 사회 집단을 통칭했기 때문에 정형화되거나 표준화된 모습을 상상하기 어려울 뿐더러 거칠고 야만적인 전사 집단에 가까웠다. 하지만 중세 사회가 원숙한 단계에 도달하면서 기사도가 요구되기 시작했고, 기사가 갖춰야 하는 덕과 품성, 소양 같은 것들이 강조됐다.

기사도는 가톨릭교회가 야만적인 전사 집단에 강조한 도덕률이다. 교회는 기사들에게 해야 할 것과 하지 말아야 할 것들을 제시했다. 상대측 기사와 포로, 어린아이와 여성에 대한 존중을 강조했고, 교회와 주군에 대한 충성심, 전장에서의 용맹함, 기사로서 지켜야 하는 예절 등을 강조했다. 일종의 문화적 길들이기로, 꽤 효과적이었다.

기사에게 가장 중요한 기술은 '마술', 즉 말을 다루는 기술이었다. 전투에서 생존하기 위해 가장 중요한 수단이었고, 마상 경기가 정례화되면서 그 의미는 더욱 커졌다. 마상 경기를 할 때 지켜야 할 예법은 물론 기사와 말이 갖춰야 할 의복, 장비, 여러 절차에 맞는 행동이 정의된 것이다. 12세기까지만 해도 기사는 비교적 단출한 삶을 영위했다. 말 두 필 정도와 수행자 기사복 한 벌 정도면 충분했다. 하지만 13세기 중반이 되면 말, 의복, 하인의 숫자가 늘어난다. 당시 영국 기준으로 최소 1년에 20파운드는 있어야 했는데, 평민의 소득이 1파운드 정도였으니 기사 행세를 하기 위해 갖춰야 할 경제력이 대단했던 셈이다.

기사도 문화가 발전할수록 귀족 여성에 대한 숭배 문화, 일명 '궁정의 사랑(courtly love)' 개념도 발전했다. 세련되고 예의 바른 사랑, 용맹함과 훌륭함으로 아름다운 여성을 지켜야 한다는 발상이었다. 귀족 여성에 대한 귀족 남성의 숭배 문화는 체스 게임도 바꿨다. 여왕 말(퀸)이 생겼고 여왕 말이 막강한 힘을 발휘하게 된 것이다. 영국 리처드 1세의 어머니였던 알리에노르 다키텐, 프랑스 루이 9세의 어머니인 블랑카 데 카스티야 등은 중세를 대표하는 여성 권력자들이었다.

기사도와 관련해 《니벨룽겐의 노래》, 《아서왕 이야기》, 《롤랑의 노래》 등의 작품이 남겨졌다.

철도 교통
인류의 삶을 바꾼 교통의 역사

철도의 등장은 엄청난 충격이었다. 철로가 놓이는 만큼 군대와 물자 유통이 활발해졌고, 그만큼 서양 열강들은 세계를 식민화했다. 대량 생산, 대량 소비를 가능케 하는 지구 단위의 유통 경제도 철도와 긴밀히 관련된다.

철도는 유럽인들의 삶에도 큰 영향을 미쳤다. 철도 교통이 확립되면서 도시 생활에 여러 변화가 일어났기 때문이다. 거주지가 확대되고, 철도 여행을 통한 여가 생활이 보편화됐다. 기차 노선이 확장됨에 따라 파리 교외에는 부르주아의 별장이 세워지기 시작했다. 슈아지, 비트리부터 수십 킬로 떨어진 퐁텐블로까지 부동산 가격이 폭등하기 시작하고 파리의 '근교'가 됐다. 파리에서 한참 떨어진 트루빌, 도빌 같은 한적한 어촌 마을이 고급 휴양지가 되거나, 피레네 산중턱의 루숑, 지중해를 마주한 남프랑스의 니스, 모나코의 몬테카를로 역시 최고의 휴양지가 됐다. 기차 교통이 확대된 결과였다.

철도 교통을 통한 여행이 확산되면서 여행 책자도 인기를 끈다.《리브레 셰》,《철도 노선 컬렉션》,《바니에 드 비고르》같은 여행서가 프랑스에서 불티나게 팔렸다. 기차 교통이 각광을 받으면서 웅장한 기차역 설계에 투자가 몰리기도 했고, 뜻하지 않은 문제들도 속출했다. 난방이나 환기가 제대로 되지 않았기 때문에 산모가 조산하는 일도 있었고, 각종 냄새로 인한 역겨움도 큰 문제였다. 초기에는 기차 안에 화장실이 없었기 때문에 역사의 화장실을 이용했는데, 그곳 또한 지저분하기 짝이 없었다.

도시 교통은 이후 훨씬 복잡하고 섬세하게 발전한다. 전차가 들어섰고 다시 버스와 택시, 자가용이 전차를 밀어냈다. 최근에는 고속 열차의 등장으로 철도 교통이 새로운 전성기를 맞고 있다.

갑골문
한문은 어떻게 시작된 것일까?

점을 쳤다. (…) 출산이 잘될 것이다. (…) 왕이 균열을 읽고 말했다. '출산일이 정(丁)일
이면 좋을 것이다. 만약 경(庚)일이면 오랫동안 행운이 있을 것이다.' (…) 31일 후인 갑
인일에 출산했다. 좋지 않다. 딸이다.

기원전 1200년에 쓰인 갑골문의 내용이다. 갑골문의 발견은 고대 중국 역사와
한자의 기원을 알려준 중요한 사건이다. 발견된 계기도 흥미롭다. 1899년 말라리
아가 베이징 일대의 주민들을 괴롭혔는데, 사람들 사이에 '용골'이 특효약이라는
소문이 났다. 실제 용의 뼈는 아니었고 소뼈나 거북이 배딱지였는데, 우연한 기회
에 유철운이라는 고문자 학자가 이를 알게 됐다. 용골은 황허강 중류의 허난성 안
양이라는 곳에서 채굴되고 있었다. 당시 용골은 엄청난 인기였고 반들반들한 것이
잘 팔린다고 여겨졌기에, 그들에게 갑골문은 단지 흠집에 불과했다. 하지만 유철
운은 고대 청동기 유물의 표면에 새겨진 명문과 용골의 글자가 유사하다는 사실을
알게 됐다. 이후 많은 학자가 용골을 모았고, 10여 년의 노력 끝에 500자 이상의 문
자를 확인했다. 한자의 원형을 알게 된 획기적인 사건이었다.

학자들이 용골을 찾는다고 하니, 농민들이 가짜 갑골을 제작해 유통하기도 했
다. 결국 고고학자들은 용골이 발견된 안양 일대를 조사하는데, 이곳에서 상나라
때 왕릉이 발견되는 등 고대 중국 역사 연구의 신기원이 열린다. 그중에서도 '부호'
라는 여성의 묘는 여러모로 인상적이었다. 그녀는 기원전 1200년경 상나라 왕 무
정이 거느렸던 64명의 아내 중 하나였다. 그녀는 영지와 군대를 거느리고 있었고,
전쟁을 벌여 승리한 후 포로를 제사 재물로 바치는 등 통상적인 고대의 여성과는
전혀 다른 삶을 살았다. 상아기 3개, 뼈바늘 500개, 옥기 500여 기, 화폐로 사용할
수 있는 자안패 7,000여 개는 물론 23개의 청동 악기, 200여 개의 청동 의기, 130
여 개의 청동 무기, 16구의 사체도 함께 발굴됐다. 사체는 성인 남성과 여성, 어린
아이까지 발굴됐는데, 순장 예식에 따라 무덤 곳곳에 묻혀 있었다. 부호에 대한 기
록은 여러 갑골문으로 확인됐기 때문에, 갑골문과 왕릉 발굴로 상나라 당시 사회
문화를 생생히 알게 됐다.

자유주의
민주주의의 밑바탕, 자유

'다수의 횡포'는 온 사회가 경계하지 않으면 안 될 큰 해악 가운데 하나로 분명히 인식되고 있다. (…) 사회에서 널리 통용되는 의견이나 감정을 부리는 횡포나 사회가 통설과 다른 생각과 습관을 가진 사람들에게 법률적 제제 이외의 방법으로 윽박지르면서 통설을 행동 지침으로 받아들이도록 강요하는 경향에도 대비해야 한다. (…) 그러므로 행동의 규칙은 우선 법에 따라 정해져야 한다. 그리고 법이 관여하기 어려운 그 외의 일들은 다수의 생각에 따라 결정돼야 한다.

– 존 스튜어트 밀, 《자유론》

존 스튜어트 밀은 적극적 사회 개혁을 주창한 질적 공리주의자로 분류되지만, 그의 글에서는 영미권의 자유주의적 전통이 고스란히 드러난다. 애초에 자유주의는 권력자의 부당한 압제에 대한 저항에서 시작했다. 내란이나 혁명은 일시적이지만 권력자의 부당한 압제는 영구적이다. 그렇다면 이 부당함을 어떻게 완전히 해소할 수 있을까? 신분제의 해체, 삼권 분립을 통한 권력의 분할, 투표를 비롯한 여러 민주주의 제도의 도입 등이 정치적 자유주의를 구현한 사례라고 할 수 있다. 영국, 미국, 프랑스에서 벌어진 혁명의 역사가 제도화됐다고 봐도 무방하다.

이후 자유주의의 역사는 두 방향으로 발전한다. 우선 경제 부문에서 보수주의로 귀착된다. 자유주의자들은 '사유 재산'을 신성불가침한 개인적 권리로 규정했고, 따라서 사유 재산을 보존, 확장할 수 있는 사회적 자유를 중요하게 여겼다. 시장의 자유, 자본가와 기업가의 창의적 활동에 대한 자유를 보장하는 것이 그것이다. 정부는 치안 유지 같은 최소 수준의 공권력을 행사하며, 경제적 자유를 결단코 침해해서는 안 된다. 이러한 사고방식은 19세기 산업 혁명에서 중요한 역할을 했다. 하지만 부의 분배 문제, 노동자와 농민의 힘겨운 처지, 무엇보다 대공황이라는 초유의 경제 위기를 경험하면서 일정 정도 수정을 거친다. 그럼에도 사유 재산, 시장, 경제적 자유의 원칙은 조금도 수정되지 않았다.

한편에서는 개인의 '사적 권리'라는 개념이 발전한다. 문화생활의 자유, 사적 생활의 자유, 성적 취향의 자유 등에 대한 주장이 그것이다.

실크 로드
문명의 교통로

같은 구대륙이지만 중국, 인도, 서아시아, 유럽은 자연환경이라는 거대한 장벽으로
나뉘어 있었다. 구대륙이 워낙 넓어서 현대적 교통수단이 없는 상황에서는 왕래가
어려웠다. 더구나 히말라야산맥, 타클라마칸 사막 등 험준한 자연환경이 왕래를
더욱 어렵게 했다. 중국 북부에는 광범위한 초원 지대가 분포하기 때문에 만리장
성 이남에는 농경 문화가, 이북에는 유목 문화가 번성했다.

이러한 자연조건의 한계를 극복하며 여러 문명과 문화의 교류가 가능했던 것은
실크 로드가 있었기 때문이다. 실크 로드는 통상 중국 장안에서 둔황을 거쳐 타클
라마칸 사막과 톈산산맥을 통과해 시리아까지 이르는 길을 말한다. 타클라마칸 사
막을 둘러싸고 실크 로드는 북로와 남로로 나뉘는데, 이곳에는 쿠차 같은 오아시
스 국가들이 번성했다. 쿠차에서 출발해 둔황, 장안으로 이어지는 중앙아시아, 중
국 루트에서는 소그드인들이 중요한 역할을 했다. 한편 중앙아시아에서 인도, 서
아시아를 잇는 루트에서는 인도와 페르시아 상인들의 역할이 중요했다. 이 상인들
의 활발한 활약으로 중국에서 시리아까지 이어졌다면, 지중해와 유럽 무역은 유대
인 상인들이 담당했다.

실크 로드를 통한 교류는 인류 문명과 함께 출발했다. 청금석은 오늘날 타지키스탄 일대인 파미르산맥에서 구할 수 있는데, 이미 기원전 3100년 이집트에서 발견됐고, 오늘날 신장 위구르의 허텐 지역에서 나는 옥은 기원전 770년 중국에서 사용됐다. 활발한 실크 로드 교역이 가능해진 결정적 계기는 중국 한나라 당시 장건의 실크 로드 발견이었다. 흉노의 포로가 되는 등 온갖 고역을 겪으며 십수 년간 진행된 그의 실크 로드 개척은 경제적 목적 때문이 아니었다. 한무제가 중국 북방의 흉노를 토벌하고자 흉노 후방의 대월지와 동맹을 맺기 위해 장건을 파견한 것이다. 결국 군사 동맹은 실패하지만 한나라, 당나라 등 이후 중국 황제들은 자신의 위엄을 드높이고자 빈번히 중앙아시아에 군대를 파견했다. 덕분에 종이, 화약, 인쇄술 등 다양한 중국의 발명품과 비단을 비롯한 고급 직물이 중앙아시아를 거쳐 인도, 이슬람, 유럽에 전파됐다. 물론 인도와 이슬람, 이슬람과 유럽의 교류 역시 실크 로드와 깊이 관련 있다.

커피
이슬람이 만든 여가 문화

6~7세기경 에티오피아에서 처음 발견돼 아라비아로 퍼져 나갔다. '천사 가브리엘이 무함마드에게 준 쓴맛의 비약'으로 여겨졌고 '카베', '카와'라고도 불렸다. 이슬람의 수피교 수도승들이 졸지 않고 밤새워 기도하기 위한 용도로 사용됐으니, 처음에는 종교적인 각성제였던 셈이다. 치료제로도 사용됐다. 크리스트교인들이 와인을 즐겼다면, 이슬람교도들은 커피 문화권을 만들어갔다.

커피의 세계화는 16세기 이후 본격화된다. 1536년 터키인들이 세운 오스만 제국이 예멘을 점령한 후 커피콩의 수요는 오스만 제국 전역으로 확대되는데, 당시 수출항이 예멘의 '모카'항이었다.

17세기가 되면 유럽인들이 가세한다. 기록에 따르면 1616년 네덜란드인들이 예멘의 아덴에서 커피나무 한 그루를 가져갔다고 한다. 이후 유럽 전역에 커피가 보급됐고, 다시 수십 년 후 네덜란드인들은 유럽뿐 아니라 인도 근처의 실론섬, 인도네시아의 자바섬에도 커피나무를 가져간다. 네덜란드의 동인도 회사가 커피 생산을 확대했는데, 일본까지 전파돼 1888년에는 도쿄에 '깃사텐'이라는 커피 하우스가 등장한다.

커피가 광범위하게 퍼지면서 다양한 문화가 만들어졌다. 19세기 초 유럽의 레이스 제조공들의 주식은 커피와 빵이었다. 낮은 임금으로 힘겨운 생활을 이어갔는데, 커피에 영양분이 많다고 생각했기 때문이다. 독일에서는 여성들이 많이 마시던 '여자의 음료'였다. 여성 전용 커피 하우스가 많았고, 이러한 모습을 보고 남자들이 커피와 여성을 함께 비웃었다.

오스트리아 빈에도 많은 커피 하우스가 만들어졌다. 빈의 커피 하우스에서는 포켓볼 당구대는 물론 독일, 영국, 프랑스, 이탈리아에서 출간되는 각양의 일간지와 주간지 그리고 커피를 구비했다. 커피를 마시면서 여흥을 즐기고 교양을 쌓은 것이다.

커피의 영향력은 미국에서도 대단했다. 영국인들은 홍차를 즐겨 마셨는데, 이에 대한 반대급부로 홍차보다 커피를 선호하는 문화가 생겼다. '필라델피아 커피점'에서 독립 선언서를 작성하고 헌법을 통과시켰고, 라테, 마키아토 등이 시애틀을 비롯한 미국 커피 시장에서 발전한 문화다.

차
중국인들이 만든 여가 문화

산에서 따서 만든 소룡단

색이 향과 녹아들어 맛도 담백하네

맷돌 소리도 멈추고 밤은 깊어가니

차를 끓일 때 학은 연기를 피하고

가슴의 답답함을 없애며

세상 번뇌 떠나보내니

금구에 하얀 거품 가득하네

시름을 차에 마셔서 쉬게 하고

물이 허공으로 흐르는 것처럼

마신 후의 맑음이 밤을 뒤척이네

황정견이 쓴 〈완랑귀〉라는 '사(詞)'다. 사는 시(詩)의 일종으로, 음을 붙여 노래로 부를 수 있었다. 황정견은 평생 차에 관한 시를 지었다.

중국의 차 문화는 당나라 때 본격적으로 시작됐고, 송나라 때 크게 흥성했다. 송나라 때가 되면 차 생산이 급증했고, 상류 사회는 물론 일반 민중까지 차를 즐겼으며, 차 마시는 모임은 차회, 간담회라는 이름으로 황제와 귀족들 사이에서 크게 번성했다. 북송의 마지막 황제 휘종이 《대관다론》이라는 책을 저술할 정도였다.

송나라 당시에는 용봉차가 유명했다. 건안 일대에서 생산된 황실용 찻잎으로, 차 표면에 용과 봉황이 새겨져서 붙여진 이름이다. 용봉차 생산만 1년에 3만㎏에 달했다. 용봉차는 찌고, 짜고, 잘게 부수고, 누르고, 말려서 만든다. 당나라 때는 차 가루를 솥에 끓여서 마셨고, 송나라 때는 차 가루를 다완에 넣어 우려 마셨다. 송나라 때는 '투다'가 유행했다. 여러 차를 내와서 차의 색깔, 우려냈을 때 나오는 거품의 색, 향과 맛을 겨루는 것인데, 그만큼 차의 인기가 높았다.

오늘날 찻잎을 우리는 방식은 명나라 이후에 등장했다. 어린잎을 찌지 않고 열을 가한 솥에 덖은 후 건조하는 '초청'이라는 기술이 등장했기 때문이다. 명나라 때는 화차(꽃잎을 섞어 향기를 더한 차)도 유행했다. 홍차도 이때 등장했다. 명나라 때는 다도가 발전한다.

세계 대전
수백만 명이 희생된 유럽 열강들의 다툼

1914~1918년, 1939~1945년에 벌어진 서양 열강 간의 대규모 전쟁.

제1차 세계 대전 당시에는 빌헬름 2세가 이끄는 독일 제국을 중심으로, 오스트리아·헝가리 제국, 오스만 제국이 동맹을 이뤄 영국, 프랑스, 러시아, 미국 등과 격전을 벌였다. 전쟁 도중 혁명이 일어난 러시아는 공산주의 국가 소련이 됐다. 독일, 오스트리아, 오스만 제국 등의 동맹국이 영국, 프랑스, 미국 등의 연합국에 패배했다. 독일에 의해 큰 피해를 입은 프랑스는 가혹한 보복을 다짐했고, 독일은 배상금을 비롯한 전후 처리로 인해 곤경에 처한다. 제1차 세계 대전에서의 승리 이후 미국은 세계 제국으로 부상한다.

제1차 세계 대전 이후 유럽에서는 극우 사상인 파시즘이 선풍적인 인기를 끈다. 연합국 편에 섰음에도 특별한 혜택을 누리지 못하며 사회·경제적으로 어려움을 겪던 이탈리아는 무솔리니가 이끄는 파시즘 국가가 됐고, 독일에서도 반유대주의 등을 주장하는 히틀러의 나치즘이 권력을 장악한다. 한편 일본도 군국주의의 길을 걷게 된다. 1929년 경제 대공황은 이러한 현실을 더욱 악화했다. 세계적인 경제 위기를 극복하고자 영국과 프랑스는 자신들의 광대한 식민지에서 보호 무역을 실시했고, 그로 인해 독일 등의 경제 사정은 더욱 악화됐다. 결국 독일, 이탈리아, 일본이 동맹을 이뤄 추축국이 돼 두 번째 세계 대전이 일어난다. 제1차 세계 대전의 경험에 의존하면서 참호전에 매달린 프랑스는 기갑 부대를 중심으로 전격전을 벌인 독일군에게 쉽사리 패배하면서 점령당한다.

프랑스를 점령하고 영국을 고립무원 상태에 빠뜨린 독일은 소련을 침공한다. 스탈린그라드 전투, 레닌그라드 전투 등 격전을 벌였는데, 결국 소련의 붉은 군대가 독일군을 물리치며 전세가 뒤바뀐다. 미국은 영국군 등과 북아프리카를 거쳐 이탈리아를 굴복시킨 후, 노르망디 상륙 작전을 펼친다. 미국과 영국은 전쟁 승리보다 식민지 유지에 더욱 신경 써 굳이 독일과의 정면 대결을 미루면서 전쟁을 끌었다. 제2차 세계 대전에서 나치 독일을 상대로 가장 치열하게 싸움을 벌이며 승리를 이룬 나라는 소련이라 할 수 있다. 전쟁의 결과 영국, 프랑스 등 전통적인 제국주의 국가는 몰락한다.

비동맹주의
냉전 시대 인도와 제3세계의 외교 정책

인도의 총리 네루가 주도한 외교 정책. 제2차 세계 대전 이후 세계는 미국이 이끄는 민주주의·자본주의 진영과 소련이 주도하는 사회주의·공산주의 진영으로 나뉜다. 미국 쪽을 제1세계, 소련 쪽을 제2세계라고 부르기도 했다. 네루는 이러한 경향을 비판하며 비동맹주의를 표방하고 제3세계의 결집을 촉구했다. 비동맹주의를 인도뿐 아니라 동남아시아, 아프리카, 라틴아메리카 등 지배받았던 나라들의 진정한 독립과 발전 수단으로 본 것이다.

네루의 비동맹주의는 냉전 구도에서 효력을 발휘했다. 한국 전쟁 당시 북한을 침략자라 규탄하며 UN군의 참전을 지지했음에도 불구하고 UN군의 한국 주둔에는 반대하는 등 국제 문제에 영향력을 행사했다.

네루의 비동맹주의는 여러 협력자를 만난다. 발칸반도의 신생 공산주의 국가의 지도자 티토가 소련의 스탈린과 절연하면서 네루에게 협력을 요청했고, 1952년 이집트에서 군사 쿠데타로 집권해 강력한 사회 개혁과 권위주의 통치를 추진하던 나세르 역시 비동맹주의에 합류했다. 1955년 4월 인도네시아 반둥에서는 아시아, 아프리카의 29개국 대표가 모여 비동맹주의를 천명했고, 완전한 식민주의 종식을 선언했다. 제3세계라는 말보다 '평화 지구', '비전쟁 지대'라는 말을 선호했다.

국제 무대에서의 외교적 성공에도 불구하고 인도는 인접 국가 파키스탄에 이어 중국과도 갈등을 빚는다. 1950년 중국의 티베트 침공 당시 인도는 신속하게 티베트를 포기했다. 애초에 인도의 권역도 아닐뿐더러 영국이 남긴 식민 잔재라고 생각했기 때문이다. 하지만 1959년 티베트의 종교 지도자 달라이 라마가 인도에 망명하면서 상황은 급속도로 악화된다. 또 티베트와 중앙아시아 일대에 순환 도로를 건설해 이 지역에 대한 지배력을 높이고 싶었던 중국은 인도 영토이던 아크사이친 일대를 침범한다. 결국 1962년 두 나라 간에 무력 충돌이 발생했고, 현재도 파키스탄과 인도, 인도와 중국 간의 국경 문제는 빈번히 나타난다.

비동맹주의는 1990년대 초반 냉전이 붕괴되면서 종말을 고했다. 미국의 독주, 신자유주의의 확산, 비동맹 국가의 경제 성장 실패 등이 겹치면서 제3세계는 경제적으로 가장 어려운 나라 정도로 분류되고 있다.

태평양 전쟁
일본 제국주의, 미국에 무너지다

일본은 1937년 노구교 사건을 계기로 중일 전쟁을 일으키면서 중국과 전면전을 벌인다. 파죽지세로 중국군을 무너뜨렸고, 당시 중화민국의 수도 난징에서 무고한 시민 30여만 명을 학살했다. 중국과의 전쟁이 마무리되지 않았는데 유럽에서 제2차 세계 대전이 발발하자, 일본은 미국의 경고에도 불구하고 동남아시아에 쳐들어간다. 프랑스 식민지였던 인도차이나반도를 점령했고, 영국군 10만여 명의 항복을 받아내며 싱가포르와 말레이시아 일대를 점령한 후 다시 인도네시아를 점령했다. 그리고 1941년 진주만을 폭격하면서 태평양에서 미국과 결전을 벌인다. 태평양 전쟁의 서막이 오른 것이다. 승패를 다투었던 대표적인 전투는 미드웨이 해전과 과달카날 전투였다. 하와이에서 오스트레일리아로 이어지는 미국의 수송로를 차단하기 위해 일본은 항공 모함 네 척을 동원하는 등 해군력에 집중했으나, 항공기 300대가 바다로 사라지는 등 참패를 당한다. 호주 북부 과달카날섬에서는 5개월간 격전이 벌어졌는데, 일본 해군의 함정 24척, 전투기 893대가 격추됐고, 육군 8,200명이 전사하고 영양실조나 질병으로 1만여 명이 죽었다. 미국도 큰 피해를 입었지만 승리한다.

전선은 필리핀과 오키나와로 확대되는데, 이때부터 일본은 '가미카제'를 동원한다. 자살 공격 비행기, 자살 공격 어뢰 등 끔찍한 방법의 싸움이 시작된 것이다. 루손섬 전투를 비롯한 필리핀에서의 싸움은 두 나라의 운명을 결정지었다. 미 제6군단 8,000여 명이 죽고, 3만여 명이 부상당했지만, 일본은 19만 명의 사상자를 내면서 동남아시아 전선이 붕괴된다. 일본 최남단의 오키나와에 미국은 무려 1,400여 척의 함선을 동원했고, 일본은 가미카제를 1,900회 출격시키는 등 극렬한 전투 끝에 미국이 승리한다.

미국에 의해 궁지에 몰린 일본은 끊임없이 소련의 도움을 구하거나 최소한 중립을 요구할 정도로 위태로운 지경에 이른다. 하지만 얄타 회담, 포츠담 회담을 통해 소련도 군대를 이끌고 만주 일대로 진격한다. 전투가 끝나가는 과정에서도 일본은 결사 항전을 주장했고, 민중에게 집단 자살을 강요했다. 오키나와에서는 그 수가 10만 명이 넘었다. 결국 히로시마와 나가사키에 핵폭탄이 투하된 후 일본이 항복하면서 전쟁이 끝난다.

도시사·기술사

역사적으로 중요한 장소와 공간,
기술에 관한 이야기

베네치아
중세 유럽의 최강 도시국가

11세기를 전후로 이탈리아반도에서는 여러 도시 국가가 번성한다. 가장 대표적인 나라는 베네치아 공화국으로, 이들은 비잔틴 제국과 이슬람 세력, 십자군 전쟁의 각축 가운데 성장했으며 지중해 무역에서 중요한 역할을 했다. 이탈리아의 도시 국가들은 '코무네(Comune)'를 기반으로 성장했다. 코무네는 상인 조합으로, 이들은 자치권을 확보한 후 독자적인 사법 제도, 행정 제도, 군사 제도를 만들며 도시 국가를 운영했다.

베네치아 공화국의 초기 라이벌은 제노바 공화국이었다. 제노바 공화국은 이탈리아 북부 리구리아해를 기반으로 성장했다. '콤파냐(Compagna)'라는 해운업자들의 이익 단체가 콘술이라는 대표를 선출하여 운영한 상업 도시 국가였다. 피사 공화국과의 싸움에서 승리해 티레니아해를 비롯한 이탈리아 서부의 바다를 지배하면서 14세기까지 베네치아와 경쟁했다.

베네치아는 이탈리아 동부 아드리아해의 제해권을 장악하면서 지중해 동부에서 영향력을 행사했다. 십자군 원정 이전에도 동방 무역에서 중요한 역할을 하던 베네치아는 십자군을 이용해 동부 지중해의 막강한 세력인 비잔틴 제국의 근간을 흔들기 시작한다. 특히 제4차 십자군 원정(1202~1204) 당시에는 십자군을 콘스탄티노플로 인도해 비잔틴 제국을 혼란에 빠뜨린다. 결국 이를 통해 베네치아는 비잔틴 제국 상인과의 경쟁에서 승리하며 더욱 강성하게 성장한다. 16세기까지 베네치아는 수많은 도시 국가와의 경쟁에서 지속적으로 승리했고, 신성 로마 제국, 프랑스 등 유럽의 군주 국가와 견줄 만큼의 힘을 갖는다.

이후 이슬람 왕조 오스만 제국이 1453년 비잔틴 제국을 멸망시키며 지중해 세계의 새로운 강자로 등장한다. 베네치아와 오스만 제국의 싸움은 그리스반도 남부의 코린토스, 아나톨리아반도 아래 키프로스섬과 로도스섬을 두고 벌어진다. 오스만 제국의 도전에 위협을 느낀 교황과 베네치아, 스페인 등은 연합 함대를 구축해 지중해에서 대규모 해전을 벌인다. 레판토 해전이 벌어진 것이다. 결국 연합 함대가 오스만 제국의 함대 170척을 격침해 승리를 거둔다. 오스만 제국의 서진을 막아낸 것이다.

성 바실리 대성당
독보적인 러시아의 건축물

모스크바 붉은 광장에 있는 대성당. 러시아의 대표적인 건축물로 유명하다.

   성 바실리 대성당은 이반 4세 때 몽골인의 나라 카잔한국(汗國)을 멸망시킨 후, 승리의 영광을 성모 마리아에게 바치는 의미로 1561년에 완성한 건축물이다. 건물의 모양이 독특하다. 하나의 하단부에 9개의 예배당이 만들어졌는데, 예배당은 모두 중앙 첨탑을 중심으로 배열돼 있다. 또 상단부 둥근 돔의 색감과 외관도 이색적이다.

   성 바실리 대성당은 러시아 왕국의 절정기 때 만들어진 건축물이다. 키예프 공국, 모스크바 공국 등 수백 년간 발전을 거듭하면서 러시아는 독자적인 목공 기술, 비잔틴 제국의 석조 건축물 양식, 그 밖에 중세 유럽의 건축 양식을 수용하며 종합적이면서도 독보적인 건축술을 발전시켰다.

   앞선 이반 3세 때는 이탈리아 베네치아에 특사를 보내 건축가들을 초청해 크렘린 궁전의 개축에 역량을 집중하기도 했다. 이 시기 우스펜스키 성당, 블라고베셴스크 성당, 아르한겔스크 성당 등 중요한 건축물이 만들어진다. 르네상스 양식, 이슬람 양식 등을 받아들이면서도 독특한 러시아풍을 유지했는데, 그러한 노력이 이반 4세 때 성 바실리 대성당으로 집대성된 것이다.

베이징
명나라 이후 중국 역사의 중심지

중화 인민 공화국의 수도로, 북방 민족에 의해 건설된 도시이며 명나라 이후 현재까지 중국의 정치 중심지 기능을 한다. 중국의 전통적인 수도는 시안, 뤄양 혹은 카이펑이나 난징 정도였다. 과거에는 관중 평원 일대가 고대의 농업 기술에 적합한 공간이었고, 베이징은 황허 문명에서 거리가 먼 곳이었다.

춘추 전국 시대 때 연나라가 베이징에서 번성했고, 수나라 때는 대운하가 이곳까지 이르렀다. 베이징이 수도가 된 것은 전적으로 거란, 여진, 몽골 등 북방 민족의 남하 때문이다. 거란이 세운 요나라는 한족이 세운 송나라를 압박하며 만리장성 이남 지역의 연운 16주를 확보한다. 이때 베이징 일대를 남쪽의 수도로 삼았다. 요나라를 멸망시킨 여진족의 금나라는 송나라를 양쯔강 이남 지역으로 밀어내고 화북 지방 전체를 점령한다. 이때 금나라는 베이징에 천도했고, 이곳을 '중도'라고 불렀다. 다시 몽골이 금나라와 송나라를 멸망시키고 쿠빌라이 칸이 원나라를 세웠는데 역시 수도는 베이징이었고, '대도'라는 이름이 붙여졌다.

오늘날 베이징의 원형은 통상 명나라부터로 본다. 명나라 초기의 수도는 난징이었지만, 3대 황제 영락제가 이곳으로 천도해 자금성을 지었다. 베이징 일대의 성곽은 원나라 때부터 만들었는데, 명나라 때 내성과 외성 구조로 발전했다. 내성의 중앙에는 자금성이 있고 외성에는 하늘에 제사 지내는 천단이 있다. 장방형이 아닌 모자 모양으로 개축했기 때문에 '모자성'이라고도 불렀다. 명나라 멸망 이후 청나라가 들어서지만, 자금성과 베이징의 지위는 고스란히 계승된다.

베이징은 오랫동안 수도였던 터라 청나라 말기에 여러 어려움을 겪었다. 제2차 아편 전쟁, 의화단 운동, 중일 전쟁 당시 서양 열강과 일본에 짓밟혔고, 이화원, 원명원을 비롯해 유명한 건축물이나 문화유산이 불타는 등 고단했던 중국 근대사의 아픔이 깊이 배어 있다.

1949년 중국 공산당이 국민당과의 내전에서 승리해 중화 인민 공화국을 세우는데, 베이징을 수도로 정한다. 천안문 광장을 조성하기 위해 궁궐의 일부를 허물었고, 100만 명이 모일 수 있는 공간도 만들었다. 인민대회당, 중국 국가 박물관 같은 시설이 들어섰으며, 자금성은 고궁 박물관, 천단은 천단 공원이 됐다.

뉴욕과 보스턴
미국 역사의 중심지

뉴욕은 세계에서 가장 유명한 도시 중 하나다. 미국의 상업과 무역을 대표하는 곳이지만, 독립 당시 첫 수도이기도 했다. 영국인 탐험가 헨리 허드슨이 허드슨강 일대를 탐사하다가 발견했다. 애초에 이곳에 정착한 이들은 네덜란드인이었다. 1626년부터 뉴암스테르담이라고 불렸는데, 1664년 영국에 양도돼 이름이 바뀌었다. 요크 공작의 직할지로, 버지니아를 비롯한 여타 영국 식민지에 비해 총독의 권한이 막강한 곳이었다.

이곳은 18세기 초반, 설탕 무역을 통해 비약적으로 성장했다. 쿠바를 비롯해 미국 남단 서인도 제도의 사탕수수 사업이 이곳을 거쳐 세계로 퍼져 나갔기 때문이다. 뉴욕의 무역상들은 곡식, 고기 등 여러 필수품을 설탕과 바꾼 후 설탕뿐 아니라 럼주, 당밀 같은 설탕 가공품을 생산해 팔았다. 무역이 성장하자 조선업, 목공업, 가공업 등이 번창했고, 보험업자, 은행가, 변호사 등 무역과 관련한 직종이 성장했다. 독립 혁명 당시에는 영국군에 지배당했고, 친영국계 인사들이 뉴욕에 많았다. 뉴욕 서쪽에는 허드슨강, 동쪽에는 이스트강이 있는데, 초기에는 뉴욕을 보호하기 위해 강변을 따라 성벽을 쌓았다. '월스트리트'라는 말은 여기서 나왔다.

뉴욕이 영국과 가까운 도시였다면, '보스턴 차 사건'이 보여주듯 보스턴은 미국 독립 혁명을 상징하는 도시였다. 올드사우스 회소는 보스턴 차 사건을 모의한 곳이고, 렉싱턴과 콩코드는 독립 혁명 당시 최초의 전투가 벌어진 곳이다. 영국 식민지 행정부 건물이던 올드스테이트 하우스는 독립 선언을 한 곳이고, 올드노스 교회당은 첨탑에 등불을 달아 영국군의 침략을 알린 곳으로 유명하다.

보스턴은 대표적인 청교도 정착지였다. 1636년 하버드 대학을 만든 이유도 청교도적 가치를 보존하기 위해서였다. 청교도의 엄격한 도덕률에 반대한 앤 허친슨을 비롯한 퀘이커교도 등 청교도에 반하는 신념을 품은 이들이 추방당하거나 탄압받던 도시이기도 하다. 퀘이커교도 메리 다이어는 교수형까지 당했는데, 청교도에 저항하는 여성들의 투쟁은 이후 여성 운동의 밑거름이 되었다. 보스턴은 19세기 노예제 폐지 운동, 20세기 민권 운동 등 미국 역사의 진보적 주장이 적극적으로 실천된 곳이다.

캘리포니아
미국 산업의 중심지

미국은 이민자의 사회다. 영국의 북아메리카 진출 욕구 때문에 동부 해안에 여러 식민지가 개척됐고, 초기에는 종교 박해를 피해 이주한 청교도들의 영향력이 강했다. 독립 이후 19세기 초반만 해도 미국 사회의 문화는 균질적이었다. 이민자 대부분은 영국 출신의 청교도였고, 소수의 백인 남성이 사회를 주도했다. 이후 미국은 이중 팽창 과정을 거친다. 아일랜드, 이탈리아, 독일 그리고 중국, 일본, 조선 등 세계 각지에서 이민자들이 쏟아졌고, 동시에 루이지애나부터 캘리포니아로 이어지는 광범위한 중서부 지역이 미국 영토로 편입됐기 때문이다.

1863년 1월 1일은 미국 역사에서 중요한 해였다. 링컨 대통령이 노예 해방령을 발표했고, 홈스테드 법안(Act to Secure Homesteads to Actual Settlers on the Public Domain)이 발효됐기 때문이다. 홈스테드 법안은 21세 이상의 성인 남녀와 미국 시민이 되고자 하는 이민자들에게 최대 160에이커까지 땅을 무상으로 주는 법안이다. 5년 이상 거주하며 집과 농장을 만들어야 한다는 조건이 붙었지만, 이민자들에게 이러한 제안은 획기적이었다. 더불어 기차의 발명은 모든 것을 극적으로 바꿔놓았다. 농장이든 금광 개발이든 어떤 이유에서든 서부로 가는 획기적인 길이 열렸으며, 한때 섬으로 여겨지기까지 하던 환상의 땅 캘리포니아가 이민의 중심지가 됐기 때문이다.

캘리포니아는 상업 농업의 중심지로 거듭난다. 고된 노동을 감내하는 값싼 노동력이 산재했고, 수많은 발명품이 이곳에서 영농 구조의 기계화에 일조했다. '선키스트 오렌지 유통 조합'은 원래 '남부 캘리포니아 과일 재배자 거래소'의 다른 말이었다.

캘리포니아는 산업의 중심지이기도 했다. 1929년 대공황 이래 미국 경제를 살리고자 루스벨트 대통령은 3,600억 달러 중 10분의 1을 캘리포니아에 쏟아부었다. 포드는 B-24 전투기를, 제너럴 모터스는 탱크를 제작하는 등 첨단 산업은 제2차 세계 대전을 계기로 군수 산업으로 발전했다. 기업가 정신이 강하고, 다양한 기업 모델이 고민되고 실천되는 곳으로도 유명하다. 캘리포니아 일대는 실리콘밸리로 상징되는 IT 산업뿐 아니라 세계 군수 산업의 중심지다.

교토

일본 전통문화의 중심지

일본의 대표적인 도시 중의 하나. 나라, 가마쿠라 같은 도시들이 특정 시기에 발전하다 쇠퇴했다면, 교토, 도쿄, 오사카는 장기간 발전해 현재 일본을 대표하는 도시가 됐다.

교토는 헤이안 시대의 역사에 등장해, 헤이안쿄라는 이름으로 일대가 수도로 조성됐다. 초기 교토는 중국 당나라의 축성 기술과 풍수 사상의 영향 아래 만들어졌다. 도성이 사각형 형태로 지어졌고, 중앙에는 주작대로가 있으며, 좌우로 도시와 시장이 조성돼 있고, 주작대로의 끝에는 궁궐이 있는 구조로, 중국 장안성을 모델로 하여 따라 한 것이다. 또 북쪽에 후나오카산, 동쪽에 가모가와강, 남쪽에 오구라 연못이 있는 등 교토 분지 일대는 풍수지리적으로 명당이다.

헤이안 시대가 끝나고 가마쿠라 막부가 들어서면서 이곳은 지방 도시로 전락한다. 미나모토노 요리토모가 교토에서 한참 동쪽에 있는 가마쿠라를 근거지로 막부를 운영했기 때문이다. 하지만 가마쿠라 막부의 뒤를 이은 무로마치 막부에서는 교토가 다시 정치의 중심지가 된다. 아시카가 가문이 이곳에 막부를 세웠기 때문이다. 하지만 무로마치 막부가 멸망하고 에도 막부가 들어서는 기간 동안 여러 쇼군(장군, 막부의 우두머리)이 교토를 벗어나 새로운 곳에 정치적 기반을 마련했고, 전국을 통일한 도쿠가와 이에야스가 오늘날 도쿄 일대인 에도에 정착하면서 교토는 정치적 지위를 잃고 만다.

교토에는 메이지 유신 이전까지 천황이 머물렀고, 여전히 일본 전통문화를 한눈에 볼 수 있는 지역으로 유명하다. 무로마치 막부 때는 선종, 니치렌 종 등의 일본 불교가 새롭게 발전하기도 했다. 따라서 신흥 종파의 여러 절이 많이 지어졌는데 현재도 긴카쿠지(금각사)가 유명하다. 3층으로 지어진 이 건물은 층마다 건축 양식이 다르고 건물 겉면에 금박을 입혀 화려하다. 료안지 또한 선종 사찰로, 이곳의 정원은 가레산스이 바위와 자갈, 모래만으로 꾸민 정원이 특별한 경관을 자랑한다. 수목 대신 바위를, 물 대신 모래를 사용했는데, 각 위치와 의미가 삼라만상 자연의 이치와 우주의 진리를 담고 있다. 흥미롭게도 교토는 진보적인 정치 문화가 발전한 곳이기도 하다. 일본 공산당이 이곳에서 의미 있는 정치적 성공을 거두었고, 명문 대학인 교토 대학도 자유로운 학풍으로 유명하다.

상하이
동아시아의 대표적인 국제도시

중국 양쯔강 하류의 대표적인 국제도시. 상하이는 중국 전통 역사에서 보잘것없는 해안 지대에 불과했다. 시안, 뤄양 등 내륙은 물론 베이징 같은 북방 도시와도 거리가 먼 외딴 지역이었다. 인근에는 난징, 쑤저우, 항저우 등 거대한 도시가 즐비했다. 상하이가 발전하지 못한 이유는 중국 역사에서 해안가의 가치가 보잘것없었다는 점과 상통한다. 황허에서 양쯔강으로, 주로 강에 의존해 문명을 발전시켰고, 해외 무역의 비중도 중요하지 않았기 때문이다.

상하이의 가치를 알아본 것은 서양 열강이었다. 1840년 아편 전쟁을 통해 청나라에 승리한 영국은 난징 조약을 통해 상하이에 거점을 마련한다. 이후 미국, 프랑스 등이 진출하면서 상하이 일대에는 조계지가 만들어졌다. 애초에는 외국인이 몰려 사는 거류 지역 정도였는데, 태평천국 운동을 비롯해 불안한 중국의 정치 사정을 빌미로 청나라의 영향력이 미치지 않는 치외 법권 지역으로 세력화한 것이다. 상하이에는 양쯔강, 황푸강이 흐르고, 강을 이용하면 난징, 난창, 우한 등 내륙 도시에 다다를 수 있다. 남중국해를 이용하면 홍콩과 광둥 일대를 거쳐 베트남과 싱가포르에 닿을 뿐 아니라, 일본과 조선이 있으니 경제적 목적뿐 아니라 정치적으로도 유용한 지역이다.

상하이에 서양 열강이 진출하고 근대적인 공장과 상업 시설이 들어서면서, 자본가와 노동자의 수가 비약적으로 늘었다. 그중 '청방'이라는 세력이 매우 컸는데, 국민당 지도자 장제스와 긴밀한 관련을 맺고 있었다. 1921년 중국 공산당 역시 상하이에서 탄생했으며, 1925년에는 5.30 운동이 상하이의 번화가 난징루를 중심으로 일어난다. 5.30 운동은 영국, 일본 등 열강에 대한 중국 노동자들의 저항으로, 국민당과 공산당 북벌에 지대한 영향을 줬다. 5.30 운동을 통해 군벌로 분열된 중국을 재통일하고 서양 열강을 몰아내고자 하는 중국 민중의 의지가 확인됐고, 국민당과 공산당의 합작 부대는 민중의 지원을 받아 성공적으로 상하이와 남부 중국을 통일한다. 1927년에는 상하이 자베이 일대에서 노동자의 무장 해제를 두고 국민당이 유혈 사태(4.12 사건)를 일으켰고, 이를 계기로 국민당과 공산당은 분열의 길을 걷는다.

앙코르 와트

앙코르 왕조가 만든 놀라운 종교 사원

앙코르 와트는 크메르족이 세운 앙코르 왕조가 만든 사원으로, 힌두교와 대승 불교의 요소가 혼재돼 있다. 동서 1,500, 남북 1,300의 직사각형 구조로, 해자(성 주위에 둘러 판 못)가 사원을 둘러싸고 있다. 성과 속을 구분하기 위한 것이다. 중앙의 사원은 힌두교 신화에 나오는 세계의 중심, 즉 수미산을 상징한다. 수미산에는 수많은 신과 신선이 살고 있다. 중앙에 탑이 있고 다시 그 주변을 4개의 탑이 둘러싸고 있는데, 이는 힌두교와 불교의 우주관을 상징한다. 뱀 신인 수많은 나가(Naga)가 조각돼 있는데, 인도의 왕과 뱀 신의 딸이 결합해 크메르 왕족이 탄생했다는 믿음을 반영한 것이다.

이곳은 인도 문화의 영향, 인도차이나반도의 고요함이 어우러진 공간으로, 예술적인 유려함과 아름다움으로 관광객이 끊이지 않는다. 멀지 않은 곳에 바이욘 사원이 있는데 당시의 시대상을 이해할 수 있는 중요한 건축물이다.

보로부두르

앙코르 와트에 버금가는 인도네시아의 불교 유적

인도네시아 자바섬 중부에 있는 불교 유적이다. 오늘날 인도네시아는 말레이시아
와 맞닿은 수마트라섬, 수도 자카르타가 있는 자바섬 등으로 이뤄지는데, 과거 여
러 왕조가 일대에서 흥망을 반복했다.

7세기 수마트라섬에는 스리위자야 왕조, 자바섬에는 샤일렌드라 왕조가 발전
하는데, 샤일렌드라에 의해 보로부두르가 만들어졌다고 보고 있다. 앙코르 와트와
더불어 오랫동안 잊혔다가 현대에 와서 재발견된 곳이다.

보로부두르 유적은 수많은 불탑이 중첩돼 쌓여 있는 구조로, 정방형 공간이 다
섯 층, 원형 공간이 세 층, 그리고 최정상으로 나뉜다. 층마다 회랑이 만들어져 있
고, 원형 공간에는 72개의 불탑이 있으며, 최정상에는 종 모양의 탑을 쌓았다. 벽면
의 부조, 종탑 안에 불상 등이 가득한데, 각각의 예술성은 물론 전체적인 구성도 매
우 특별하다. 불교에서 진리를 추구하는 과정이 단계별로 묘사돼 있다.

예루살렘
히브리 왕국의 수도, 분쟁의 중심지가 되다

예루살렘은 고대 히브리 왕국을 세운 다윗의 왕도다. 다윗이 여러 부족을 통합하면서 새롭게 만든 도시이기 때문에 상징적 의미가 크다. 하지만 아시리아와 바빌로니아에 의해 멸망한 이후 2,000년간 유대인의 나라는 존재하지 않았다.

시온주의 운동은 유대인의 역사를 바꿔놓았다. 유럽인들의 오랜 박해에 맞서 자신들의 고향, '젖과 꿀이 흐르는 가나안 땅', 모세와 다윗이 세운 조상들의 땅으로 돌아가자는 운동이 19세기 말에 본격화된 것이다. 테오도어 헤르츨이 쓴 《유대 국가》가 대표적인 사례다. 영국 정부는 유대인을 도왔다. 밸푸어 선언을 통해 유대인의 팔레스타인 정착을 공식화했는데, 이는 서아시아 지역에서 영국의 영향력을 확보하기 위한 수단이었다. 또 미국, 러시아 등 전 세계에 퍼져 있는 유대 자본을 확보하려는 의도도 있었다. 토지 매입, 군대 창설, 정치 기구 설립 등 영국의 광범위한 지원 아래, 1939년에는 이미 50만 명의 유대인이 250개의 정착지를 만들면서 일대에서 활발하게 활동했다. 또 독일 나치의 등장은 이러한 경향을 가속화했다. 제2차 세계 대전이 끝난 후, 1947년 영국은 팔레스타인 통치를 포기했고, UN은 일대를 유대인 국가와 팔레스타인 국가로 분할하는 것을 승인했다.

1948년 전쟁이 벌어졌고, 유대인의 국가 이스라엘이 승리를 거둔다. 이집트의 가자 지역까지 장악했고, 팔레스타인인 70여만 명을 쫓아냈다. 이스라엘과 주변 아랍 국가의 충돌은 계속됐다. 미국은 이스라엘을 지원했고, 소련은 아랍 국가를 후원했다. 아랍 국가들은 이스라엘과 교역을 중단했고, 수에즈 운하를 막아 이스라엘을 경제적으로 고립시키고자 했다. 1956년 이스라엘은 영국, 프랑스와 함께 이집트를 공격했고, 지리한 국경 분쟁 끝에 1967년 6일 전쟁이 발발하고 이스라엘의 전방위적 성공으로 끝난다. 이스라엘은 이집트 가자 지구, 시나이반도, 요르단강 서안 지구, 시리아의 골란고원을 빼앗았고, 예루살렘을 수중에 넣었다. 2년 후에는 이집트와 포격전을 벌였고 1973년에도 전쟁을 벌였다. 결국 1979년 이스라엘이 시나이반도를 반환하면서 이집트와의 갈등이 종결됐고, 이집트 역시 이스라엘 문제에서 발을 빼게 된다. 이스라엘의 승리였고, 팔레스타인인들에게는 고독한 투쟁의 서막이 열린 것이다. 동시에 예루살렘은 국제 분쟁의 상징이 돼버렸다. 유대교, 크리스트교, 이슬람교의 성지임에도 말이다.

홍콩
영국 식민지, 세계 무역의 신호등이 되다

영국은 포르투갈이나 네덜란드에 비해 아시아에 늦게 진출했지만, 프랑스 같은 막강한 경쟁자와의 싸움에서 승리했다. 인도를 지배했고, 미얀마에서 말레이시아까지 수중에 넣으면서 동남아시아의 주요 거점을 확보한다. 그리고 1840년 아편 전쟁을 통해 오늘날 홍콩 일대를 할양받는 데 성공한다.

영국인들이 보기에 홍콩 일대는 천혜의 항구였다. 주변 수심이 깊고 태풍 피해로부터 상당히 자유로웠기 때문에 쾌속선과 군함을 정박하기에 이상적이었다. 로열 자키 클럽, 자딘 매디슨 상회 등이 영국의 보호와 면세 혜택을 누리면서 진출했다. 홍콩은 입지 조건은 물론 중국과 동남아시아를 잇는 지역적 조건으로 인해 빠르게 상업 도시로 성장했다. 나오로지 가문은 스타페리라는 선박 회사를 세웠는데, 오늘날에도 홍콩의 야경을 빛내고 있다.

중국의 혼란이 지속돼 홍콩은 난민 수용소 역할도 했다. 청나라 말기 태평천국운동, 1930년대 국공 내전, 1949년 중화민국의 몰락, 1958년 중국에서 벌어진 대약진 운동으로 인한 대기근, 1960년대 중반 문화 대혁명으로 인한 광기 어린 살육전 등 온갖 중국 근현대사의 풍파를 피하기 위해 수많은 사람이 홍콩으로 넘어가거나 홍콩에서 보내온 돈이나 식량으로 연명했다. 덕분에 1950년대에는 180만 명, 1960년대에는 320만 명, 1980년대에는 620만 명으로 인구가 빠르게 성장한다. 냉전 시기에는 영국과 미국의 후원 가운데 빠르게 성장했고, 1989년 냉전이 붕괴하면서부터는 중국의 개혁 개방 등과 맞물려 다시 한번 성장했다. 홍콩은 1980년대에 일본 못지않은 엄청난 경제적 성공을 거두는데, 로든 우, 리자청, 바오위강 등 걸출한 기업가들이 등장했다.

1980년대 중반, 중국의 부상으로 홍콩 반환 논의가 활발하게 전개된다. 그로 인해 1984년부터 약 10년간 60만여 명의 홍콩인이 서구 국가로 망명한다. 1997년, 홍콩의 특별한 지위를 인정하며 50년간의 자치권을 보장한다는 전제로 홍콩은 중국에 반환된다.

만국 박람회
산업혁명의 화려한 전시장

산업 혁명의 성과는 19세기 중반 '만국 박람회'라는 행사로 절정을 이뤘다. 오늘날 진행되는 수많은 산업 전시 행사는 만국 박람회의 축소판이라고 봐도 무방하다. 1851년 런던에서 '만국 산업품 대전시'라는 이름으로 국가적인 행사를 치른 후, 만국 박람회가 서양 열강들이 이룩한 기술 문명의 위용을 자랑하는 국제 무대가 됐다. 프랑스 만국 박람회는 파리에서 1855년, 1867년, 1878년, 1900년에 진행됐고, 영국은 1851년, 1862년 런던에서, 오스트리아는 1873년 빈에서, 벨기에는 1885년 앤트워프에서, 1897년 브뤼셀에서, 스페인은 1888년 바르셀로나에서 성대한 행사를 개최했다.

만국 박람회가 계속 화제가 된 것은 행사 때마다 엄청난 신기술이 소개됐기 때문이다. 1855년에는 수백 마리의 말과 견주는 강력한 '증기 기관', 1시간에 2,000잔의 커피를 만드는 커피 머신, 그리고 세탁기, 재봉틀, 사진기가 등장했다. 1867년 만국 박람회에서는 가스가 주목받았다. 무려 13km에 달하는 가스관에 5,000개의 가스램프가 이어져 전시장을 온종일 밝혔다. 1878년에는 전구가 소개되고, 1889년에는 '철의 시대'를 상징하는 에펠탑이 세워졌다.

1900년 파리 만국 박람회는 공전의 인기를 누렸는데, 4월 15일부터 12월 12일까지의 행사 기간 동안 5,500만 명이 넘는 인원이 관람했고, 전 세계 여행객이 파리에 몰려들었다. 입장료 외에 각 전시장의 입장권을 별도로 사야 했고, 전시 내용을 정리한 《나침반 가이드북》, 《1900년 파리, 만국 박람회 안내서》 같은 책자가 큰 인기를 끌었다. 파리 만국 박람회에서는 '전기'가 주제였고, 410가 넘는 전기 궁전을 지었다. 직경 1 50cm의 천체 망원경이 설치된 과학 궁전에 사람들이 몰려들었고, 엑스레이, 자동차, 무빙워크가 엄청난 관심을 끌었다. 전기 자동차가 개발돼 전시 품목에 포함돼 있었다. 1851년 최초의 런던 만국 박람회에서는 유리와 강철만 소재로 삼은 '수정궁'을 지었는데, 돌이나 나무를 건축에서 배제한 최초의 사례다. 이는 강철 시대의 도래를 의미하는 것으로, 이후 모든 박람회에서 화려하고 웅장한 최첨단 건축 기법을 선보였다.

미국에서도 몇 차례 박람회가 진행됐고, 1893년 시카고 만국 박람회에는 중국, 일본, 조선도 참여했다.

도쿄
에도라 불렸던 일본의 중심지

도쿄는 과거에 에도라 불렸으며, 이곳에 막부의 여러 관청과 시설과 다이묘, 하타모토(가신), 고케닌(무사) 등 무사 집단의 저택이 들어서 있었다. 또 이들을 수행하는 일족의 거주지, 무사 생활을 뒷받침하는 상인, 수공업자, 각종 직업군이 몰려 있었다.

오사카를 포함한 도시의 번성은 유곽 문화를 낳았다. 에도의 요시와라(吉原), 교토의 시마바라(島原)와 기온(祇園), 오사카의 신마치(新町) 등은 에도 시대 3대 유곽지였고, 에도의 경우 유녀가 3,000명이 넘었다. 극장, 찻집, 목욕탕, 음식점, 전국의 중소 도시와 역참에서도 온갖 쾌락적인 문화와 성매매업이 크게 번성했다. 유곽은 돈으로 흥취를 즐기는 곳이었기 때문에 신분적 제약을 받던 조닌(상인)들의 안식처였으며, 무사들이 파산하는 곳이기도 했다.

한편 임진왜란 당시 포로로 잡혀 온 조선인 유학자 강항이 후지와라 세이카에게 성리학을 전했고, 에도 막부 당시에는 하야시 라잔이 막부의 의례를 정비하는 등 유교 사상이 영향을 미치기도 했다. 유시마 성당에서는 유학이 연구됐고, 오규 소라이, 이토 진사이 같은 저명한 학자들도 연이어 등장했다. 하지만 에도 막부에서 유학의 영향력은 극히 제한적이었고, 쾌락과 성애를 탐닉하는 일본인의 문화에는 거의 영향을 주지 못했다.

이하라 사이카쿠라가《호색일대남》이라는 소설을 썼는데, 주인공 요노스케가 7세부터 60세까지 경험한 온갖 성적인 이야기가 가득 담겨 있다. 3,742명의 여자, 725명의 남자와 관계를 맺고 세상의 모든 유녀를 상대한 후, '호색호'라는 배를 타고 여인들만 사는 섬을 찾아 항해를 떠났다는 이야기다. 철저한 쾌락주의, 번창하는 화류계를 대변하는 통속 소설의 등장이었다.

호색가를 이상적인 귀족상으로 보거나, 쇼군의 시중을 들기 위해 소년이 눈썹을 밀고 주홍빛 화장을 하거나, 남녀 혼욕, 남색 등 각종 성애 문화가 창궐한 것은 일본 문화의 독특한 측면이다. 심지어 '진언종'이라는 불교 종파는 성애와 애욕에 도취되는 것을 열반에 이르는 길이라고 봤다.

난징
대학살이 벌어진 중국 남부의 중심 도시

중국 남서부의 대표 도시로, 현재는 장쑤성의 성도다. 중국 역사에서 난징은 오랫동안 강남의 중심지였다. 강남은 양쯔강 이남 지대를 말하는데, 난징은 이미 전국 시대 초나라 때부터 '금릉'이라는 이름으로 등장한다. 한나라 말기에 등장한 오나라의 지배자 손권이 난징을 '건업'이라 부르면서 수도로 삼았다. 이후 난징은 북방 민족의 침략에 맞서기 위한 피난처 역할을 한다. 5호 16국 시대, 즉 흉노족과 선비족을 비롯한 북방 민족들이 대거 남하하자, 한족은 난징을 수도로 삼고 양쯔강 이남에서 세력을 유지했다. 송·제·양·진 같은 나라들이다.

난징은 원나라 때 다시 중요성이 부각된다. 주원장을 비롯한 홍건적이 중국 남부에서 흥기해 난징을 장악하고 양쯔강을 방어선으로 삼은 후, 몽골인이 세운 원나라를 무너뜨리기 시작했다. 주원장은 원나라를 북방으로 몰아내고 난징을 수도로 명나라를 세운다. 주원장의 아들 영락제는 수도를 베이징으로 옮겼지만, 정화를 사령관으로 임명해서 대규모 해외 원정대를 만들 때 난징이 거점지였다. 청나라 말기, 난징은 다시 한번 반란 세력의 중심지가 된다. 광저우 일대에서 홍수전의 태평천국군이 무리를 만들어 난징으로 진격했고, 이곳을 거점으로 청나라와 격전을 벌였기 때문이다. 쑨원은 신해혁명에 성공해 중국 최초의 민주 공화국인 중화민국의 수도를 난징에 뒀고, 장제스도 이곳을 거점으로 중국 전역을 통치했다.

1937년 중일 전쟁이 발발하면서 일본군은 난징을 집중 공격했고, 치열한 저항에도 불구하고 결국 난징을 빼앗는다. 이후 수개월에 걸쳐 30여만 명의 시민이 무고하게 학살되는 난징 대학살이 일어난다. 현재는 난징 대도살 기념관을 조성해 당시의 비극을 고발하고 평화를 추모하고 있다.

난징 대학살 같은 끔찍한 사건이 일어났음에도 불구하고, 난징은 중국의 어느 도시보다 빼어나고 우아하다. 베이징과 더불어 유일하게 수도 '경(京)'이라는 글자를 쓰고 있으며, 자연조건부터 도시 경관까지 무엇 하나 뒤처지지 않는다.

명나라를 세운 주원장의 무덤 명효릉과 현대 중국의 국부 쑨원의 무덤 중산릉은 서로 가까이 위치하는데, 규모와 아름다움 모두 경탄을 자아낸다.

시안
장안이라 불렸던 중국 전통사회의 중심지

> 관중의 땅은 천하의 3분의 1이고 인구는 10분의 3에 불과하지만, 그 부는 10분의 6을
> 차지한다.

사마천의 《사기》 〈화식열전〉에 나오는 내용이다. 관중 지역은 오늘날 행정 구역으로 산시성 일대다. "관중을 얻는 자가 천하를 얻는다"라는 말이 있듯, 고대 중국에서는 이곳이 천하의 중심이었다.

관중 평원의 중심에는 장안(오늘날 시안)이 있었다. 주나라, 진나라, 한나라, 당나라 등 수많은 중국의 전통 왕조가 모두 이곳을 수도로 삼았다.

최초로 중국 전체를 통일한 진시황은 기원전 212년 새 궁전 아방궁을 짓기 시작한다. 애초에는 중앙에 웨이수이강을 두고, 위아래로 기존의 궁전인 함양궁과 아방궁을 연결할 계획이었다. 은하수와 북극성을 상징한 것으로, 천자가 우주의 중심에 있어야 한다는 상징을 건축으로 구현한 것이다. 심지어 불로초를 구하기 위해 황제의 거처를 숨겨야 한다는 노생의 건의를 받아들여, 모든 궁궐을 구름다리로 이어 거처를 수시로 옮겼다고 한다. 진시황 사후 항우가 아방궁을 불태워버리는데, 워낙 원대한 규모였던지라 기초 공사밖에 못 했다. 진시황릉도 이곳에 있다. 진나라 뒤를 이은 한나라도 이곳을 수도로 삼았는데, 이때부터 장안이라는 이름을 갖게 됐다.

> 구중궁궐 궁문이 열리고 만국의 사신이 황제에게 절을 올린다.

이는 왕유가 남긴 글로, 당나라의 수도 장안성을 찬양한 것이다. 당나라는 대명궁을 지었는데, 후대에 지은 베이징의 자금성보다 5배나 큰 규모였다. 당나라 당시 장안은 인구 100만이 넘는 세계 도시로, 서역의 수많은 상인이 몰려드는 곳이었다. 한나라 때 장건이 실크 로드를 발견했고, 당나라 때는 더 광대한 실크 로드를 직접 지배하기도 했는데 실크 로드의 마지막 도착지가 장안이었다. 당나라 때는 조로아스터교, 마니교, 경교 사원이 세워지기도 했다.

재개발
낙후된 도시를 재정비하다

19세기 근대화의 중심지라 할 수 있는 런던과 파리는 포화 상태였다. 끊임없는 난개발, 주먹구구식 권역 확장 등이 한계에 도달했고, 최악의 생활 환경으로 인해 질병과 전염병에 극도로 취약했다.

이 시기 런던에서는 대화재가 발생하면서 비교적 원만하게 도시 재정비에 성공한다. 파리에서는 조르주 외젠 오스만 시장이 재정비를 추진한다. 파리의 모든 건물, 도로, 인구 현황을 꼼꼼히 파악하여 500분의 1 지도를 만든 후, 새로 내는 도로를 중심으로 난개발 지구를 조정하고자 했다. 시는 재정비 지역의 토지 소유자, 건물주들과 오랜 협상을 벌이면서 차근차근 소유관계를 해결했고, 넘쳐나는 노동 인력을 동원해 공사를 진행했다. 협상과 보상의 과정에 5~10년씩 걸렸다면, 도로, 상하수도 등의 시설 공사는 2~3년 내로 마무리됐다. 당시 대부분의 교통 수단은 마차였기 때문에 모래와 유사한 머캐덤(도로를 포장할 때 까는 밤자갈)이 아스팔트 역할을 했다.

한편 도시 재정비 사업은 사업가들에게 엄청난 부를 선사하고 가난한 시민들을 도시 외곽으로 쫓아내는 결과를 만들었다. 시에는 엄청난 개발비를 부담할 여력이 없었고, 결국 건설사와 투자자의 자본력에 의지했다. 정비 지구를 선정하고 소유 관계를 정리한 후 재개발 자체는 사업자가 감당하고 자금 지원을 해주는 형식이었던 것이다. 페레 형제가 만든 '크레디 모빌리에' 같은 회사는 정부 지원을 받으며 리볼비가를 재정비했고, 프랑세즈 광장, 오페라 광장, 샹젤리제 광장, 몽소 지구 등 파리시 전반의 재개발로 엄청난 돈을 벌어들인다. 건설 과정에서의 자금 지원도 의미 있었지만 재정비 후에 얻는 분양권, 임대료 등이 막대했기 때문이다.

도시 재정비는 다양한 파생 효과를 낳았다. '58가로등'이라는 파리의 유명한 가스등도 이러한 결과로 만들어졌고, 이 시기에 비로소 상하수도관이 만들어져 자동 급수가 가능해졌다. 초기에는 상하수도가 제한적으로 깔려 있었고 공원의 분수를 중심으로 만들어졌기 때문에, 많은 시민이 분수에서 용수를 구하고 빨래를 해야 했다. 도시 지하에 상하수도, 가스관, 전선 등 여러 시설이 들어선 것도 이 시기였다. 가로수는 마로니에와 플라타너스가 대부분이었는데, 도시 재정비를 주도한 조르주 외젠 오스만 시장의 취향이었다.

100년 전쟁
중세를 끝장낸 영국과 프랑스의 전쟁

1337년부터 1453년까지 영국과 프랑스가 벌인 전쟁. 영국은 복잡한 과정을 거쳐 성장한 나라다. 이미 정착해 있던 켈트족은 로마인들의 공격에 무너졌고, 다시 앵글로색슨족의 침입으로 스코틀랜드, 웨일스 등으로 밀려난다. 이후 노르망디 공작 윌리엄이 영국을 점령하는 등 중세의 복잡한 정치 구도가 영국 역사에 그대로 반영된다.

이에 반해 프랑스는 샤를마뉴 대제가 세운 서로마 제국에서 분리된 이후, 왕국을 면면히 이어왔다. 영국과 프랑스의 경쟁은 치열했다. 영국은 남부 프랑스의 가스코뉴 공국을 보유하는 등 프랑스 영토에서 프랑스 왕보다 많은 영지를 소유하면서 영향력을 확대해나갔다. 영국은 양모 생산지로 유명했던 플랑드르와 긴밀한 관계를 맺었고, 프랑스는 스코틀랜드와 동맹을 맺어 영국을 견제했다. 결국 프랑스 왕위 계승 문제를 두고 1337년 영국 국왕 에드워드 3세가 간섭하면서 전쟁이 발발한다. 전쟁 초반에는 영국군이 우세했다. 흑사병이 발발했고 반란이 일어나는 등 프랑스 왕은 궁지에 몰린다.

하지만 1376년부터 전세가 바뀐다. 새로 즉위한 프랑스 국왕 샤를 5세가 영민한 태도를 보인 반면 영국은 10세밖에 안 된 리처드 2세가 왕위를 계승했기 때문이다. 이 시기 영국은 그간 점령한 프랑스 영토를 대부분 상실한다. 하지만 1415년 영국의 헨리 5세가 또다시 전쟁을 일으켰고, 프랑스 지역을 상당 부분 탈환한다. 그러나 1429년, 잔 다르크가 등장한 이후 프랑스가 전쟁에서 승리를 거둔다.

100년 전쟁은 장미 전쟁의 원인이 된다. 랭커스터가와 요크가를 중심으로 왕위 계승을 둘러싼 격렬한 내전이 벌어졌는데, 결국 헨리 7세가 즉위하면서 혼란이 종식된다. 100년 전쟁을 통해 프랑스 귀족이 몰락했듯, 장미 전쟁은 영국 국왕의 힘을 강화했다. 100년 전쟁뿐 아니라 흑사병, 와트 타일러의 난, 자크리의 난 등 격렬한 농민 반란을 경험했음에도 두 나라는 위기를 극복하고 국왕 중심의 중앙 집권 국가로 발전했다.

베트남 전쟁
베트남, 프랑스와 미국에 맞서 승리를 거두다

베트남 전쟁은 두 차례 발발했다. 제1차 베트남 전쟁은 호찌민이 이끄는 북베트남과 프랑스의 싸움이었고, 제2차 베트남 전쟁은 미국과의 싸움이었다. 제1차 베트남 전쟁이 식민지를 유지하려던 프랑스의 욕망이 원인이었다면, 제2차 베트남 전쟁은 냉전 문제 때문이었다. 중국이 공산화된 상황에서 베트남마저 공산화되면 인도차이나반도 전체가 공산화가 될 수 있었기 때문에 미국이 개입했고 우려는 현실이 됐다. 외형상으로는 남베트남과 북베트남의 싸움이었지만 베트남에는 민족주의 세력이 부재했으며, 남베트남은 프랑스와 미국의 어용 정권에 불과했다.

북베트남과 프랑스의 싸움은 치열했다. 1950년대가 되면 미국이 본격적으로 프랑스를 지원한다. 1950년 1억 달러에서 1954년 13억 달러까지 원조를 늘렸으나, 프랑스 군대는 홍강 삼각주 방위선에서 패배했고 여러 요새를 빼앗긴다. 이에 대응하기 위해 프랑스는 3만의 병력을 동원해 로렌 작전을 실시했지만, 북베트남의 게릴라 전술에 무력했다. 결국 프랑스는 1953년 디엔비엔푸 전투에서 패배하면서 100년간 지배한 인도차이나반도에서 쫓겨난다.

하지만 북베트남은 남베트남을 점령하지 못했다. 북위 17도 선을 기준으로 남부에 대한 프랑스의 지배권을 인정하는 방향으로 결론 난 것이다. 남베트남에서는 응오딘지엠을 비롯한 여러 독재자가 등장해, 미국의 후원을 받으며 연명을 거듭했다. 호찌민이 이끄는 북베트남은 남베트남 민족해방전선(베트콩, Viet Cong)을 결성했고, 다시금 통일 전쟁을 추진한다. 1964년 8월 2일 미국은 통킹만 사건을 빌미로 북베트남에 본격적인 군사 개입을 시작했다. 이듬해 말이 되면 18만이 넘는 미군, 한국군 2만여 명, 오스트레일리아, 뉴질랜드, 필리핀, 태국 등 미국의 동맹국 군대가 파견되면서 국제전 성격을 띤다. 1968년에는 미군 54만 명, 동맹국의 군대도 7만이 넘는다. 같은 해 북베트남은 구정 공세를 펼쳐 남베트남의 주요 도시를 공격한다. 이 사건을 계기로 미국에서 반전 여론이 고조됐고, 당시 집권한 닉슨 대통령은 육군을 철수시킨다. 하지만 공군의 지원은 계속됐고 결국 1973년 북베트남과 미국은 파리 협정을 통해 합의에 이르는데, 미군의 완전 철수, 베트남의 통일 보장 등을 합의했다. 1975년 베트남은 통일된다.

참호전

세계 대전 당시 수많은 사람이 죽어간 곳

참호는 적군의 침투를 막기 위해 방어선에 판 구덩이를 말한다. 개별 구덩이로 만들 수도 있지만, 방어선 전체를 잇는 긴 선 모양의 구덩이를 파고 그 위에 철책을 비롯한 방어 시설을 만들 수도 있다. 당연히 참호 안에는 무기를 저장하는 공간, 군인들의 생활 공간, 나아가 작전 사령부, 병원 등 각종 시설이 들어섰다.

사실 참호전은 가장 기본적인 방어 방식일 뿐 유별난 전투 방식이라고는 할 수 없다. 오히려 총, 대포, 기관총 등 강력한 화력을 가진 무기를 개발하는 것이 과제였다. 하지만 제1차 세계 대전 당시 참호전은 전쟁의 양상을 바꿀 정도로 중요한 문제가 된다.

서부 전선이 문제였다. 프랑스군과 독일군은 4만여km의 참호를 두고 대치했는데, 참호를 돌파하는 가운데 엄청난 인명이 살상된 것이다. 총기류는 사람을 죽이는 데 효율적인 도구였지만, 참호를 돌파하는 데는 무용했다. 결국 사람이 직접 철책을 돌파해 적의 참호로 뛰어 들어가 적을 사살해야 했는데, 이 와중에 무수한 사람들이 죽었다. 솜 전투, 마른 전투 같은 단일 전투에서 수십만 명이 사망했다. 솜 전투에서는 전투 첫날 영국군만 2만 명이 전사하고, 4만 명이 부상당했다. 이후 5개월간의 전투에서는 영국군 40만 명, 프랑스군 20만 명, 독일군은 50만 명의 사상자가 발생했다.

공격도 어려웠지만 방어하는 군대에도 참호전은 고통스러웠다. 습하고 춥고 더러운 데다 평소에는 먼지 구덩이인데 비가 오면 물이 차고 비가 그치면 진흙 구덩이가 돼버렸으니 말이다. 쥐, 이 등 온갖 병균을 불러일으키는 요인이 가득했고, 밤낮을 가리지 않는 적의 포탄으로 부상, 사망뿐 아니라 각양의 정신적 고통이 창궐했다. 공포로 인해 정상적인 전투력을 발휘하지 못하는 병사부터 죽음에 무감각한 병사까지 온갖 정신적 상해가 발생한 것이다. 한편 참호전은 기술 경쟁에 불을 붙였다. 대표적인 발명품이 탱크다. 철책이나 구덩이, 총탄을 모두 돌파할 수 있는 신무기로, 기갑전이라는 새로운 전투 양상을 만들어냈다. 탱크와 탱크가 충돌하는 새로운 전투가 등장했고, 결국 더 많은 자원을 투자해 탱크뿐 아니라 독가스, 화염방사기 같은 신무기를 대량으로 생산해야 하는 상황에 놓였다. 후방에서는 생산을 책임지기 위해 여성이 동원되는 총력전 체제가 탄생했다.

콘스탄티노플
천년 비잔틴 제국의 수도

오늘날 이스탄불로, 330년 로마 제국의 황제 콘스탄티누스가 건설했다. 1,000년 간 비잔틴 제국의 수도였고, 1453년 오스만 제국이 점령한 이후 오랜 기간 오스만 제국의 수도였다.

콘스탄티노플은 위치가 절묘하다. 보스포루스 해협에 건설됐는데, 이곳은 흑해 에서 마르마라해로 나아가는 곳에 위치한다. 마르마라해를 통과하면 에게해를 거 쳐 지중해로 나아간다. 위치상 여러 해협에 둘러싸여 있어 외적의 침입이 쉽지 않 고, 강력한 해군을 유지하면 수비하기에 좋았다. 실제로 비잔틴 제국의 해군은 강 력했고, '그리스의 불'이라는 신비한 무기를 가지고 있었다. 타르 계통의 재료로 화 약과 유사한 무기를 만들었는데 워낙 극비로 제작됐기 때문에 끝내 제조법이 밝혀 지지 않았다.

콘스탄티노플은 3중 성벽도 유명하다. 수많은 이민족이 이곳에 쳐들어왔으나 3 중 성벽을 넘지 못했다. 하지만 오스만 제국은 화약 무기로 무장한 거대한 대포를 보유했기 때문에 3중 성벽을 무너뜨릴 수 있었다.

콘스탄티노플은 고대 로마의 전통이 유지된 곳이었다. 비잔틴 제국의 황제와 콘 스탄티노플 대주교의 주도로 로마 가톨릭과는 다른 성장을 거듭했다. 비잔틴 제국 은 교황의 권위를 인정하지 않았고, 교황 역시 동방 교회에 비판적이었다. 결정적 인 계기는 성상 파괴 논쟁이었다. 성인을 숭배하거나 종교 예술품을 만드는 행위 를 우상 숭배로 봤고, 이러한 것들을 파괴하려 한 것이다. 725년 비잔틴 제국의 황 제 레오 3세는 성상 숭배 금지령을 내렸고, 수십 년간 갈등이 심화된다. 결국 1054 년 로마 교회와 동방 교회는 분열된다. 오늘날 로마 가톨릭과 동방 정교회가 시작 된 것이다. 동방 정교회는 러시아를 비롯해 주로 동유럽에 뿌리를 내렸다.

콘스탄티노플은 오랜 기간 문명의 요람이었다. 게르만족의 침략으로부터 자유 로웠고, 로마 시절에 뿌리내린 수준 높은 문화가 지속됐다. 황제와 신하, 아버지와 아들이 곳곳에서 신학적인 토론을 나눴다는 기록이 있을 정도로 신학, 수도원 등 높은 수준의 크리스트교 정신세계를 유지했다.

주변 세계에 비해 여성의 교육이 체계적이었고, 왕녀 안나 콤네나 같은 여성 지 식인을 배출한 것은 물론 여의사까지 있었다.

폭격
인류의 끔찍한 발명품

무서운 광경을 봤다. 불에 탄 어른들이 어린아이 크기로 줄어들었다. 손발의 파편, 죽은 사람, 가족 전부가 불에 타 죽기도 했다. 불이 붙은 채로 사람들이 뛰어다니고 불에 탄 자동차는 난민, 죽은 구호대원, 군인들로 가득했다. 아이, 가족의 이름을 부르며 찾아다니는 사람도 많았고 가는 곳마다 불, 불뿐이었다. 화염 폭풍의 열풍이 불타고 있는 사람들을 화염에 휩싸인 집으로 밀어 넣었고 사람들은 그곳에서 어떻게든 빠져나오려고 했다.

1945년 드레스덴 폭격 당시의 기록이다. 1차 세계 대전 이후 윌리엄 미첼은 비행기에서 발사되는 미사일이 거대한 전함을 파괴할 수 있다는 사실을 실험으로 입증한다. MB2 폭격기 편대가 900*kg* 정도의 폭탄 여섯 발을 싣고, 퇴역 전함 오스트프리슬란트호를 21분 만에 침몰시킨 것이다. 이후 해전은 거대한 대포를 실은 전함 간의 전투에서 항공기를 실은 항공 모함 전투로 바뀐다. 따라서 섬과 항공 모함을 잇는 거대한 해상 전쟁이 등장한다.

한편에서는 이탈리아의 줄리오 두에가 《제공권》이라는 책을 통해 무차별 폭격론의 가치를 설파했다. 전쟁이 총력전 형태가 됐기 때문이다. 공중전과 기갑전, 보병전을 동시에 수행해야 하고, 후방에서는 대규모 무기 생산이 이뤄져야 했다. 따라서 전방과 후방의 개념이 사라지고, 오히려 후방의 주요 생산 시설을 대대적으로 타격하는 폭격의 개념이 중요해진 것이다.

1938년부터 1943년까지 5년여간 일본은 중국에 216회에 걸친 폭격을 감행했고, 독일도 영국에 무차별적인 폭격을 감행한다. 연합군은 독일의 161개 이상의 도시를 폭격했고, 그로 인해 최소 60만 명 이상의 민간인이 희생됐다. 폭격으로 인해 민간인 희생자 수가 제1차 세계 대전에 비해 10배 이상으로 늘어났다. 좀 더 멀리 날아가는 비행기, 좀 더 확실하게 타격을 줄 수 있는 강력한 폭탄이 다양하게 개발됐다.

폭격의 위세는 날이 갈수록 더했다. 한국 전쟁 당시 미국은 1952년 7월 12일 단 하루 동안 미 공군기를 868회 띄웠고, 8월 29일에는 1,080대가 평양 대폭격 작전을 감행해 북한의 수도 평양을 초토화했다.

유격전
약자가 강자를 이기는 법

전략이 중요하다. 그러나 대다수의 인민이 우리를 도와주지 않았다면 우리는 존재할
수도 없었다. 우리는 인민의 억압자들을 때리는 인민의 주먹에 지나지 않는다.
(…) 대중은 자신들이 당면한 생존 문제의 실질적인 해결에만 관심이 있기 때문에 그
들의 가장 시급한 요구를 즉각 충족시켜줄 수 있어야 비로소 유격전이 가능해진다. 이
는 착취 계급을 즉각 무장 해제시켜야 한다는 뜻이다. (…) 운동을 통해 현지 대중을 끊
임없이 각성, 고무시킴으로써 그들 자신이 끊임없이 새로운 지도자를 배출하도록 하
는 데 실패한다면 유격전의 성공을 기대하기 어렵다.

전설적인 종군 기자 에드거 스노가 쓴《중국의 붉은 별》에 나오는 내용이다. 위는
당시 중국 공산당의 군사 지도자였던 펑더화이의 주장으로, 중국 공산당은 유격전
을 통해 중국을 공산화하는 데 성공했다.

  1917년 러시아 혁명은 레닌, 트로츠키 같은 혁명가들과 병사·노동자 소비에트
의 적극적인 정치 투쟁을 통해 성공했다. 노동자를 조직화하며 도시에서 투쟁하는
방식은 러시아 혁명뿐 아니라 유럽 공산주의의 전통적인 전술, 전략이었다. 하지
만 마오쩌둥을 중심으로 한 중국 공산당은 전혀 다른 방식으로 투쟁을 주도한다.
농민을 조직화하고, 도시의 배후지인 농촌에 소비에트를 건설하며 유격전을 통해
혁명을 달성하고자 했다. 천두슈, 리리싼, 취추바이, 왕밍 등 마오쩌둥 이전의 중국
공산당 지도자들이 러시아 혁명의 방식을 답습한 것에 비해 매우 파격적인 발상이
라고 할 수 있다. 마오쩌둥, 저우언라이, 주더, 펑더화이 등 1930년대 새롭게 부상
한 중국 공산당의 지도자들은 무모한 돌격주의나 무책임한 투항주의를 배격했다.
이들은 장제스가 이끄는 민족주의 세력인 국민당에 대항해 근거지를 끊임없이 이
동하며 유격전을 펼쳤다. 점령 지역에서는 지주 계급을 타도한 후, 토지 개혁을 실
시해 농민들의 성원을 받으며 빠른 속도로 성장했다. 실업, 아편 중독, 매춘, 미성
년 노예 제도, 강제 결혼 등 온갖 폐습을 농촌에서 퇴출했고, 노동자와 빈농의 생활
환경을 개선하는 데 진력했다. 공정한 조세 제도, 집단 기업 창설을 통한 일자리 창
출, 대중 교육에서 의미 있는 진전을 보였다. 또 함부로 농촌의 물자를 징발하지 않
았고 쉴 곳이 없으면 길거리에서 취침할 정도로 농민의 삶을 보호했다.

자금성
중국을 상징하는 궁궐

자금성은 중국 베이징에 있는 황제의 성으로, 명나라 영락제가 만들었다. 청나라가 들어선 후에도 그 지위가 굳건히 유지됐으니, 약 500년간 중국의 중심지 역할을 한 셈이다. 자금성은 5,000년 중국 역사를 축약한 공간이라고 봐도 무방하다. 장안성을 비롯해 역대 왕조들의 축성 방식의 절정인 동시에 북방 민족의 중국 진출 거점이자, 현대 중국의 중심이기 때문이다.

무려 72만㎡의 규모로, 1407년부터 1420년까지 20만이 넘는 인원이 동원됐다. 성벽의 높이는 10, 주변 해자는 폭은 무려 50이다. 엄청난 규모에도 불구하고 성에 들어가는 문은 네 개밖에 없다. 건축에 필요한 자재는 전국에서 구해 왔다. 돌은 베이징 근처 팡산의 채석장, 대리석은 장쑤성 쉬저우, 벽돌은 산둥의 룽커우에서 만들었다. 목재는 쓰촨성, 구이저우성, 윈난성에서 가져왔다. 수천 킬로미터 떨어진 곳에서 물자를 수집했기 때문에, 물자 수급을 원활하게 하기 위해 수나라 때 만든 대운하가 재건되기도 했다.

천안문이 남문으로, 북문인 신무문으로 나아갈 때까지 대칭으로 이뤄진 직사각형 구조다. 천안문을 통과하면 오문을 만나는데, 그 사이에는 큰 광장이 있다. 군사 열병식을 비롯해 중요한 행사가 진행됐고, 양옆에는 황제의 조상을 모신 태묘, 풍요와 번성을 기원하는 사직단이 배치돼 있다. 또 거대한 4개의 누각이 있는데 종과 북이 2개씩 안치돼 있다. 황제가 태묘에 방문할 때는 북을, 사직단에 갈 때는 종을 울렸다. 오문부터 황궁에 이르는 길은 3개의 통로로 이뤄져 있는데, 옥이 깔린 중앙 통로는 특별한 행사를 제외하고는 오직 황제만 걸어 다닐 수 있었다.

자금성에는 수많은 건물이 있는데 단연코 태화전이 중요하다. 황제의 즉위식을 비롯해 결혼식, 탄신 축하식, 중요 절기 기념식, 과거 급제 발표, 법령 발표, 장군 임명 등이 모두 이곳에서 거행됐다. 궁전 전체가 붉은색과 황금색으로 칠해져 있고, 건물을 떠받치는 6개의 중심 기둥에는 전체에 금박을 입히고 용 문양을 새겼다. 용은 황제의 상징이었기 때문에 옥좌와 병풍에도 용 문양이 가득하고, 대부분의 시설에 금박을 입혔다.

백화점
여성과 소비의 역사가 만들어 낸 공간

자본주의의 발달과 산업 혁명의 여파는 대량 생산과 대량 소비의 시대를 열었다. 다양한 소비재의 등장은 사람들의 소비 욕구를 자극했으며, 이를 둘러싼 새로운 사업이 등장했다. 길드 같은 전통적 상인 조합이 사라지고, 상인들 간의 경쟁이 일반화됐다. 19세기 초 프랑스에서는 그리스 로마 양식의 고급스러운 인테리어와 철제와 유리로 만든 높은 천장으로 꾸며진 대형 가게 '파사주'가 인기였다. 파사주는 생산과 판매를 전부 책임졌기 때문에 두세 채의 건물을 사용했고, 목 좋은 곳 1층에 매장이 있었다. 2층에는 점원들의 숙소가 있었고, 사무실과 창고도 딸려 있었다.

곧이어 '새로운 상점(Au magasin de nouveautes)'이라고 불린 초기 백화점이 등장한다. 생산과 판매가 분리됐고, 물건을 대량으로 취급했기 때문에 가격이 일반 가게보다 훨씬 쌌다. 정찰제 판매도 이때부터 시작됐으며, 유행에 따라 간판부터 인테리어까지 다양하게 바꿔가면서 철저하게 소비와 판매를 목적으로 한 가게, 백화점이 등장한 것이다. 런던, 파리, 베를린, 빈 같은 유명한 외국 도시의 이름을 간판으로 내건 것도 이때였다. 백화점은 18세기 중반 곳곳에서 등장하는데, 1858년 뉴욕 메이시스 백화점, 1875년 런던의 리버티, 1892년 해롯 백화점이 대표적이다. 층과 공간에 따라 아이템을 분류하고 각 매장에서 전문적으로 특정 소비재를 판매하는 시스템을 갖추고 다양한 판촉 활동을 한 백화점은 1852년 프랑스의 르봉 마르셰가 최초였다고 본다. 루브르, 프랭탕, 사마리텐, 라파예트 등 현재까지도 저명한 백화점이 19세기 때 앞다투어 등장했다.

백화점의 등장은 새로운 판촉 활동의 시작을 의미한다. 백화점은 계절과 절기에 맞는 판촉 행사를 열었다. 상품에 대한 상세한 정보를 담은 카탈로그도 제작됐는데, 가정용품부터 화장 도구, 외국산 도자기까지 각종 품목을 판매했다.

백화점은 지역별로 차이가 있었는데, 유럽의 경우 화려하기 짝이 없는 웅장한 건축물을 지었다. 에펠탑을 세운 귀스타브 에펠이 르봉 마르셰 백화점의 설계를 맡았고, 프랭탕 백화점 역시 폴 세디유라는 유명 건축가를 동원해 그에 못지않은 건물을 구현했다. 루브르 백화점은 지하도를 만들어서 백화점 지하층과의 거리를 좁혔다. 이에 반해 미국은 외부로 창을 내지 않고 오직 상품에 집중하게 하는 방식을 선호했는데, 일본이 이를 따랐다.

도시사
기술사

튀르키예

미국의 후원을 받는 이슬람 세속주의 국가

오스만 제국에 뿌리를 둔 나라. 아나톨리아반도에 있고, 수도 앙카라보다 이스탄
불이 더 유명하다. 이스탄불은 과거 비잔틴 제국의 수도 콘스탄티노플이다. 18세
기 후반 영국, 프랑스, 러시아 등 서구 열강의 침략 앞에서 오스만 제국은 무력하기
짝이 없었다. 탄지마트를 비롯한 각종 개혁안이 추진됐지만 그다지 효과적이지 않
았으며, 서양 열강에 의해 광대한 제국의 영토가 분할되기 시작했다. 이 시기 튀르
크인들 사이에서는 '와탄(조국)'이라는 개념이 널리 퍼진다. 오스만 제국은 튀르크
인들의 나라이며, 튀르크인들의 땅은 아나톨리아반도라는 민족주의적 개념이 만
들어진 것이다. 이러한 주장은 오스만 제국 내에 사는 수많은 아랍인의 존재를 부
정하는 태도이지만 현대 튀르키예 공화국 성립에는 지대한 영향을 미쳤다. 북아프
리카와 서아시아 지역은 서양 열강의 수중에 넘어간 데다 튀르크 민족주의에 반대
하는 아랍 민족주의가 대두한다. 또 그리스와 발칸반도에서도 격렬한 저항이 일어
난다. 애초에 튀르키예는 이슬람교에 동화되지 않고 크리스트교의 영향력이 강력
했는데, 그리스, 알바니아 등이 독립하면서 오스만 제국의 지배권이 붕괴된다. 무
엇보다 제1차 세계 대전이 결정적이었다. 독일, 오스트리아, 이탈리아의 삼국 동
맹 편이었으나 패전했고, 그로 인해 아나톨리아반도를 제외한 모든 영토를 잃는
다. 아나톨리아반도에는 소수의 쿠르드인, 그리스인, 아르메니아인이 있었을 뿐 대
부분은 튀르크인들이었다. 이 시기 무스타파 케말이 이끄는 청년튀르키예당이 등
장한다. 이들은 튀르크 민족주의를 더욱 강고하게 주창했고, 1920년 국민 의회를
결성하고, 1921년 헌법을 공포하면서 튀르키예 공화국을 만든다. 2년 후 무스타
파 케말은 튀르키예 공화국의 종신 대통령이 됐고, 그는 권위주의적 통치를 통해
튀르키예 공화국을 이끈다. 소련식 경제 개발 계획을 수용해 대공황을 이겨내고자
했고, 철저한 세속주의를 지향했으며, 서구식 근대화를 통해 이슬람교를 통제했다.
제2차 세계 대전 이후부터는 미국이 지원한다. 장거리 미사일을 설치해 소련을 견
제하기에 좋은 지리적 위치를 가졌기 때문이다. 튀르키예도 미국과 결탁한다. 소
련이 동유럽과 발칸반도를 공산화했고, 그리스, 튀르키예, 이란에 대한 영향력을
강화했기 때문이다. 미국은 자유 민주주의를 권고했지만 튀르키예 현대사는 군부
쿠데타로 점철됐고, 쿠르드인과의 갈등도 중요한 문제다.

참고 자료

1. 참고 도서

• C. W. 세람 저, 안경숙 역,《낭만적인 고고학 산책》, 대원사, 2002

• 가와카쓰 요시오 저, 임대희 역,《중국의 역사- 위진남북조》, 혜안, 2004

• 강희정 편,《해상 실크로드와 문명의 교류 : 동남아시아와 동북아시아》, 사회평론아카데미, 2019

• 강희정, 구하원, 조인수 공저,《클릭, 아시아미술사: 선사토기에서 현대미술까지》, 예경, 2015

• 공자 저, 이기석, 한백우 역해,《논어》, 홍신문화사, 2007

• 김인희 저,《치우, 오래된 역사병》, 푸른역사, 2017

• 김종법, 임동현 저,《이탈리아 역사 다이제스트 100》, 가람기획, 2018

• 김호동 저,《몽골제국과 세계사의 탄생》, 돌베개, 2010

• 김호동 저,《아틀라스 중앙유라시아사》, 사계절, 2016

• 나성인 저,《베토벤 아홉 개의 교향곡》, 한길사, 2018

• 나이즐 스피비 저, 양정무 역,《그리스 미술》, 한길아트, 2001

• 낸시 톰스 저, 이춘입 역,《세균의 복음1 : 870~1930년 미국 공중보건의 역사》, 푸른역사, 2019

• 노아 월슨 리치 저, 김승윤 역,《벌: 그 생태와 문화의 역사》, 연암서가, 2018

• 노자 저, 노태준 편역,《도덕경》, 홍신문화사, 1997

• 누노메 조후, 구리하라 마쓰오 등 저, 임대희 역,《중국의 역사-수당오대》, 혜안, 2001

• 니시지마 사다오 저, 최덕경 역,《중국의 역사 - 진한사》, 혜안, 2004

• 다나하시 고오호오 저, 석도윤, 이다현 공역,《중국 차 문화》, 하늘북, 2006

• 다치바나노 도시쓰나, 다카이 지로, 마크 킨 공저, 김승윤 역,《사쿠테이키 작정기》, 연암서가, 2012

• 데이비드 블레이니 브라운 저, 강주헌 역,《낭만주의》, 한길아트, 2004

• 데이비드 코팅턴 저, 전경희 역,《큐비즘》, 열화당, 2003

• 도미니크 파케 저, 지현 역,《화장술의 역사: 거울아, 거울아》, 시공사, 1998

• 둥젠훙 저, 이유진 역,《고대 도시로 떠나는 여행》, 글항아리, 2016

• 드니 이요 저, 김주경 역,《홍콩》, 시공사, 1998

• 디터 쿤 저, 육정임 역,《하버드 중국사 송: 유교 원칙의 시대》, 너머북스, 2015

• 디트리히 본회퍼 저, 고범서 역,《옥중서간》, 대한기독교서회, 2000

• 레오나르도 보프 저,《해방하는 은총》, 한국신학연구소, 1991

• 로맹 롤랑 저, 이휘영 역,《베토벤의 생애》, 문예출판사, 2005

- 로버트 S. 위스트리치 저, 송충기 역, 《히틀러와 홀로코스트》, 을유문화사, 2011
- 로자 룩셈부르크 저, 김경미 역, 《사회 개혁이냐 혁명이냐》, 책세상, 2002
- 루스 슈워츠 코완 저, 김명진 역, 《미국 기술의 사회사: 초기 아메리카에서 20세기 미국까지, 세상을 바꾼 기술들》, 궁리출판, 2012
- 리처드 루트위치 저, 윤철희 역, 《돼지: 그 생태와 문화의 역사》, 연암서가, 2020
- 마크 마조워 저, 이순호 역, 《발칸의 역사》, 을유문화사, 2014
- 마크 해리슨 저, 이영석 역, 《전염병, 역사를 흔들다》, 푸른역사, 2020
- 막스 베버 저, 박성수 역, 《프로테스탄티즘 윤리와 자본주의 정신》, 문예출판사, 2021
- 맹자 저, 이기석, 한용우 편, 《맹자》, 홍신문화사, 2008
- 멍만 저, 이준식 역, 《여황제 무측천》, 글항아리, 2016
- 묵자 저, 권오석 편역, 《묵자》, 홍신문화사, 1994
- 미셸 파스투로 저, 고봉만, 김연실 역, 《파랑의 역사》, 민음사, 2017
- 박한제, 이근명, 김형종 등 저, 《아틀라스 중국사》, 사계절, 2015
- 발레리 한센 저, 신성곤 역, 《열린 제국: 중국 고대 1~600》, 까치, 2005
- 버나드 루이스 저, 이희수 역, 《중동의 역사》, 까치, 1998
- 버트런드 러셀 저, 이명숙, 곽강제 역, 《서양의 지혜》, 서광사, 1997
- 베티 프리단 저, 김현우 역, 《여성의 신비》, 이매진, 2005
- 브라이언 M. 페이건 저, 성춘택 역, 《고고학의 역사》, 소소의책, 2019
- 브루스 커밍스 저, 박진빈 외 공역, 《미국 패권의 역사》, 서해문집, 2011
- 빈센트 반 고흐 저, 신성림 편, 《반 고흐, 영혼의 편지》, 위즈덤하우스, 2017
- 사타케 야스히코 저, 권인용 역, 《유방》, 이산, 2007
- 설혜심 저, 《소비의 역사》, 휴머니스트, 2017
- 송철규 저, 《중국 고전 이야기: 첫째권−선진 시대부터 당대까지》, 소나무, 2000
- 송철규 저, 《중국 고전 이야기: 둘째권−송대부터 청대까지》, 소나무, 2000
- 순자 저, 최대림 역해, 《순자》, 홍신문화사, 2009
- 스튜어트 아이자코프 저, 임선근 역, 《피아노의 역사》, 포노PHONO, 2015
- 스티븐 F. 코언 저, 김윤경 역, 《돌아온 희생자들》, 글항아리, 2014
- 스티븐 존슨 저, 김지량 역, 《클래식, 고전시대와의 만남》, 포노PHONO, 2012

- 신경란 저,《풍운의 도시, 난징》, 보고사, 2019
- 심용환 저,《단박에 한국사: 근대편》, 위즈덤하우스, 2016
- 심용환 저,《단박에 한국사: 현대편》, 위즈덤하우스, 2017
- 심용환 저,《우리는 누구도 처벌하지 않았다》, 위즈덤하우스, 2019
- 심용환 저,《헌법의 상상력》, 사계절, 2017
- 아담 미클로시 저, 윤철희 역,《개: 그 생태와 문화의 역사》, 연암서가, 2019
- 아라이 신이치 저, 윤현명, 이승혁 역,《폭격의 역사: 끝나지 않는 대량 학살》, 어문학사, 2015
- 아모스 오즈 저, 최창모 역,《사랑과 어둠의 이야기1》, 문학동네, 2015
- 아모스 오즈 저, 최창모 역,《사랑과 어둠의 이야기2》, 문학동네, 2015
- 아이라 M. 라피두스 저, 신연성 역,《이슬람의 세계사1》, 이산, 2008
- 아이라 M. 라피두스 저, 신연성 역,《이슬람의 세계사2》, 이산, 2008
- 알베르 까뮈 저, 김화영 역,《이방인》, 책세상, 2012
- 앙드레 보나르 저, 김희균 역,《그리스인 이야기1》, 책과함께, 2011
- 앙드레 보나르 저, 양영란 역,《그리스인 이야기2》, 책과함께, 2011
- 앙드레 보나르 저, 양영란 역,《그리스인 이야기3》, 책과함께, 2011
- 애덤 호크실드 저, 이순호 역,《스페인 내전, 우리가 그곳에 있었다》, 갈라파고스, 2017
- 앤드루 버넷 저, 정미나 역,《스피치 세계사》, 휴머니스트, 2017
- 앤터니 비버 저, 김원중 역,《스페인 내전》, 교양인, 2009
- 앨런 브링클리 저, 손세호 등역,《있는 그대로의 미국사 3: 미국의 세기-제1차 세계대전에서 오바마 행정부까지》, 휴머니스트, 2011
- 앨리스테어 혼 저, 한은경 역,《나폴레옹의 시대》, 을유문화사, 2014
- 양정무 저,《난생처음 한번 공부하는 미술 이야기 1》, 사회평론, 2016
- 에두아르트 베른슈타인 저, 강신준 역,《사회주의 전제와 사민당의 과제》, 한길사, 1999
- 에두아르트 베른슈타인 저, 송병헌 역,《사회주의란 무엇인가 외》, 책세상, 2002
- 에드가 스노우 저, 홍수원, 안양노, 신홍범 공역,《중국의 붉은 별》, 두레, 2013
- 에드워드 쇼터 저, 최보문 역,《정신의학의 역사》, 바다출판사, 2020
- 에른스트 H. 곰브리치 저, 백승길, 이종승 공역,《서양미술사》, 예경, 2003
- 오타기 마쓰오 저, 윤은숙, 임대희 공역,《중국의 역사 대원제국》, 혜안, 2013

- 왕양명 저, 김학주 편저,《전습록》, 명문당, 2005
- 위르겐 몰트만 저, 이신건 역,《희망의 신학》, 대한기독교서회, 2017
- 윌리엄 거스리 저, 박종현 역,《희랍 철학 입문》, 서광사, 2000
- 윌리엄 맥닐 저, 김우영 역,《전염병의 세계사》, 이산, 2005
- 윌리엄 맥닐 저, 신미원 역,《진쟁의 세계사》, 이산, 2005
- 이강혁 저,《라틴아메리카 역사 다이제스트 100》, 가람기획, 2008
- 이광수 저,《현대 인도 저항운동사》, 그린비, 2013
- 이마가와 에이치 저, 이홍배 역,《동남아시아 현대사와 세계열강의 자본주의 팽창 (상)》, 이채, 2011
- 이마가와 에이치 저, 이홍배 역,《동남아시아 현대사와 세계열강의 자본주의 팽창 (하)》, 이채, 2011
- 이매뉴얼 C. Y. 쉬 저, 조윤수, 서정희 공역,《근-현대중국사: 상권》, 까치, 2013
- 이매뉴얼 C. Y. 쉬 저, 조윤수, 서정희 공역,《근-현대중국사: 하권》, 까치, 2013
- 이시이 코타 저,《절대빈곤》, 동아일보사, 2010
- 이연식 저,《유혹하는 그림, 우키요에》, 아트북스, 2009
- 이영석 저,《영국사 깊이 읽기》, 푸른역사, 2016
- 이영석 저,《잠시 멈춘 세계 앞에서》, 푸른역사, 2020
- 이유진 저,《중국을 빚어낸 여섯 도읍지 이야기》, 메디치미디어, 2018
- 이지수 저,《인도에 대하여》, 통나무, 2002
- 이지은 저,《귀족의 시대 탐미의 발견》, 모요사, 2019
- 이지은 저,《부르주아의 시대 근대의 발명》, 모요사, 2019
- 일본사학회 저,《아틀라스 일본사》, 사계절, 2011
- 자오광차오, 마젠충 공저, 이명화 역,《세상에서 가장 친절한 중국 건축 이야기》, 다빈치, 2014
- 장자 저, 김창환 역,《장자》, 을유문화사, 2010
- 정혜선 저,《일본사 다이제스트 100》, 가람기획, 2011
- 제임스 H 루빈 저, 김석희 역,《인상주의》, 한길아트, 2001
- 조길태 저,《인도사》, 민음사, 2000
- 조너선 D. 스펜스 저, 김희교 역,《현대중국을 찾아서 1》, 이산, 1998
- 조너선 D. 스펜스 저, 김희교 역,《현대중국을 찾아서 2》, 이산, 1998
- 조너선 블룸 등 저, 강주헌 역,《이슬람 미술》, 한길아트, 2003

- 조지무쇼 편, 최미숙 역,《30개 도시로 읽는 세계사》, 다산초당, 2020

- 존 K. 페어뱅크 외 저,《동양문화사 (상)》, 을유문화사, 1989

- 존 K. 페어뱅크 외 저,《동양문화사 (하)》, 을유문화사, 2000

- 존 로덴 저, 임산 역,《초기 그리스도교와 비잔틴 미술》, 한길아트, 2003

- 존 미클스웨이트, 에이드리언 올드리지 공저, 유경찬 역,《기업의 역사》, 을유문화사, 2004

- 존 서머슨 저, 박정현 역,《건축의 고전적 언어》, 마티, 2016

- 존 스튜어트 밀 저, 서병훈 역,《자유론》, 책세상, 2018

- 존 키건 저, 유병진 역,《세계전쟁사》, 까치, 2018

- 주디스 코핀, 로버트 스테이시 공저, 박상익 역,《새로운 서양 문명의 역사 (상)》, 소나무, 2014

- 주디스 코핀, 로버트 스테이시 공저, 손세호 역,《새로운 서양 문명의 역사 (하)》, 소나무, 2014

- 주희 저, 여조겸 편,《근사록》, 홍익출판사, 1998

- 질 베갱 등 저, 김주경 역,《자금성: 금지된 도시》, 시공사, 1999

- 최병욱 저,《동남아시아사: 전통 시대》, 산인, 2015

- 최부득 저,《건축가가 찾아간 중국정원: 강남 원림건축 26곳》, 미술문화, 2008

- 최은규 저,《교향곡》, 마티, 2017

- 카를로스 푸엔테스 저, 서성철 역,《라틴 아메리카의 역사》, 까치, 1997

- 카린 자그너 저, 심희섭 역,《어떻게 이해할까? 아르누보》, 미술문화, 2007

- 칼 구스타프 융 저, 한국융연구원 융저작번역위원회 역,《원형과 무의식》, 솔, 2002

- 칼 맑스 등 저, 최인호 역,《칼 맑스 프리드리히 엥겔스 저작선집 1》, 박종철출판사, 2000

- 칼 바르트 저, 바르트학회 역,《말씀과 신학》, 대한기독교서회, 1995

- 토머스 E. 스키드모어 등 저, 우석균, 김동환 등 역,《현대 라틴아메리카》, 그린비, 2014

- 펠리페 페르난데스-아르메스토 저, 유나영 역,《음식의 세계사 여덟 번의 혁명》, 소와당, 2018

- 프랜시스 로빈슨 등저, 손주영 공역,《사진과 그림으로 보는 케임브리지 이슬람사》, 시공사, 2002

- 프리드리히 니체 저, 한기찬 역,《인간적인 너무나 인간적인》, 청하출판사, 1997

- 하요 뒤히팅 저, 윤희수 역,《어떻게 이해할까? 바우하우스》, 미술문화, 2007

- 한규진 저,《조약으로 보는 세계사 강의》, 제3의공간, 2017

- 한비 저, 김원중 역,《한비자》, 홍익출판사, 1996

- 황윤 저,《도자기로 본 세계사》, 살림, 2020

복잡한 역사를 쉽고 재미있게 배우는 첫 입문서
1페이지로 시작하는 세계사 수업

초판 1쇄 인쇄 2024년 03월 15일
초판 1쇄 발행 2024년 03월 22일

지은이 심용환
펴낸이 이경희

펴낸곳 빅피시
출판등록 2021년 4월 6일 제2021-000115호
주소 서울시 마포구 월드컵북로 402, KGIT 19층 1906호

ⓒ 심용환, 2024
ISBN 979-11-93128-82-4 44900
      979-11-91825-33-6(세트)